市場系パッケージ選定
Package selection
のための知識と実務

アビームコンサルティング ディレクター
島 友美 [著]

一般社団法人 金融財政事情研究会

はじめに

　第1章「市場系パッケージシステムの概要と市場系業務の歴史」では、市場系パッケージの概要として市場系パッケージパターンや利用ユーザー（セルサイドとバイサイドとは）、パッケージを導入・選定する立場で常に戸惑うことになる銀行と証券会社の業態の違い、銀行勘定と特定取引勘定の違いなどについて解説している。後半は、デリバティブに代表される市場系業務商品が金融の歴史のなかでどのように発展し、利用され、世界を揺るがした金融危機や不祥事や変遷を経て、いまの姿になったのかについて触れている。これらはいずれも普段だれにも聞けない、どこにも書かれていない、ただだれしもが一度は疑問に思ったであろうことを想定のうえ整理している。また、パッケージシステムベンダー一覧について整理している。内容は各業者が公開している情報にとどめており、本来整理されるべき情報については省略しているが、パッケージを選ぶ際のファーストステップに役立ててもらいたい。

　第2章「市場系パッケージシステム選定までの道のり」では、何となく開始してしまうパッケージ選定フェーズについて陥りがちな失敗事例を示すとともに、選定プロセスの正しい進め方やソリューションベンダーに対してどのように対応していくべきかなどの交渉術について解説している。

　第3章「市場系業務・システム概要と商品別チェックポイント」では、市場系業務、システムの概要について押えることができるよう、市場業務の1日の流れやフロントからミドル、バックまでの業務プロセス、市場系システム機能概要について解説している。そのうえで市場系商品別に選定フェーズで確認しておくべきチェックポイントを整理している。このチェックポイントは、一般的にパッケージの標準機能では対応していない（＝ギャップとなる）商品×機能を指す。なお、本章における業務プロセスやシステム概要、一般的パッケージ標準機能などはあくまでも一例にすぎず汎用的な記載にとどめている。また、自己ポジション、対顧客取引別に業務機能を一覧化して

巻末資料として掲載している。業務機能は各社によってさまざまな言葉、整理方法があるが、システム構築やRFP作成などの際に参考にはなると思われる。

　第4章「市場系業務にかかわる主な規制の概要」では、市場系システム、業務にかかわるなかで"最低限"押えておきたい各種規制の概要について幅広く解説している。わかりづらい規制の概要をクイックに理解する際に役立ててもらいたい。"なぜこの規制が必要になったのか"を第4章で、規制によるビジネス影響、システム影響予測を第5章で伝えている。規制等動向については2016年4月時点の情報となる点にご留意いただきたい。

　第5章「市場系パッケージシステムを取り巻く環境の未来予想」では、各種規制や政府が打ち出した方針、IT技術動向等が、金融機関を取り巻く環境に今後どういった影響を及ぼす可能性があるかについて予想している。そのうえで、今後市場系パッケージや周辺システムに求められることになるだろう機能について解説している。

　Appendix「市場系パッケージシステムを導入した7人のプロ」では、過去に市場系パッケージを導入した経験をもつクライアントに、当時のプロジェクトの概要や苦労したポイント、成功・失敗要因、過去の教訓から得たこと等についてインタビューを行い、そこからみえてきた共通の法則について解説している。

　本書で示した意見は、著者が現在および過去に所属した組織のものではなく、著者個人のものである。また、本書の内容に係るありうべき誤りは、すべて著者個人の責任による。

2016年7月

島　友美

【著者略歴】

島　友美（しま　ともみ）

アビームコンサルティング株式会社　金融・社会インフラビジネスユニット
ディレクター

富士総合研究所（現みずほ情報総研）にてメガバンク国内・海外拠点の市場系業務システムの構築・保守、ユーザ業務支援に従事。2004年アビームコンサルティング㈱入社。アビームコンサルティングでは、主に銀行、政府系金融機関、官公庁、保険会社を対象とした各種システムの構想策定、業務改革、パッケージ評価・選定、業務プロセス整備、PMO等を担当。
以下、プロジェクトマネージャーとしてリードした主な市場系関連案件。
・官公庁にて外債取引管理パッケージ選定、評価、調達、導入支援
・政府系金融機関にて有価証券管理パッケージ導入支援、計数差異分析支援
・政府系金融機関にて市場系財務会計業務改善支援
・政府系金融機関にて市場系管理会計業務支援
・信託銀行にて市場系商品会計業務領域支援、計数差異分析支援
・その他市場系に関するプロジェクト多数

目　次

第1章　市場系パッケージシステムの概要と市場系業務の歴史

第1節　市場系パッケージシステムの概要 ……………………………… 2
1. 市場系パッケージのタイプ ………………………………………… 2
2. サービス提供形態の違い …………………………………………… 5
3. 実在する市場系パッケージの一覧 ………………………………… 5
4. 市場系パッケージの利用者について（セルサイドとバイサイド）…… 11
5. 銀行と証券会社の違い ……………………………………………… 12
6. 銀行勘定と特定取引勘定 …………………………………………… 13

第2節　現在の市場系パッケージに行き着くまでの歴史 ……………… 18
1. 1970年代──時代を変えた変動相場制 …………………………… 18
2. 1980年代──デリバティブ商品が生まれる ……………………… 22
3. 1990年代──デリバティブ取引による巨額損失とリスク管理の高まり … 29
4. 2000年代──信用リスク移転手法の発展とリーマン・ショック …… 53
5. 2010年代──地球規模に広がる金融危機と量的緩和の時代 ……… 64

第2章　市場系パッケージシステム選定までの道のり

第1節　情報収集（RFI）フェーズ …………………………………… 77
1. 要求定義書の作成 …………………………………………………… 77
2. パッケージベンダーへの連絡（デモの依頼）…………………… 81
3. 会社説明・デモの実施 ……………………………………………… 82
4. RFIの準備・依頼 …………………………………………………… 85
5. RFI結果整理 ………………………………………………………… 91

第2節　選定（RFP）フェーズ ………………………………………… 99
1. 実機検証・RFP依頼 ………………………………………………… 99
2. 評価・選定 …………………………………………………………… 102

第3節 プロジェクト開始準備フェーズ……………………………… 105
 1 契　　約 ……………………………………………………… 105
 2 体制構築 ……………………………………………………… 106
 3 各種ルール整備 ……………………………………………… 109

第3章　市場系業務・システム概要と商品別チェックポイント

第1節　市場系業務の1日の流れ（銀行の場合）………………… 114
第2節　一般的な取引の流れ ………………………………………… 120
第3節　中央清算機関による清算集中対象取引の流れ …………… 126
第4節　一般的な市場系システムの機能とシステム間連携 ……… 134
第5節　商品別機能別チェックポイント …………………………… 140

第4章　市場系業務にかかわる主な規制の概要

第1節　銀行の自己資本の質と量の強化（銀行向け規制）──バーゼルⅢ
   対応（2010年12月公表）……………………………………… 157
 1 自己資本比率の強化 ………………………………………… 157
 2 レバレッジ比率の導入（最終化待ち）…………………… 160
 3 資本フロアの見直し（最終化待ち）……………………… 162
 4 流動性リスク規制の導入（流動性カバレッジ比率（LCR）、安定
   調達比率（NSFR））………………………………………… 165
 5 トレーディング勘定の抜本的な見直し（FRTB：Fundamental
   Review of the Trading Book）……………………………… 168
 6 カウンターパーティ信用リスク …………………………… 176
 7 銀行勘定の金利リスク（IRRBB）………………………… 178
 8 大口エクスポージャー規制 ………………………………… 180
第2節　重要な金融機関向け対応──SIFIs等対応………………… 182
 1 G-SIBsの選定 ………………………………………………… 182

    2 TLAC（Total Loss-Absorbing Capacity）………………………… 185
    3 監督強化（連鎖破綻を回避するコアな金融インフラの強化）………… 187
  第3節 透明性・安定性の向上を目的とする規制 ………………………… 194
    1 店頭デリバティブ規制 ……………………………………………… 194
    2 シャドーバンキング規制（最終化待ち）…………………………… 197
  第4節 その他諸外国の規制（ボルカールール、外国銀行規制など）……… 200
    1 米国金融規制（ドッド・フランク法）……………………………… 200
    2 外国銀行規制（ドッド・フランク法165条）……………………… 202

第5章 市場系パッケージシステムを取り巻く環境の未来予想

  第1節 ビジネス変化予測（概要）…………………………………………… 206
  第2節 ビジネス変化予測（テーマ別）……………………………………… 211
    1 マーケットメイク・クリアリング業務からの撤退 ……………… 211
    2 選別される顧客と新たなプレーヤー ……………………………… 212
    3 顧客分析機能（システム）………………………………………… 214
    4 取組商品への影響――プレーン商品かエキゾチック商品 ……… 214
    5 FRTB対応（システム）…………………………………………… 216
    6 IRRBB対応（システム）………………………………………… 217
    7 電子取引基盤の普及 ………………………………………………… 217
    8 電子取引への移行と銘柄後決めGCレポ対応（システム）……… 219
    9 証拠金規制対応とレポーティング分析機能（システム）………… 219
    10 担保管理の高度化 …………………………………………………… 221
    11 CEM→SA-CCR計算手法への移行（システム）………………… 222
    12 相対取引からCCPへの移行、そしてCCPの競争激化 …………… 222
    13 資本圧縮と資本コスト調整マインド ……………………………… 224
    14 FVA・KVAの計算 ………………………………………………… 226
    15 リアルタイムリスク計算機能 ……………………………………… 226
    16 データ収集とコーポレートガバナンスへの活用 ………………… 228

17　IT技術革新（AI、ビッグデータ分析、ブロックチェーン）………… 232
18　資本毀損が社債市場に与える影響 ……………………………………… 236
19　資産運用規模の拡大によりもたらされるバイサイドへの明るい
　　未来と迫るリスク ………………………………………………………… 237
20　アセットマネジメントリスクの高まり ………………………………… 238
21　資産運用システムの高度化 ……………………………………………… 239
22　株式市場への影響 ………………………………………………………… 240
23　銀行のコーポレートガバナンスとRAF ………………………………… 242

Appendix　市場系パッケージシステムを導入した7人のプロ

1　数少ない成功プロジェクトの鍵は実機検証とリソース手当 ………… 246
2　パッケージの強み、弱みの理解 ………………………………………… 250
3　パッケージソリューションベンダーという存在 ……………………… 252
4　銀行員とは異なる証券マンの特性とスピードが求められる証券
　　取引システムの構築 ……………………………………………………… 254
5　商社に市場系パッケージシステムを導入したケース ………………… 256
6　ユーザーを巻き込む必要性 ……………………………………………… 258
7　PMOの必要性 …………………………………………………………… 260
8　導入期間とコスト ………………………………………………………… 260

おわりに ……………………………………………………………………… 263
事項索引 ……………………………………………………………………… 265
巻末資料 ……………………………………………………………………… 272
　Ⅰ　市場系システム商品別機能一覧（自己ポジション取引のケース）… 272
　Ⅱ　市場系システム商品別機能一覧（対顧客取引のケース）………… 280

第1章

市場系パッケージシステムの概要と市場系業務の歴史

第 1 節
市場系パッケージシステムの概要

1 市場系パッケージのタイプ

　本書における市場系パッケージとは、デリバティブ取引と現物（為替、資金、債券、株式）を管理するシステムを示すこととする。デリバティブ取引とは原資産（預金、ローン、債券、為替、コモディティ）から派生した金融取引を指す。代表的な商品としては、先物、スワップ、オプションといった取引種別とリスクファクターとなる金利、為替を組み合わせたものを指す。たとえば通貨というリスクファクターとスワップを組み合わせた通貨スワップ、通貨とオプションを組み合わせた通貨オプション、金利とスワップを組み合わせた金利スワップという組合せである。

　実際に市場系パッケージの多くは欧米で開発されたものが多い。そして市場系パッケージとはそれを利用する①ユーザーと②利用機能③基本構成によって整理することができる。①のユーザーとは後述するバイサイドとセルサイドに区別され、②の利用機能は大きくはフロント、ミドル、バック機能に分かれる。現在はすべてをフルカバーするパッケージも存在しており、これらは本書では"フルカバーパッケージ"と呼ぶことにする（図表１－１）。

　③のパッケージの基本構成とは、大きく以下３タイプに分かれる。
1) コア機能をもち、パラメーター設定により必要機能を実現し、拡張部分はカスタマイズを前提としたパッケージタイプ
2) 部品として利用することを前提としたパッケージタイプ
3) パッケージという名のスクラッチ開発[1]を前提としたパッケージタイプ

---

[1] スクラッチ開発とは、既存のひな型などを利用せずゼロから開発すること。

図表1-1　パッケージタイプ

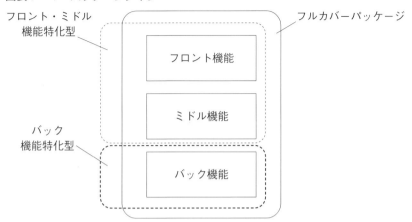

図表1-2　コア機能をもち、パラメーター設定により必要機能を実現し、拡張部分はカスタマイズを前提としたパッケージタイプ

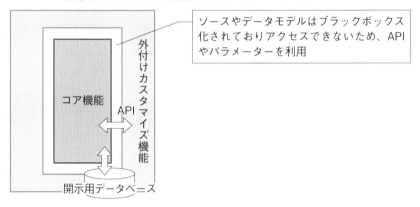

　1)はある程度成熟した欧米系のパッケージに多く、データベースの構成などは非開示のため、必要機能はあらかじめ用意されたパラメーターや開示されているデータ項目構成で実現する必要があるが、さらにカスタマイズを要する場合には、パッケージから提供されたAPI[2]や簡易スクリプトで対応す

2　API（アプリケーションプログラミングインターフェース）とは、よく利用される共通機能等を外部システムから呼び出すことができるよう定めた手続を指す。

図表1-3　部品として利用することを前提としたパッケージタイプ

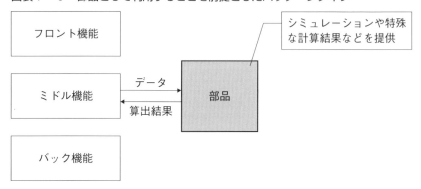

図表1-4　パッケージという名のスクラッチ開発を前提としたパッケージタイプ

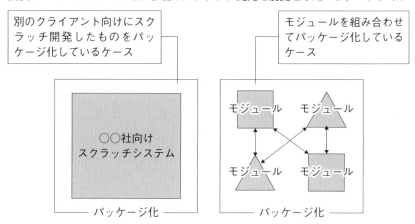

る必要がある（図表1-2）。

　2)はリスク管理の計算エンジンなど値を渡して返してもらうといった部分的に卓越した機能を提供するパッケージを指す（図表1-3）。

　3)には他のクライアント向けにスクラッチ開発したシステムをパッケージ化しているケースや、モジュールを組み合わせてパッケージ化しているケースなどがある（図表1-4）。日本発のパッケージに多いタイプでクライアントの要件を柔軟に取り込めるといったメリットを保持する一方、グローバルで実績のある卓越したコア機能を求めるユーザーにはマッチしない。

2　サービス提供形態の違い

　パッケージのタイプは、サービス提供形態によって異なり、大きく以下に示す5つのタイプが存在する（図表1－5）。サービス提供形態の違いにより、発注者側とサービス提供側との責任分解点が異なるため、どこまでを管理し、責任を負うべきか、負えるかを検討のうえ、サービス提供形態を決定する。

① 　オンプレミス型……システムを設置する施設からビジネスプロセスまですべて発注者側にて保有する形態。
② 　IaaS型[3]……施設とハードウェアをアウトソーシングし、ミドルウェア、DBMS、OS、アプリケーション、ビジネスプロセスのみを保有する形態。運用保守に関するハードや基幹系システムそのもののハードといった部分もサービスで提供。
③ 　PaaS型[4]……さらにミドルウェアより下の階層もアウトソーシングし、アプリケーションとビジネスプロセスのみを保有する形態。
④ 　SaaS型[5]……ビジネスプロセスのみを保有し、それ以外はすべて任せる形態。サーバの死活監視や障害1次対応等についてもサービスで提供。
⑤ 　BPO型[6]……システム維持・業務プロセスをフルアウトソーシングする形態。

3　実在する市場系パッケージの一覧

　図表1－6は、2014年現在国内外で利用されている主要市場系パッケージを列挙している。公開情報に基づき整理しているため限定された情報のみを

3　Infrastructure as a Serviceの略。「アイアース」や「イアース」と呼ばれる。
4　Platform as a Serviceの略。「パース」や「パーズ」と呼ばれる。
5　Software as a Serviceの略。「サース」や「サーズ」と呼ばれる。
6　Business Process Outsourcingの略。

図表1－5　サービス形態によるパッケージタイプの区別

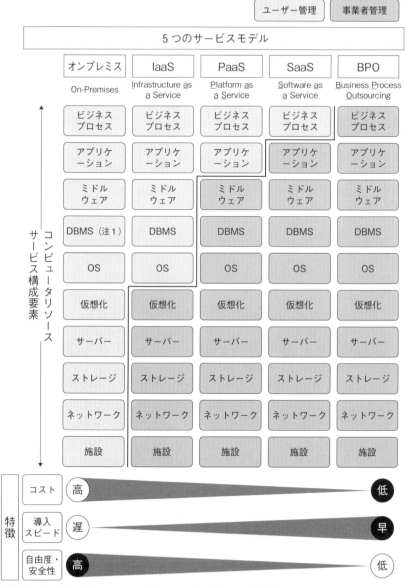

（注1）　Database Management System：データベース管理システム。
（注2）　特徴はあくまで一般的な情報に基づくものであり、この限りではない。

記載しており、市場系パッケージを選択するための情報としては不足している。パッケージを選ぶときには、特にだれに向けたパッケージなのか（カバー領域）、いちばんの強みはどこなのか、それらが強み、弱みとなった歴史的背景は何かといったあたりまでを理解しておくことが望ましい。海外のパッケージはある程度成熟するとファンド等にて買収、売却される可能性がある。買収されソリューションが残る場合も多いが、保守・メンテナンスできる要員がいなくなり、結果、保守の品質が落ちる、バージョンアップができなくなるというリスクがあるため、買収の可能性はわかる範囲でチェックしたほうがよい。なお、実際の市場系パッケージの選定プロセスについては第3章にて解説する。

［図表1－6に加えて追加で確認するべき情報］
・カバー領域（フルカバー、セルサイド機能、バイサイド機能）
・取扱商品
・強み領域と弱み領域（業種、機能、商品）
・導入実績（業種、企業名）
・国内サポート状況
・開発拠点
・パッケージが生まれた歴史的背景（＝強み機能につながる）

図表1－6　パッケージシステムベンダー一覧（ABC順）

パッケージシステムベンダー名（注）	各社ホームページの情報	
	創業年	ソリューション／プロダクト名
Advent Software	1983	Portfolio Management Performance Measurement Reporting Trading Compliance Client Management Research Management Investor Accounting Reconciliation

		Revenue Management Margin and Finance Management Data
Bloomberg	1982	Toms AIM TRADEBOOK FX DEALING FIXED-INCOME ELECTRONIC TRADING EXECUTION MANAGEMENT SYSTEM ※ほか多数
Calypso	1997	CAPITAL MARKETS INVESTMENT MANAGEMENT CENTRAL BANKING TREASURY & LIQUIDITY CLEARING COLLATERAL TECHNOLOGY
Charles River	1984	Portfolio Management Performance Measurement, Attribution, Risk (PMAR) Risk Management & Measurement Compliance Order & Execution Management Post-Trade／Settlements Position Management (IBOR) Charles River Enterprise Data Management (EDM) Wealth Management Solution
GFIFenics	—	FENICS Professional FENICS Exotics FENICS Enterprise
Infosys Finacle	—	Finacle Universal Banking Solution Core Banking Consumer e-banking Corporate e-banking Mobile banking Treasury Wealth management

		Payments Direct banking Digital commerce Youth Banking Finacle Payments Bank solution Finacle Small Finance Bank solution Multichannel Framework Finacle Analytics Solution ※ほか多数
Ion Trading	―	Trading Pricing Position Keeping and Risk Management Technology
Linedata	1998	WEALTH MANAGEMENT ALTERNATIVE & INSTITUTIONAL INVESTMENT EMPLOYEE SAVINGS PERSONAL INSURANCE LENDING AND LEASING SOFTWARE AS A SERVICE
MUREX	1986	Sales and Trading Enterprise Risk Management Enterprise Collateral Management Enterprise Operations and Finance Investment Management Treasury
Misys	1979	Commercial Lending Transaction Banking Corporate Treasury Retail Banking Digital Channels Regulatory Compliance Capital Markets Investment Management Risk Management Treasury
OpenLink	―	CubeIntelligence

		dbcSMARTsoft Endur Findur IRM OASES RightAngle
SUNGARD FIS (2015.11.30)	1983	Asset Finance Asset management Collateral Management Compliance & Tax Corporate Liquidity Energy Trading & Operations Insurance Market Data Post-Trade Processing Reconciliations Private & Corporate Banking Risk Management & Analytics Securities Finance Trading and Connectivity Wealth and Retirement Administration
Super Derivatives	2000	DGX | Real Time Market Data DGX Direct | Real-time cross asset market data feed SDX | front Office System Swap Execution Facility DataX | Market Data SDeX | Fully Disclosed Trading Platform Corporex | Risk Management RMX | Risk Management eValueX | Revaluation Services
Tata Consultancy Services	1968	TCS BaNCS TCS MasterCraft TCS Ignio TCS Cloud Plus
Thomson Reuters	1851	Trading & Investing Risk management Equities trading capabilities

		Foreign Exchange Markets
		Post-trade services
		Data feeds
		Infrastructure
		※ほか多数

(注1) Gartner社（Magic Quadrant for Trading Platform（2014／12））およびIncisive Media社（Risk Magagine（2014／12））より主要パッケージベンダーを抽出。
(注2) ベンダーによって情報を公表していない場合が多いため、本表に記載がない場合であっても取扱いがないとは限らない。詳細については直接確認が必要。

4　市場系パッケージの利用者について（セルサイドとバイサイド）

　お客様がパッケージを選ばれる際に「メガバンクがこのパッケージを利用しているので導入を検討してみたい」と相談されることが多い。しかしそのお客様が資産運用会社の方だった場合、「御社のビジネスモデルにはマッチしない可能性が高い」と説明することになる。なぜならパッケージにも得意、不得意領域があるため、自らのビジネスモデルとパッケージの得意領域はフィットさせる必要があるからである。

　市場系パッケージのユーザーは大きく、セルサイドとバイサイドに分かれる。セルサイドとは証券会社（投資銀行ともいう）を指し、バイサイドとは証券会社から商品を売買する金融機関を指す。代表的なバイサイドとは資産運用会社、保険会社、政府系ファンド（ソブリン・ウェルスファンド）である。セルサイドであるプロップトレーダー[7]はマーケット業務を行うとともに自らのポートフォリオでディーリングも行う。日本の銀行はセルサイド、バイサイド両方の役割を担っている。

7　プロップトレーダーとは、proprietary trading（自己勘定取引）を行うトレーダーを指し、自らの裁量で利益を追求した取引を行う。一方、顧客から売買注文を受け、その手数料を収益とするディーラーをカスタマーディーラーと呼ぶ。

> 日本の銀行には、なぜセルサイドとバイサイドが存在するのか
>
> 　銀行と証券会社は歴史上、区別されたり、されなかったりということを繰り返してきた。米国では1933年に制定されたグラス・スティーガル法において銀行と証券会社は分離が規定されていた。日本でもそれを引き継ぎ、1948年証券取引法にて銀証分離として銀行の証券兼業が禁止された。その後、米国では1999年グラム・リーチ・ブライリー法において業務の分離は無効となり、日本では1993年の金融ビッグバンにて銀行、信託、証券が子会社を通じ相互参入できるようになった。
>
> 　欧州はもともと業務分離の縛りはなく、銀行、証券、保険、資産運用はすべて1つのグループとして存在することが認められている。しかしリーマン・ショック後、銀行と証券の分離の必要性についてあらためて討議され、米国ではボルカールールによって銀行が本来行うべき貸出業務以外での投機的取引を行うことや銀行のファンドとの提携が禁止された。では、日本はというと、その逆である。グループ内の銀行と証券の一体運営、銀証連携を進めるためにトレーディング業務を一体化させたビジネスが加速している。

5　銀行と証券会社の違い

　図表1-7では、銀行と証券会社の顧客や業務について整理をしている。証券会社はさらにプライマリーマーケットにかかわる部門（企業の株式発行、債券発行、M&A仲介）とセカンダリーマーケットにかかわる部門（デリバティブ商品の開発、売買等）に分かれ、市場系パッケージを利用するのはセカンダリーマーケットにかかわる部門になる。

図表1－7　銀行と証券会社の業態の違い

業態	銀行	証券会社
顧客	個人、企業、政府	企業、政府
主な調達手段	預金	市場調達
主な収益獲得手段	融資、債券運用	証券引受、トレーディング、M&A仲介、資産運用

6　銀行勘定と特定取引勘定

　銀行では、銀行勘定（バンキング勘定ともいう）と特定取引勘定（トレーディング勘定ともいう）に勘定が区分管理されている。銀行勘定とは、伝統的な業務である、資産と負債の期間ミスマッチ（長短金利差）によって収益確保を目指す勘定で、資産側は貸出や有価証券、負債側は預金が中核となっている。関係会社株式を除く有価証券の保有目的は主に「その他有価証券」となっており、「満期保有債券」も使われている。ALM（Asset Liability Management）では、この資産と負債の金利や運用と調達の期間の差をコントロールする目的でデリバティブを利用することもあり、その場合は原則ヘッジ会計を適用する。

　特定取引勘定とは、外国為替や債券、株式などの現物、デリバティブ商品の短期売買にて利益を追求する勘定を指し、保有目的は「売買目的有価証券」となる。この勘定で行う先物や先物オプション、その他デリバティブはいずれも時価会計が適用される。一般的には銀行で行っている業者業務（有価証券やデリバティブ等）に該当する取引や証券会社でのほとんどの取引がこの勘定となっている。

　この勘定の違いは、収益確保の概念とオペレーション方法の違いにつながる。図表1－8で示すとおり銀行における銀行勘定の運用は、国債等を中心とした債券運用と政策持合いを中心とした株式保有（＋貸出業務）がメインである。一方、特定取引勘定は主にデリバティブ取引（業者業務は縮小傾向

にあると推測）であり、貸出等に付随させる以外に単体デリバティブも取り扱っている。

図表1-8　業態別勘定別特色と収益確保の概念の違い

業態	勘定	特色等	収益確保の概念	業務内容・ポジショニング等でのポイント
銀行	銀行勘定	・原則としてALMの考え方に基づいた運用・調達Accrualベース（注）での会計処理	・Accrualベースでの金利差	・原則として組織決定前提でのオペレーション（短期資金調達を除く）
銀行	特定取引勘定	・デリバティブ関連（+債券業者業務）が主に該当 ・時価会計での会計処理	・オファー・ビッド確保（値鞘・利鞘）	・ポジションは可能な範囲内で原則ヘッジ
証券会社	特定取引勘定	・原則として流動性資産はほぼ特定取引勘定。時価会計での会計処理	・オファー・ビッド確保（主に値鞘）	・ポジションは可能な範囲内で原則ヘッジ

（注）　Accrualベースとは、会計原則の1つで現金収支の受渡しではなく、経済的事象の発生を基準として収益、費用認識を行う考え方。発生主義ともいう。

図表1-9　対顧客業務における業態別商品別比較

業態	勘定	外国為替（バンキングを含む）	債券	株式	デリバティブ
銀行	特定取引勘定	・特に制限等はなし	・一定の流動性がある銘柄中心（対金融機関のみ、窓販を除く）	・なし	・単体デリバティブ営業あり
証券	特定取引勘定	・なし（ヘッジツールとしての利用）	・特に制限等はなし	・特に制限等はなし	・なし（ヘッジツールとしての利用中心）

図表1－10　負債商品に関する業態別商品別比較

業態	商品	短期／長期	内容	（参考）負債時価評価
銀行	コール	短期	・O/N（注1）を多用し、最終資金調整の一環	原則対象外
	レポ	短期	・銀行勘定の有価証券の有効活用的な資金調達	原則対象外
	大口定期	短期	・おおむね3カ月程度、地域金融機関や事業法人向けが中心	原則対象外
	CD	短期	・おおむね3カ月程度、預金保険料がかからないメリットがあったものの、近年はほとんど流通せず	原則対象外
	社債（シニア）	中長期	・2～10年で発行、個人向け等のケースもあり	対象
	社債（劣後）	中長期	・最低5年以上、期限付きの場合はおおむね10年、永久劣後もあり	対象
証券会社	コール	短期	・ターム取引を多用し、1カ月以上でのロールオーバーも実施	原則対象外
	レポ	短期	・営業用有価証券の資金繰りという位置づけでレポを多用	原則対象外
	短期社債	短期	・資金調達と営業用ツールという両面を持ち合わせ、顧客の短期運用での品ぞろえ的位置づけ	原則対象外
	借入（劣後）	中長期	・証券自己資本対策としての調達で、おおむね5年程度	対象
	社債・MTN（注2）	中長期	・デリバティブをあわせた営業用ツールという色彩が強く、さまざまなデリバティブ商品あり	対象

（注1）　当日中に決済せず翌日決済を行うこと、コール取引では担保なしに、短期資金を借りる取引を「無担保コールオーバーナイト物」と呼ぶ。
（注2）　社債発行に関しては、銀行の場合公募債のかたちで発行枠を確保するケースが多いが、証券の場合は私募債も多い（MTN：Medium Term Note等）。

証券会社の特定取引勘定では、一部プロップによるポジショニングもあるものの、基本的には対顧客業務の一環である営業用資産であるため、価格変動リスクはヘッジを行う傾向にある。

　図表1－9は、対顧客業務における銀行と証券会社の違いを示す。銀行の場合、外国為替やデリバティブ等では、顧客取引推進の観点もあり、顧客よりいつでも引合いを受ける状態にある。証券会社の場合、外国為替やデリバティブ等は対顧客業務に付随（ヘッジ等）するかたちで行うことが中心で、ポジショニングを積極的に行わない（一部プロップを除く）。一方、債券や株式は中核業務として引受けから販売まで一通り行うが、価格変動リスクは相応にヘッジしている。

　負債商品についても銀行と証券会社とではビジネスモデルに違いが存在する。銀行の場合は、底溜り預金が一定量あり、保有資産が持切り的発想であるため、長短金利差による収益確保という発想が根底に存在し、ミスマッチ分を短期調達するという考え方であるが、証券会社の場合は、営業用資産の原資確保の意味合いが強く、レポによる営業用資産を使った有担保調達と一部無担保調達によって所要資金量をまかなう考え方である（図表1－10）。

　図表1－11では、銀行と証券会社のビジネスモデルの違いにより、バイサイドとセルサイドどちらの機能が各商品に求められるのか、さらに特徴的な機能は何かについて整理している。

図表1－11　市場系パッケージという観点での業務・業態別特色

商品		業務のポイント	システム要件等
銀行	外国為替	・自己と対顧客が共存する ・ブック間取引（内部取引、同部署間、異部署間）もあり ・ブローキング（電子を含む）とダイレクト取引が存在	・バイサイド／セルサイド両面の機能 ・ヘッジ取引の識別（紐づけも含む）
	債券	・保有目的の特定化が必要	・バイサイド（業者業務を行って

		・（売買目的・満期保有・その他） ・担保（差入れ／受領）情報が必要	いない場合）の機能 ・担保情報は受渡しベースが必要 ・銀行勘定については、簿価や償却減価の概念が必要
	株式	・保有目的の特定化が必要（関係会社・政策保有・その他純投資等） ・担保（差入れ／受領）情報が必要	・バイサイドの機能 ・担保情報は受渡しベースが必要 ・関係会社株式等では、簿価や償却減価の概念が必要
	デリバティブ	・自己と対顧客が共存する ・ブック間取引（内部取引、同部署間、異部署間）もあり ・ブローキングとダイレクト取引が存在	・バイサイド／セルサイド両面の機能 ・ヘッジ取引の識別（紐づけも含む） ・顧客別時価算定機能が必要
証券会社	外国為替	・対顧客業務はないが、対商品（内部取引を含む）が存在 ・ブローキング（電子を含む）とダイレクト取引が存在 ・外貨資金繰りの色彩が強い	・バイサイド／セルサイド両面の機能（セルサイドは対商品が中心） ・ヘッジ取引の識別（紐づけも含む）
	債券	・担保（差入れ／受領）情報が必要	・バイサイド／セルサイド両面の機能 ・担保情報は受渡しベースが必要 ・顧客別時価算定機能が必要
	株式	・担保（差入れ／受領）情報が必要	・バイサイド／セルサイド両面の機能 ・担保情報は受渡しベースが必要 ・顧客別時価算定機能が必要
	デリバティブ	・対顧客業務はないが、対商品（内部取引を含む）が存在 ・ブローキング（電子を含む）とダイレクト取引が存在	・バイサイド／セルサイド両面の機能 ・ヘッジ取引の識別（紐づけも含む）

第 2 節
現在の市場系パッケージに行き着くまでの歴史

　本節では、1970年代から現在までの世界・日本で起きた主な出来事、金融商品、規制、IT／ファイナンス理論の歴史を整理している。市場系パッケージはデリバティブという金融商品が生まれ発展した歴史そのものであるといっても過言ではない。また市場系パッケージが提供する標準機能に対して、なぜ国内でこれほどカスタマイズが発生するのかについても、この歴史からみえてくる。

1　1970年代──時代を変えた変動相場制

　1971年8月15日、ブレトンウッズ体制が崩壊し、ニクソンショックが起きた。金融の歴史を振り返るとき、1971年まで立ち戻ることになるのは、ブレトンウッズ体制の崩壊が各国による外国為替取引の変動相場制移行へ切り替えるきっかけとなったタイミングであり、「自由化」の本当の始まりだからである。つまりこのタイミングから為替の自由化が始まったといえる（図表1−12）。

　1970年代、日本は変動相場制移行、石油危機（第一次、第二次）に見舞われたが、資金、資本が海外に流れ国際化が一気に進むことになる。石油危機を経てOPEC（石油輸出国機構）[8]の支配力は崩れ、世界の石油市場は寡占状態から競争状態に移行したといわれている。

　邦銀の海外支店設立ラッシュもこの時期であり、1978年以降は中長期の資金需要が高まりシンジケートローンが拡大した。そしてこの頃国債が大量に

---

[8]　石油輸出国機構（Organization of the Petroleum Exporting Countries：OPEC）は、1960年に石油資本などから石油産出国の利益を守ることを目的として設立された組織で、ウィーンに本部を構える。13カ国が加盟している。

図表 1 − 12　1970年代の年表

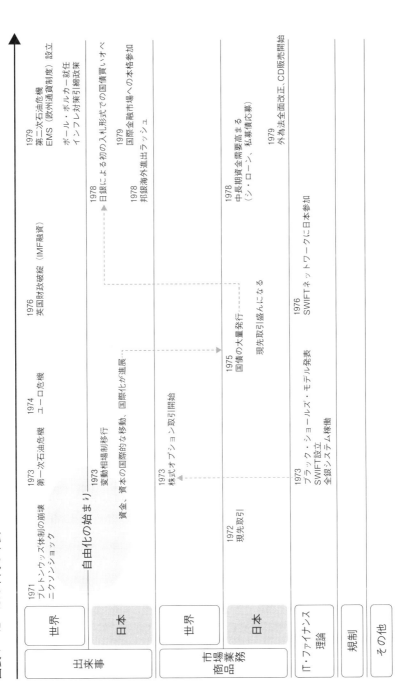

第1章　市場系パッケージシステムの概要と市場系業務の歴史　19

発行された。そのきっかけは1965年の東京オリンピック後の経済低迷により租税収入が減少したことや、列島改造論などの積極的な財政政策を理由とする。それを受け自然と債券を保有する法人が資金共有手段として、オープン市場であった現先取引を盛んに利用するようになり現先市場が発達した。現先取引は債券売買形式ではあるが、実質短期資金の貸借取引としての役目を果たしていた。しかしその現先取引も1980年代に入り、法律上は売買取引であったことから有価証券取引税が課せられ、取引コストがかかるため、譲渡性預金やコマーシャル・ペーパーといった短期金融商品に移り変わっていった。

1970年代──その頃ITは？（図表１－12下段　IT・ファイナンス理論）

　1971年、Intelは世界最初のマイクロプロセッサを販売した。そしてその翌年にはAT&Tベル研究所がC言語を開発した。プログラミングをする人であれば、他のプログラミング言語と比較し、C言語の偉大さについて少なからず理解できると思う。その特徴としてはあらゆる分野のシステムにフィットする自由度や汎用性、拡張性があげられる。そして驚くべきことにこの言語はいまも金融システムのなかで動き続けている。翌年の1973年フィッシャー・ブラックとマイロン・ショールズがオプション価格評価に関する論文ブラック・ショールズ・モデルを発表した。金融工学の先駆けである。同年、シカゴオプション取引所（CBOE）で株式オプションが始まる。

　1973年には、SWIFT（Society for Worldwide Interbank Financial Telecommunication）が欧米15カ国239銀行の出資によりベルギーに設立される。SWIFTは、銀行取引における情報のやりとりをペーパレス化し、同一のネットワークで標準化された手続により進めることができることを目的とした非営利協同組合である。1973年日本では金融機関相互の内国為替取引をコンピュータ通信回線にて処理する全国銀行データ通信シ

ステム（全銀システムといわれる）が稼働し、1976年からSWIFTネットワークに参加した。

初めてのデリバティブ商品はコモディティの先物取引 (図表1-13)

　初のデリバティブ商品とは、農産物をはじめとするコモディティの先物取引だったといわれる。世界最大の先物取引所であるシカゴ取引所で先物取引が開始されたのが1864年であり、先物取引専門の取引所であるシカゴ・マーカンタイル取引所（CME）が設立されたのが1919年なので、ニクソンショックよりももっと昔からデリバティブは存在していた。いずれの取引所もシカゴに存在しているのは、シカゴが穀物の集散地だったからである。

図表1-13　先物取引
将来の売買についてあらかじめ価格や数量を決めておき、将来時点で売買を行う取引
先物取引の特徴
✓ 取引所のみで取引できる「取引所取引」
✓ 取引対象（原資産）、取引単位、最終取引日、清算方法等取引条件が決まっている定型取引
✓ 原資産に関して限月（期限日）を設定し、当該月における原資産価格を予想して行う
✓ 限月まで反対売買によりいつでも差金決済でき、取引最終日には、通常、差金決済を行う（現物受渡決済も可能。債券先物の場合、現物の債券と先物売買代金の授受を行う）
✓ 取引に際して証拠金を差し入れる
先物取引対象となる原資産
〈為替系〉
・通貨先物
〈金利系〉
・金利先物（無担保コールO／N、ユーロ円TIBOR）
・国債先物（中期、長期、超長期）

〈株系〉
・株価先物（日経平均、TOPIX）
〈コモディティ〉
・穀物（大豆、小豆、とうもろこし）
・貴金属（金、銀、白金、パラジウム）
・原油
※　取引所により対象、取引条件は異なる

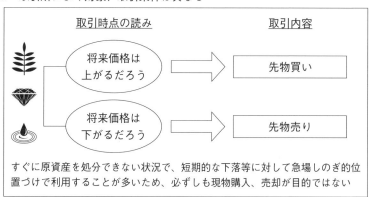

2　1980年代──デリバティブ商品が生まれる

　1980年に入り先物がヘッジ取引として利用され始めた（図表1−14）。各国による変動相場制への金融規制緩和により企業や機関投資家がグローバルに活動し始め、それに伴う為替リスクや金利リスクが発生することになったためである。一方、金融機関にとっては、ファイナンス理論が高度化し金融商品の開発や自動化ができるようになったこと、金利が自由化されたことで、これまでの伝統的な預貸業務による利鞘収益が縮小してきたため、新たな収益源となる商品が必要だったことがあげられる。またファイナンス理論高度化のインフラを支えたのはコンピュータ・通信技術、いまでいうIT技術が飛躍的に発達したことがその背景にある。

図表1−14 1980年代の年表

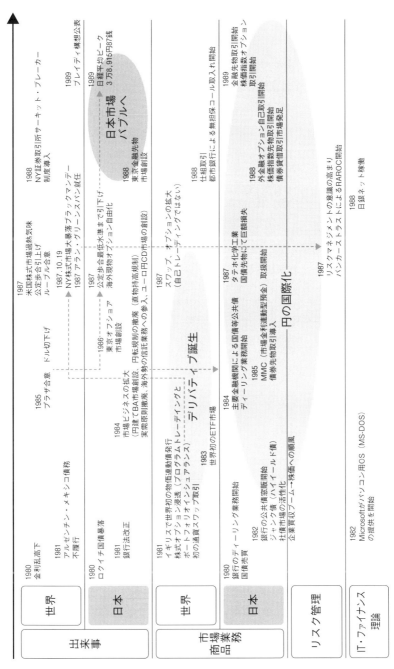

第1章 市場系パッケージシステムの概要と市場系業務の歴史 23

(1) ブラックマンデーを誘引したデリバティブ取引

1981年には世界銀行とIBMとの間で初の通貨スワップ取引が交わされた。この後、スワップは店頭取引（OTC取引ともいう）として始まり、取引所取引としては株式オプションが浸透する（図表1－15、図表1－16）。1980年代後半には、プログラムトレーディングと呼ばれる株式現物と株価指数先物の裁定取引を自動的に判断し発注する仕組みや株価の下落に対して株価指数先

図表1－15　オプション取引
将来の売買についてあらかじめ価格や数量を決めておき、将来時点で売買を行う権利を売買する取引
オプション取引で使われる用語
✓ Call（コール）：原資産を買う権利
✓ Put（プット）：原資産を売る権利
✓ Strike Price（ストライクプライス）：権利行使価格（原資産を売買する価格）
✓ Premium（プレミアム）：権利を売買する価格
✓ In the money／At the money／Out of the money：各時点における当該オプションのストライクプライスと原資産価格の位置関係で、（そのまま行けば）権利行使できる状態がIn the money、できない状態がOut of the money、50／50がAt the money
✓ European（ヨーロピアンオプション）：権利行使日に権利行使の有無を決定
✓ American（アメリカンオプション）：権利行使日までの間いつでも権利行使が可能

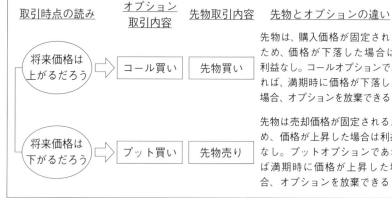

図表1−16 オプション取引の損益分岐

約定時点では損益ゼロから相場の方向性の影響で評価損益が変動するが、徐々に時間の経過とともに矢印の方向に動いていく

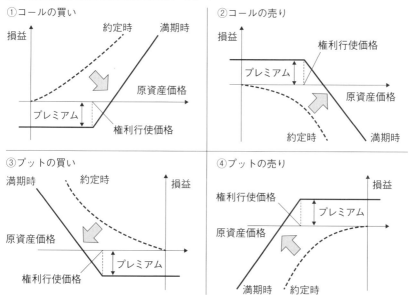

物の売り、もしくは株価指数先物のプットオプションにてヘッジするポートフォリオインシュアランスが盛んに行われるようになっていた。そしてこれが1987年10月に起こった最大規模の株価大暴落、ブラックマンデーを誘引した。1987年10月19日の朝に急落した株価に対して、先物の売りが大量に自動発注され、さらに先物価格よりも高くなった現物も収益をあげるための売り注文が大量になされ、売りが売りを呼び株価下落が止まらなくなったのである。これは、金融工学でのアルゴリズムが実市場では機能しなかったことを示している。1988年、ニューヨーク証券取引所は、この教訓から世界で初めてサーキット・ブレーカー制度[9]を導入した。

　ブラックマンデーは、当時就任したばかりのアラン・グリーンスパン

9　サーキット・ブレーカー制度とは、株式市場や先物取引において一定以上の価格変動が確認された場合に、強制的に取引を止める制度。

FRB（Federal Reserve Board：連邦準備制度理事会。以下「FRB」という）議長の判断にて早急に米国国債の買いオペによる市場への資金供給がなされ、市場の流動性を担保することができた。これによりグリーンスパン議長は就任早々高い評価を得たが、実は1987年前任のボルカー議長は追い込まれるかたちで辞任している。リーマン・ショック以降はグリーンスパン議長よりもボルカー議長の名前のほうが耳にすることが多いが、この時代は高金利政策やバーゼル銀行監督委員会（Basel Committee on Banking Supervision：BCBS）（以下「バーゼル委員会」という）に働きかけて、銀行に対する自己資本比率規制を課すべきと唱えたボルカー議長よりもグリーンスパン議長の緩和政策のほうが受け入れられていた。そしてグリーンスパン議長は、前任者の銀行を取り締まる数々の手法を見直し柔軟な金利施策を取り入れ、ウォール街の金融技術革新にも協力的だった。ブラックマンデーにより、金融機関は「市場リスク」の存在と管理の重要性、そしてITの技術＝市場系システムの存在について認識することになった。

(2) 日本米国の関係が進めた金融規制緩和

1980年代の日本は、東京市場の開放、金利の自由化などを米国に求められた時代であり金融規制緩和が一気に進んだ時代でもあった。その背景には米国企業の競争力が落ち、強かった米国が弱くなり「双子の赤字[10]」国家となったことが原因としてあげられる。なぜならその米国が赤字となった理由は日本の経常黒字が原因とされたからである。1981年に就任したレーガン大統領は「レーガノミクス」という経済施策をとり、日本に対して日米円ドル委員会[11]にて為替相場調整を迫り、その結果日本では、数々の金融の自由化施策、円国際化施策が実現化することになる。日本では、これら金融緩和施策と金利低下局面が追い風となり新たな収益源が必要となった。その代表例

10　米国において貿易赤字（経常赤字）と財政赤字が並存していた状態を指す。
11　「日米共同（大蔵省・財務省）円・ドル・レート、金融・資本市場問題特別会合」が正式名称。「円ドルレートの現状および決定要因等について日米両国が相互の理解を深める」ことを図るために設置された会合。

が日本国債と外国為替業務である。

　日本の金融・資本市場の自由化・国際化のための協議を行い、1984年5月に、①大口預金金利の自由化、②外貨の円転換規制の撤廃、居住者向け短期ユーロ円貸付の自由化、③外国銀行の信託業務進出などを合意内容とした報告書が公表された。

　1982年に解禁された国債の窓口販売、1984年の公共債ディーリング、1985年の債券先物取引という流れのなかで日本国債ビジネスは、低金利局面であったことを利用し収益に大きく貢献した。ただし、これはあくまで自己取引としてのビジネスであり、対顧客を対象としたビジネスは「銀証分離」の規制上銀行は、行うことが禁じられていた。

(3) 国内システムの為替機能が特殊な理由

　外国為替業務が拡大した経緯は、金融規制緩和によるところが大きい。具体的には実需原則と円転規制の撤廃である。実需原則の撤廃（銀行が為替先物取引を行う際には為替取引（実需）である必要があるという規制）がなされ為替リスクをカバーするための先物取引だけでなく、為替投機を目的とする取引も認められ外為市場の発展につながった。為替という意味ではもう1つ、当時は円転規制という規制があり、銀行が直物外貨を円転する限度額が決まっていた。加えて海外から持ち込む円貨額にも規制が課せられていた。しかし当時、東京外為市場では、直先スワップ取引が拡大していたこともあり、直物のドル売りを先物でカバーすることも日常的に行われていたため、為替相場への影響はないものとして撤廃されることになった。しかし総合持高規制（為替銀行が毎営業日終了時に直先総合持ち高について一定高を超えて売持ち、買持ちしないように規制されていた）が撤廃されたのはずっと後の1997年の外為法改正のタイミングである。

　現在は、持高規制という言葉を耳にすることはほとんどないが、日本の銀行の勘定系システムや会計システムはこの総合持高規制に縛られていた時代に構築されたものがほとんどである。加えて直先スワップやヘッジ会計制度もこれにあわせて整備されていた。よって国外で構築された多くの市場系

パッケージシステムがこういった日本独自の歴史的背景に基づく特別な仕様に対応できていないのは当然といえる。

(4) 決済の短縮化と現担レポ取引の始まり

1989年、G30（Group of Thirty）にて証券決済におけるローリング決済方式の採用が提言された。これは、決済リスクを削減するためのいくつかの提言から構成される。たとえば、約定確認は約定日の翌日までに完了すること、証券集中保管振替機構を利用すること、証券資金同時決済の採用、証券貸借取引の推進、約定の決済は一定期間後に決済（これをローリング決済方式という）をするといった提言となる。それまで日本は「5・10日決済」方式をとっていたが、5日に一度の決済は、未決済高が積み上がり、決済リスクを抱えている状態となり、課題視されていた。さらに同年5月、現在の現金担保レポ（以下「現担レポ」という）の元となる債券貸借取引が導入された。ただしこれらは、債券現先取引と競合しないよう金利制限等の規制[12]がついていたため、あまり浸透していなかった。

1985年以降、日本市場は、金融機関のみならず事業法人も手元資金を不動産や株式、債券などに投資し、資産の価格が高値を更新するバブルが起きた。そして1989年、日経平均株価はついにピークに達する。

1980年代後半の米国では、不良債権処理を強いられた経験からローン債権を債券として売買する債権の流動化市場が生まれ、リスクを低減させる商品が存在していたが、当時の日本の銀行にはまだ債権流動化商品はなじんでおらず、貸し倒れた融資は、不良債権としてふくらみ、バブル崩壊へと突き進んでいくことになった。

---

12 当時の日証協理事会決議および大蔵省通達において、現金担保の付利金利の上限が「有担保コール翌日物出し手レート−1％」と定められていたほか、担保金額の下限が取引対象債券の時価の105％を下回らないものとされていた（日本銀行金融市場マーケットレビュー参照）。

> 1980年代──その頃ITは？
>
> 　1982年Microsoftがパソコン用OS MS-DOSの提供を開始した。当時開発された市場系パッケージもまたDOSが主流だった。
> 　初代市場系パッケージの導入は、デリバティブ商品の流動性が高まり、取引形態が複雑化していった歴史と並行して、発展していくことになる。1980年代後半〜1990年代半ばはプロダクトごとにパッケージを導入することが多く、この頃には「リアルタイムリスク管理」という言葉がパッケージの売り文句になっていた。

3　1990年代──デリバティブ取引による巨額損失とリスク管理の高まり

　1990年代に入りデリバティブの取引利用はいよいよ拡大し、それと同時にデリバティブ取引に伴うトラブルや不祥事も多発することになる。1994年FRB（Federal Reserve Board：連邦準備制度理事会）[13]は、1989年以降引き下げ続けていた金利を引き上げ、それまで低金利が続くものと見込んでいた市場にインパクトを与えた。これは「FRBショック」といわれる。このFRBショックを引き金に、多くの金融機関が予想外の金利上昇を受け、デリバティブ取引によって巨額の損失を引き起こすことになった（図表1－17、図表1－18）。

---

[13] 米国における中央銀行制度のなかの最高意思決定機関。大統領によって任命された議長、副議長、理事にて構成される。金融政策の策定と実施を任務とする。FRB議長は世界経済に対する影響力があり、「米国において大統領に次ぐ権力者」といわれている。なお、FOMC（Federal Open Market Committee）とは、金融政策決定機関であり、FRB理事7人と連邦準備銀行総裁5人で構成される。議長はFRB議長、副議長はニューヨーク連邦準備銀行総裁が担当する。FOMC定期的会合は年間8回開かれ、フェデラルファンド金利の誘導目標、および公定歩合を決定する。市場急変時は臨時会議が開催される。

図表1−17　1990年代の年表

出来事

世界

- 1990　湾岸戦争／東西ドイツ統一
- 1990　マーストリヒト条約調印／インクランド銀行ジョージ・ソロスに敗北・変動相場制へ
- 1993　欧州連合(EU) 発足
- 1994　FRBショック（金利上昇）
- 1994　欧州通貨機構（EMI）設立
- 1997　アジア通貨危機
- 1998　ロシア危機／シティコープとトラベラーズの合併
- 1999　ボンG7合意／欧州共通通貨ユーロ導入／グラム・リーチ・ブライリー法（グラス・スティーガル法で定めた業務分離の無効化）

日本

- 1990　バブル崩壊
- 1992　金融制度改革法
- 1993　銀行の証券子会社営業開始
- 1993　外国為替等審議会「国際金融取引における諸問題に関する専門部会」で初めてデリバティブ取引のリスク管理の重要性が強調
- 1994　預金金利自由化
- 1995　阪神・淡路大震災
- 1996　日本版ビッグバン
- 1997　外為法改正
- 1997　拓銀、三洋証券、山一破綻
- 1998　金融システム改革法
- 1999　長銀破綻
- 1999　日債銀破綻
- 国債ローリング決済へ移行

日本版ビッグバン
規制の撤廃へ

失われた20年の始まり

市場業務・商品

世界

- 1990　国債先物オプション取引開始
- 1994　CSA契約登場
- 1994　仕組取引複雑化
- 1995　バンカーズトラスト銀行による仕組取引に対する訴訟（P&G、ギブソングリーティング・カリフォルニア州オレンジ郡破産）
- 1995　ベアリングス銀行破綻（1260億）
- 1997　JPモルガン初期のCDS取引を開始（デリューデュフォン発明）

デリバティブ取引による巨額損失

- 1997　店頭デリバティブ拡大　クレジットデリバティブや証券化商品のニーズが高まる
- 1999　銀行の付随業務として、コモディティデリバティブが解禁

日本

- 1995　大和銀行NY支店による巨額損失
- 1996　住友商事銅地金取引巨額損失
- 1996　基本契約整備　現担レポ取引開始
- 1996　現先契約の金利制限廃止 → 基本契約レポ取引開始
- 1997　担保レポ取引開始　担当者ドル・バックの職責分離

リスク管理

リスク管理の高度化

- 1993　G30レポート
- VaRによる市場リスク管理開始
- 1994　BIS デリバティブ取引に関するリスク管理ガイドライン公表
- 1994　RiskMetrics™ VaR計算手法開示
- 1995　独立したリスク管理部門　フロントとミドル・バックの職責分離
- 1996　BIS規制 市場リスク規制における内部モデル方式の採用

IT・ファイナンス理論

市場系パッケージが続々と生まれる

- 1994　日銀ネット国債決済の同時決済（DVP）化
- 1995　Microsoftが Windows95 を発売
- 1995　Sun Microsystems が JAVA 言語発表

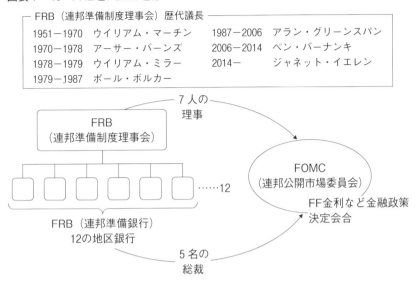

図表1-18　FRBとFOMCとは

(1) デリバティブ取引による巨額損失

　1994年、米国のプロクター・アンド・ギャンブル（P&G）が金利スワップ取引（図表1-19）にて巨額の損失を発生させ、この商品を売ったバンカース・トラストに対して、リスク説明不十分として損害賠償責任をとらせた。バンカース・トラストは、そのほかにもグリーティング・カード大手のギブソン・グリーティングからも支払を求められた。

　P&Gが取り組んでいた金利スワップでは、低金利が続けば受け取る固定金利を債務負債に充てることができるが、金利が上がれば大きな損失が出るという仕組みになっていたという。

　デリバティブ取引が利用され始めた当初は、事業会社において資金関連スワップやアセットスワップなどは金利リスクをヘッジしコストを低減するために利用され、為替オプションは輸出入に伴う為替リスク低減に利用されていた。

図表1−19　スワップ取引

✓ 異なる2種類の原資産について、等価交換を行う取引
✓ 金利スワップは固定金利−変動金利、固定金利−固定金利、変動金利−変動金利の等価交換
✓ 通貨スワップは2通貨の等価交換

【金利スワップ】

- 一般的には変動金利指標として使われるのはLIBORやTIBOR等
- 10年国債利回りやスワップレート（ともに変動金利）といったものもあり

【通貨スワップ】

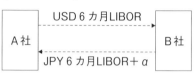

- 外貨の為替・金利変動リスクの回避という観点であるため、固定金利／変動金利／固定額といったものもある
- 為替のフォワードの概念からすれば、上記スキームにおいては+αは不要だが、実際にはオファー・ビッドを含め+αが存在する

　その後、顧客のニーズに個別に応えていくうちにスワップションやリバースフローター債[14]といったシンプルな仕組商品ができ、次第に金融機関はデリバティブを組み込んだ複雑な仕組商品を事業会社に売るようになった。金融機関にとって仕組商品とは顧客からストラクチャがまったくみえないブラックボックス商品であり、それが複雑であればあるほど手数料も見込め、きわめて収益性が高い商品だった（図表1−20）。

　自らデリバティブ取引を始め、損失がふくらみ破産した例としては米国カリフォルニア州オレンジ郡があげられる。オレンジ郡の出納ロバート・シトロンはレポ取引によって2倍のレバレッジをかけた資金を調達し、金利低下により利益が見込まれるリバースフローター債に投資をしていた。FRBによる金利上昇の結果、受け取る金利が低下し25億ドルの損失を出し倒産する

14　金利が上昇するとリターンが減り、金利が下降するとリターンが上がる債券、リバースフローター債は市場の利率低下局面で発行される傾向がある。

図表1-20 スワップ取引を利用するシーン

<u>一般事業法人が金利上昇をヘッジする場合</u>
LIBORやTIBORベースの変動借入れに対し、スワップ取組みにより、変動借入れが固定借入れに変化（実線）

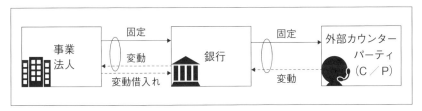

<u>社債発行企業における変動化</u>
・前提条件としては固定金利ベースの社債発行
→スワップ取組みにより、固定金利調達が変動金利調達に変化（破線）
⇒商社等では、途中償還条項をつけるため、単純な金利スワップではなく、スワップションも組み合わせるケースあり

【参考】発行する社債が途中償還条項ありの場合
① 外部C／Pと銀行の間で、スワップ＋スワップションを締結（たとえば2年後に償還条項をつける場合は期間2年のスワップ＋2年先3年のスワップション（外部C／PのPayer'sの買い）
② 外部C／Pと銀行との間の取引をそのまま事業法人と銀行との間のミラー取引にする

ことになった。

　1995年には、200年の歴史をもつ証券会社、イギリスのベアリング・ブラザーズが13億ドルの損失を計上し、最終的にはオランダINGに1ポンドで売却された。理由はシンガポールの先物子会社のトレーダーであったニック・リーソンによる不正トレーディングが招いた巨額損失だった。リーソンは日経平均先物とオプションを利用した取引を行い、その損失を架空口座に隠蔽していたが、1995年1月の日本の阪神・淡路大震災勃発により急落した日経

図表1-21　金利オプション取引

- ✓ LIBORやTIBOR等の指標金利を使い、金利の上限／下限をストライクプライスとした金利オプション
  キャップ（Cap）：金利の上限を設定（上限がストライクプライス）→プットに相当
  フロア（Floor）：金利の下限を設定（下限がストライクプライス）→コールに相当
- ✓ 当初は買い手がプレミアムを売り手に支払うが、以降上限金利以上／下減金利以下になった場合のみ売り手が買い手に差額を支払うかたち
- ✓ 通常は「前決め／後払い」となっており、金利が上限に達しているかを直近で判定し、3カ月後や6カ月後に受渡し
- ✓ キャップ／フロアはオプションの集合体であるため、ヘッジしたいところだけを抽出してヘッジすることが可能

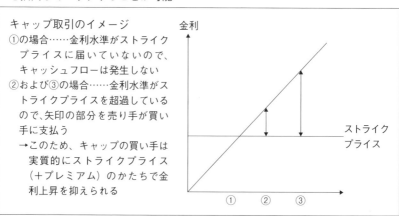

キャップ取引のイメージ
①の場合……金利水準がストライクプライスに届いていないので、キャッシュフローは発生しない
②および③の場合……金利水準がストライクプライスを超過しているので、矢印の部分を売り手が買い手に支払う
→このため、キャップの買い手は実質的にストライクプライス（＋プレミアム）のかたちで金利上昇を抑えられる

平均により、オプションの売りポジションで大損失を出した。

その他にも先物、オプション、仕組債、レポといった商品が原因で多くの企業で巨額の損失が発生し、破綻に追い込まれた。

(2) 本格的なリスク管理の始まり

こういったデリバティブ取引での損失や1995年5月に公表されたGAO（米国会計検査院）によるデリバティブ市場残高大幅増大（1992年時点想定元本ベースで12兆ドル）のレポート、その他店頭デリバティブ取引の拡大や商品の複雑化といった質的変化に反応し、金融当局はデリバティブ取引が金融システムに与える影響とリスク管理の重要性を検討し始めた。

図表1-22 キャップ／フロア取引を利用するシーン

一般事業法人により金利上昇ヘッジするケース
LIBORやTIBORベースの変動金利借入れを行っている場合、キャップの購入により上限金利を設定できる

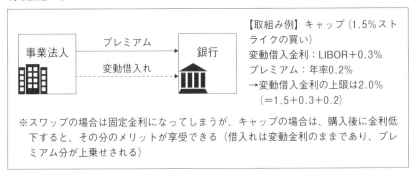

【取組み例】キャップ（1.5％ストライクの買い）
変動借入金利：LIBOR＋0.3％
プレミアム：年率0.2％
→変動借入金利の上限は2.0％
　（＝1.5＋0.3＋0.2）

※スワップの場合は固定金利になってしまうが、キャップの場合は、購入後に金利低下すると、その分のメリットが享受できる（借入れは変動金利のままであり、プレミアム分が上乗せされる）

一般事業法人により金利低下ヘッジするケース
変動金利運用を行っている場合、フロアの購入により下限金利を設定できる

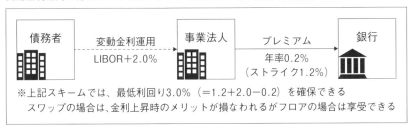

※上記スキームでは、最低利回り3.0％（＝1.2＋2.0－0.2）を確保できる
　スワップの場合は、金利上昇時のメリットが損なわれるがフロアの場合は享受できる

　1993年7月にG30によって取りまとめられた調査レポート「デリバティブ：その実務と原則」は、通称「G30レポート」と呼ばれるが、これが翌1994年に国際決済銀行（BIS）のバーゼル委員会による「デリバティブ取引に関するリスク管理ガイドライン」につながった。

　「G30レポート」は現在のリスク管理の礎を築いたといっても過言ではない画期的なレポートだった。たとえば経営陣の役割の明確化に始まるリスクガバナンス体制、1日に一度の値洗いの必要性やリスクの把握を伝えた市場リスクの評価管理、カレント・エクスポージャーとポテンシャル・フューチャー・エクスポージャーをとらえたうえでの信用リスクの測定と管理、バリュー・アット・リスク（以下「VaR」という）というリスク分析手法を用

いた限度枠設定による市場リスク評価の仕組み、ミドルオフィスとフロントオフィスの分離、デリバティブ取引の時価会計、情報開示の必要性などである。バーゼル委員会は、1996年1月に国際的に活動している金融機関に対して自己資本比率8％の規制を導入することを決定した。これがいわゆる「バーゼルⅠ」である。ほかにも「G30レポート」では、"会計基準の統一化が望ましく取引の時価評価や評価額の変化を収益として認識するべきである"という提言がなされている。ディスクロージャーにおいても"デリバティブを行うことの目的や取引規模、会計処理方法について開示するべきである"という考えが初めて表された。

「バーゼルⅠ」では銀行が保有する貸出などの信用リスク資産をリスクアセットと定義し、その総額8％は最低でも自己資本として、貸出に回せるバッファを残しておくことを義務づけた。この自己資本比率構想を描いていた人物は、1987年に退任に追い込まれていたボルカーFRB議長である。後任のグリーンスパン議長は「バーゼルⅠ」を取りやめはしなかったものの、規制当局がこの金融業界における躍進を妨げてはならないという主張の持主だった。

しかし、当時の規制をかいくぐったものが存在する。それは信用リスク移転と呼ばれる手法だった。たとえばローン債権をケイマンに移しローン担保証券（CLO）を発行することで資本バッファを縮小するという手法である。また、AIGを経営危機に追い込んだことでだれもが知ることになったクレジットデリバティブも信用リスク移転手法の1つである。クレジットデリバティブの初期の取引はJPモルガンにより1997年に行われている。クレジットデリバティブが登場した背景は、当時の銀行の悩みであった貸倒れリスクを大量の自己資本を積む方法以外で実現したかったからである。これを実現したのがデフォルトした場合の元利金の支払を第三者に保証し、そのかわりに保険料をプレミアムとして支払うスキーム「クレジット・デフォルト・スワップ（CDS）」（図表1-23）だった。歴史を後から振り返ってはじめて気づかされたが、バーゼル規制の抜け穴は信用リスク移転手法の発展につながることになったといえるかもしれない。

図表1−23　クレジット・デフォルト・スワップ（CDS）とは

✓ 信用リスクをコントロールするためのデリバティブ取引
✓ 信用リスクを回避したい側はプロテクションの買い、増加させたい側はプロテクションの売り
✓ デフォルト時受渡しに関し、当初は現物決済が主流であったが、最近は差額決済も可能
✓ デフォルト事由に関しては、一般的に①破産、②債務不履行、③リストラクチャリングの3つ
　（一般的には3CE（CE：Credit Event）という）

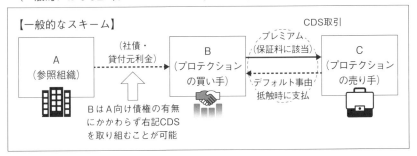

バーゼルⅠとは

① 導入背景

　1980年代に国際金融市場が飛躍的に拡大するなか、一方では、累積債務の深刻化や増加するデリバティブ取引のリスク管理などが問題となり、そして、米国での大手銀行の倒産をきっかけに、システミックリスクが懸念されるようになった。

　経営破綻した金融機関には、自己資本比率の低下という特徴がみられたことで、国際金融市場での取引の安全性を考慮したバーゼル委員会が、国際業務を営む銀行に対して、国際統一基準として自己資本比率を維持させるべく規制を導入する動きとなった。

② 規制内容（1998年の市場リスクに関する合意分を含む）（図表1−24）

　バーゼルⅠとは、1988年に公表された最初の国際的な銀行の自己資本比率に関する合意（バーゼル合意）をいい、日本では1988年度から移行

図表1-24 バーゼルIにおける自己資本比率算出式

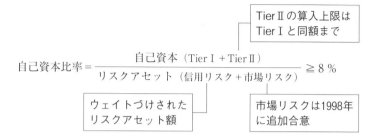

(参考) 金融庁／日本銀行資料に基づき作成。

措置が適用され、1992年度末から本格適用が開始された。国際的に活動している銀行に対し、信用リスクを加味して算出された総リスク資産(いわゆるリスクアセット総額)に占める8％の自己資本の保有を求めた。

分子項目としてはTier I（第一分類）とTier II（第二分類）という概念が盛り込まれている。Tier Iに該当する項目としては、永久株主資本、発行ずみかつ完全払込みずみの普通株式と非累積配当型優先株式および公表準備金（株式払込剰余金、利益剰余金、一般準備金および法定準備金）がある。Tier IIに該当する項目は、非公表準備金、再評価準備金、一般引当金／一般貸倒引当金、負債性資本調達手段、期限付劣後債（期限付優先株を含む）となっているが、期限付劣後債についてはLower Tier IIとしての扱いとなり、Tier Iの50％が算入上限となっている一方、残存5年を割り込んでいる場合は毎年20％ずつ資本算入額が減額される。なお、Tier II全体の算入上限はTier Iと同額としている。

分母項目としては、オンバランスシートの資産カテゴリーごとでリスクウェイトが適用され、オフバランス取引に関してもその内容に応じて掛け目が適用される。派生商品取引に関してはオリジナル・エクスポージャー方式とカレント・エクスポージャー方式があり、オリジナル・エクスポージャー方式は各国裁量部分として簡便方式を認めたものである。

③ 補足等

国際的なルールが決まる過程においては、当時の国内大手金融機関が欧米の大手金融機関と比べて自己資本が十分ではなかったことや、国内株価が高水準であったことで、有価証券含み益を自己資本比率に算入できるよう求め、評価益の45％相当額がTierⅡとして計上できるかたちになったが、その後の株価下落により押し上げ効果は減少した。

1996年には市場リスクに対する追加的な合意が公表され、保有する有価証券などの相場変動リスク（市場リスク）に備えるため、自己資本比率の算出方法に、従来の信用リスクに加えて市場リスクも考慮された。これに伴って分子項目にTierⅢ（各国裁量）の概念を加え、市場リスクに対応する短期劣後債務を資本（TierⅢ）として認め（TierⅡ＋TierⅢの上限はTierⅠ相当額）、1997年12月末（日本では1998年3月末）から適用が開始された。

(3) バーゼルⅡの誕生

「BIS規制の追加規制」が適用された1997年の翌年、さらにリスク管理について新たなテーマが設けられる事件、「アジア通貨危機」が発生した。その引き金はヘッジファンドによるタイのバーツ売りだった。タイに始まるアジア通貨危機により各国は変動相場制への移行を強いられることになった。この流れはタイからマレーシア、インドネシア、韓国、フィリピン、香港へと飛び火しアジア経済の成長率を大幅にダウンさせた。

アジア通貨危機の翌年、エネルギー価格の低迷や国内の内政問題を理由として財政危機に陥っていたロシアがルーブルを切り下げ、国債の利払いを中止した。ロシア国債の実質的なデフォルトである（これを「ロシア危機」と呼ぶ）。さらにこのロシア国債買いを行っていたヘッジファンド、LTCM（Long Term Capital Management）[15]は苦境に追い込まれることになった。LTCMは当時驚異的な収益をあげており、主要な取引手法は、各国の国債と金利スワップや先物のデリバティブのアービトレージ取引から得られる利鞘に対し

てレバレッジしたポジションをとることで、収益の増加を見込むという手法だった。取引手法自体に問題はなかったが、LTCMは自らのデリバティブポジション自体があまりにも巨額で市場の流動性そのものを揺るがす存在であることを見逃していた。よって損失発生時にLTCM自体の取引相手先が見つからずポジションを閉じることができなかった。

アジア通貨危機やロシア危機で発生したような流動性の急激な枯渇が相関関係をもつ他市場へ伝播していく事態を契機に、市場流動性リスク管理やカウンターパーティリスク管理の重要性について認識されることになった。特にカウンターパーティリスク管理においては、ポテンシャル・フューチャー・エクスポージャー（PFE）[16]の計測と、信用補完をするための担保管理が一般化されることになった。

そして1999年6月にはバーゼル委員会により「新たな自己資本充実度の枠組みについて」が公表され、長い協議を経て2004年7月にいわゆる「バーゼルⅡ」が確定した。

バーゼルⅡとは

① 導入背景

　デリバティブ取引の一般化など、1990年代後半以降の国際金融市場の発展に照らし規準体系の不備が目立つようになったため、銀行のリスク量をより精緻に計測するなどの方向でバーゼルⅠの内容の見直しが行われた。その結果、2004年に「自己資本の測定と基準に関する国際的統一化：改訂された枠組」（バーゼルⅡ）が公表された。

② 規制内容

　バーゼルⅠからの主な変更点として、まず金融持株会社のような企業

15　LTCMは、1994年ソロモン・ブラザーズのジョン・メリウェザー氏により起業されたファンド。マイロン・ショールズ氏とロバート・マートン氏、2人のノーベル経済学賞受賞者を役員としていた。独自の高度な金融モデルによって急成長し驚異的な利回りを実現していた。

16　将来の時価変動を考慮した潜在的再構築コスト。

形態の変化もあり、銀行グループ全体のリスクが確実に認識されるようにするために、改定後の合意は、完全連結ベースで、主として銀行業務を行っているグループの親会社である持株会社を含むように範囲を拡大させた。また、信用リスクに関する手法の改善とオペレーショナルリスクに対する明示的な自己資本賦課を含めることとし、それぞれのリスクに関する標準的な手法と先進的な手法が示された。バーゼルⅠとの比較においては、自己資本の定義（分子項目）はそのままであるほか、自己資本のリスクアセットに対する比率も引き続き使われているものの、リスクアセット算定におけるリスクの計測方法が変化したかたちとなっている。

規制そのものの骨子としては３つの柱に分かれている（図表１－25）。第１の柱は「最低所要自己資本比率」で、バーゼルⅠの分母項目を見直したうえでの自己資本比率算出、第２の柱は「監督上の検証プロセス（金融機関の自己管理と監督上の検証）」で、金融機関による統合的なリス

図表１－25　バーゼルⅡにおける自己資本比率算出式

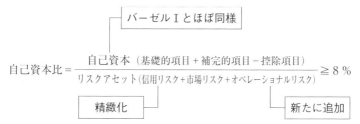

	内容	趣旨
第１の柱	最低所要自己資本比率	分母の計算にリスクをより正確に反映
第２の柱	金融機関の自己管理と監督上の検証	金融機関による統合的なリスク管理の確立と当局によるモニタリングの実施
第３の柱	市場規律の活用	情報開示の充実を通じて市場規律の実効性を高める

（参考）　金融庁／日本銀行資料に基づき作成。

ク管理の確立と当局によるモニタリングの実施となっている。各銀行がすべてのリスクにわたって見積りを行うことにより、自らの自己資本充実度を評価するために健全な内部プロセスを有することを意図しており、銀行と監督当局との間のより積極的な対話を促進することを目指している。第3の柱は「市場規律の活用」であり、情報開示の充実を通じて市場規律の実効性を高めることを目指している。銀行や金融システムの安全性および健全性を促進するため、適用範囲、自己資本の構成、リスク・エクスポージャーの評価および管理手法、および自己資本充実度という4つの主要な分野について、より具体的な定性的・定量的開示項目を作成し、ディスクロージャーの充実を促すかたちとなった。国内では2007年3月より適用されている。

図表1-26 信用リスクに係る標準的手法の見直し

与信先区分	バーゼルⅠ	バーゼルⅡ
国・地方公共団体	0%	0%
政府関係機関等（うち地方三公社）	10%	10%（20%）
銀行・証券会社	20%	20%
事業法人（中小企業以外）	100%	（格付に応じ）20〜150%または（格付を使用せず）一律100%
中小企業・個人	100%	75%
住宅ローン	50%	35%
延滞債権（3カ月以上延滞が発生している債務者に対する与信）	100%	50〜150%（引当率に応じて加減）
株式	100%	100%

・中小企業向け貸出は、小口分散によるリスク軽減効果を考慮してリスクウェイトを軽減。
・延滞債権は、引当率に応じてリスクウェイトを加減。
・貸出先企業の信用力に応じたリスクウェイトを使用可。
（参考）　金融庁／日本銀行資料に基づき作成。

③ 補足等

バーゼルⅡでは分母項目に関し、信用リスクの精緻化とオペレーショナルリスクの追加を行ううえで、計測手法として以下のかたちを示した（図表1-26、図表1-27）。

・信用リスク……標準的手法、基礎的内部格付手法、先進的内部格付手法

図表1-27　信用リスク：内部格付手法
・各銀行が有する行内格付を利用して借り手のリスクをより精密に反映する方式。
・債務者ごとのデフォルト率、デフォルト時損失率等を各国共通の関数式に入れてリスクウェイトを計算。

	基礎的内部格付手法	先進的内部格付手法
デフォルト率	銀行推計	銀行推計
デフォルト時損失率	各行共通の設定	銀行の推計

・国内でのデフォルトの定義は「要管理先」以下の債権
・保有株式のリスクウェイトには下限を設定（政策保有株式100％、その他上場株200％、非上場株300％）

【内部格付手法導入に係る留意点等】
・TierⅡ資本に一般引当金（または一般貸倒引当金）を算入するという1988年バーゼル合意の取扱いは撤回される。証券化エクスポージャーに対して内部格付手法を用いるか、または株式エクスポージャーについてPD／LGD手法を用いる銀行は、それぞれパラグラフ563および386の条件に従ったうえで、まずEL金額を資本から控除しなければならない。
・その他の資産クラスに対して内部格付手法を用いる銀行は、(i)パラグラフ380に定義される適格引当金総額を、(ii)内部格付手法で計算され、パラグラフ375で定義される期待損失総額と比較しなければならない。

※パラグラフ563：証券化エクスポージャーに関するELと引当金の取扱いに関する事項
　パラグラフ593：早期償還に対する最低所要自己資本の計算に関する事項
　パラグラフ386：PD／LGD方式での株式エクスポージャーに対するELの金額（資本からの控除に関する事項）
　パラグラフ380：適格な引当金の計算に関する事項
　パラグラフ375：期待損失の計算に関する事項

（参考）　金融庁／日本銀行資料に基づき作成。

・オペレーショナルリスク……基礎的手法、粗利益配分手法、先進的計測手法

また、銀行勘定の金利リスクは第2の柱のなかでモニタリング対象という扱いとなり、アウトライヤー基準（金利リスク量がTierⅠ＋TierⅡの合計額の20％）を超過する場合は、監督当局が特に注意を払うかたちとなった。

1991年、バブルが崩壊し、日本は「失われた20年[17]」といわれる時代が始まり、不良債権処理に悩まされることになったため海外からも撤退を強いられることになった。そしてこのバーゼルⅡは日本の金融機関の不良債権処理の進行を阻むことになった。

FRB理事にその後就任するバーナンキは、2000年頃、1991年以降20年にもわたる日本のデフレは政策手段がなかったのではなく、政策手段をとらなかったからだとし、1987年から1989年の金融引締めの遅れがバブル経済を拡大させた点や、1991年以降資産価格の急落や金融システム不安、景気落込みに対して何も公的対処をしなかったことについて厳しい指摘を行っている。またこの日本経済の沈滞をもたらしたデフレを過度に意識した金融政策が、近年取り組んでいる量的金融緩和政策[18]（Quantitative Easing：QE）である。

（4）現担レポ取引市場規模が拡大した理由

世界で発生したデリバティブ取引にかかわる不祥事や巨額損失事件は、日本の現担レポ取引市場に影響を与えている。その1つが1995年のベアリングス事件である。ベアリングス証券は、無担保の債券貸借取引で国債を借り、その国債を証拠金として取引所に差し入れていた。これにより日本の無担保取引における信用リスク問題が問題視されるようになり、今日の現担レポが

17　失われた20年とは、1991年のバブル崩壊後から約20年以上にわたり低迷した日本経済を指す。
18　量的金融緩和政策とは、中央銀行が市場に大量に資金を供給することで景気を刺激する政策を指す。

生まれるきっかけとなった。

　そして現担レポが生まれたもう1つのきっかけは国債決済方式の見直しである。G30が1989年に提言したように、1996年10月に国債決済慣行がローリング決済方式となり、約定日の7営業日後に決済する方式に移行することとなった。これにより、1995年1月に債券貸借取引に定められていた金利制限の規制が廃止され、1996年3月に欧米のレポ取引に倣った新たな現担レポの基本契約書の整備が進むことになった。当時こういった資金と債券の調達、運用手段を拡充させるための取組みがなされた理由は、ローリング方式は、5・10日決済と異なり、毎日取り交わした約定の決済を行う必要にせまられる。毎日決算を行うには、空売りのポジションを埋めるためのファンディングに余裕をもつことができず、日々の資金繰りやポジション把握をしなくて

図表1－28　レポ取引
- ✓一方が債券を貸し出し、かわりに現金担保を受け入れ、一定期間経過後にそれぞれ返却する債券貸借取引のこと。
- ✓債券の借り手は、債券に対する貸借料を支払う。担保金金利－債券貸借料がレポレートとなる。
- ✓日本でレポ市場という場合、現金担保付債券貸借市場のことをいう。
- ✓債券を必要とする借り手はトレーディング決済で必要となる債券の調達、債券の貸し手は担保金の運用益の獲得を目的とする。
- ✓レポ取引は、GC取引とSC取引に区別される。

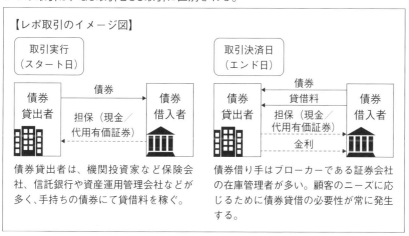

はならない。この現担レポの制度整備の結果、レポ取引の市場規模は急速に拡大した（図表1－28）。

　では、なぜ現先取引ではなく、現担レポの見直しになったかというと、利付債券を対象とする場合には、当時取引額に対して定率の有価証券取引税が発生していたからである。この税金は後の1998年に撤廃されるが、1996年当時はレポ市場の整備スピードを重視した結果、現先ではなく、現担レポの整備を進めたようである。しかしこの結果、日本のレポと欧米のレポは、似て非なるものとなり、この違いが今日までシステム構築時にカスタマイズを要することになるパッケージのギャップにつながった。

(5) 日本版金融ビッグバンと短期金融市場の活性化施策

　1990年代後半は、「失われた20年」であったと同時に日本から各種規制が撤廃された年代といえる。そのスローガンとなったのが1980年以降叫ばれるようになった「円の国際化」である。「円の国際化」の施策は、1997年に発生したアジア通貨危機をきっかけに加速する。なぜならアジア通貨危機は、アジア各国がドルに依存していたことが原因の１つであったといわれており、これによりアジア地域における円の使用率の向上や円建てビジネスの拡大が必要であるという意識の高まりにつながったからである。「円の国際化」の試みの１つが外為法[19]の改正という、内外の資本取引、外為業務にかかわる規制撤廃である。これら規制緩和策は金融システム改革「日本版金融ビッグバン」と呼ばれた。特に内外の投資家による円建ての投資を拡大するために、厚みのなかった短期金融市場（短期割引国債、政府短期証券）を活性化させるため、取引慣行の見直しや税制の見直し（償還益への税、有価証券取引税）が行われた。

　この「円の国際化」のムーブメントにより再び現先にスポットが当たることになった。なぜなら有価証券取引税が撤廃されたのであれば、現担レポでは、クロスボーダー取引を行った場合に非居住者側の現金担保の利息に税金

---

[19] 外国為替及び外国貿易法の略称。1998年の改正により、資本取引の「事前届出・許可制」が原則として廃止された。

がかかるため、非居住者がレポ取引に参加するメリットが享受できなかったからである。これによりクロスボーダー市場でも取引がしやすいグローバルスタンダード化された売買形式の新現先が生まれることになった。

> ### 1990年代──その頃IT・リスク管理は？
>
> 　1990年に入りIT技術も飛躍的に発展する。1995年にMicrosoftがWindows95を発売したことで市場系パッケージのユーザーインターフェースはより使いやすいものへと変化した。プログラム言語でいえば同年、Sun Microsystemsが"未来をかえる技術"としてJava言語を発表したことで、市場系パッケージの言語の主役もまたJavaへと移ることになった。JavaはCやC++の影響を受けた簡潔なオブジェクト指向モデルであり、これまでどうしても逃れられなかったメモリ（情報資源）の管理負担を軽減することができたためソフトウェアの開発と保守の複雑さから解放され、またプラットフォームにも依存することがなくなった。Javaは現在もまだ主役の座を奪われておらず携帯機器やさまざまなシステムで利用されている。
>
> 　1998年には、W3C[20]がXML（Extensible Markup Language：拡張可能なマークアップ言語）というデータ記述用言語を公開した。XMLとは、ウェブ言語であるSDML（Spatial Data Modeling Language）やHTML（Hypertext Markup Language）の後継としてウェブ上で使用できることを目指した言語で、その特徴は、コンピュータシステムへの適合性が高く、プラットフォームに依存しない点だが、このXMLが金融取引の情報のやりとりや共有に利用されてきた。
>
> 　金融機関では、対顧客、金融機関同士、取引所、証券保管振替機構等と通信メッセージのやりとりをオンラインで取り交わしている。XML

20　WWWで利用される技術の標準化を進める国際的な非営利団体。「W3C勧告」（W3C recommendation）とは、HTML、XML、CSS、DOM、RDFなどウェブ関連の技術仕様の多くを指す。

図表 1-29 プロトコル発展の歴史

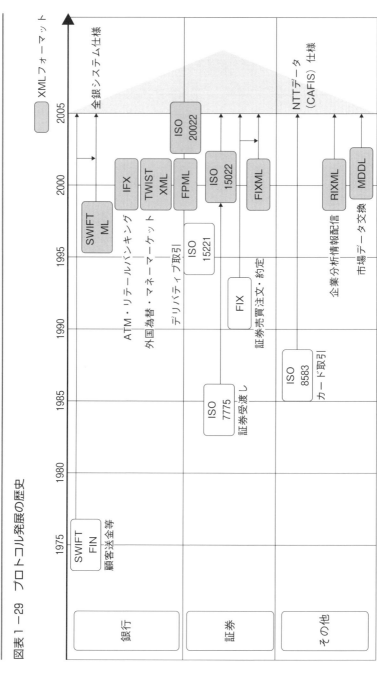

(参考) 森毅「金融業務で利用される通信メッセージの国際標準化動向」Discussion Paper No. 2007-J-5 (日本銀行金融研究所)。

が開発されるまでは、それぞれ独自の仕様で通信メッセージが作成されていた。

　送金等銀行間決済では、1977年よりSWIFT FINがデファクト標準として利用され、証券決済では、1984年よりISO7775、カード決済（クレジットカードとデビットカード）では、1987年よりISO8583が通信メッセージの国際規格として利用されてきた。また証券売買注文、約定については、FIXが1993年よりデファクト標準として利用されている。

　XML登場後、これら通信メッセージはXMLにて開発されるようになり、SWIFTはSWIFT ML、証券決済はISO15022、FIXはFIXMLとなり、ほぼすべてのメッセージがXMLにて開発されている。そして2004年には、金融業務で利用される通信メッセージの国際規格としてISO20022が制定された。現状すべてのメッセージがISO20022に統一されたわけではないが、2015年10月より利用開始された新日銀ネットや証券保管振替機構（JEXGWシステム）との接続方式にはISO20022が採用されている（図表1－29）。

(6) VaRによるリスク管理が始まる

　1990年代は、リスク管理がさらに高度化した時代である。「G30レポート」はJPモルガンの当時の会長故デニス・ウェザーストーン氏が指揮し取りまとめたが、VaRについてもデニス・ウェザーストーン氏が「自社のポジションから最悪いくらの損失が発生するのか報告しなさい」と、求めたことから開発されたといわれている。そして1994年にJPモルガンが開発したRisk Metrics TMというソリューションがインターネットを通じて無償公開され、市場系パッケージ会社や各種金融機関はVaRの計算手法を取り込むことができるようになった（図表1－30）。

　当時のVaRの計測手法は分散共分散法と呼ばれるもので、この手法はリスクファクターの変動に正規性を仮定しているが、実際は正規分布から乖離することが多い。そのため過去の実データからリスクを計測するヒストリカ

図表1-30 VaRの基本概念
・過去のデータをもとに統計的手法によって推定される「予想最大損失額」
・一定の観測期間による金利や為替、株価等のリスクファクターに関して、将来のある一定期間（保有期間）における一定の確率水準（信頼区間）に従って推定される最大損失額

【VaRの例】
観測期間5年、保有期間10日、信頼区間99％のときのVaRが10億円

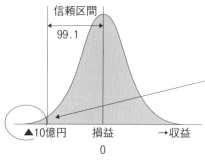

① 左記は5年間のデータにおける、ある資産を10日間保有していた場合の確率密度関数となっている
② 信頼区間（片側）99％とは、さまざまな損益額の分布に対して99％の範囲内になっているということを示しており、左記の場合で考えれば▲10億円から0の間に99％の確率で分布するということを意味する
③ 1％の確率で損失が発生するが、それが発生した場合の損失額がいくらになるのかは示されない

ル・シミュレーション法や、乱数を使った数値計算でリスク量を測定するモンテカルロ・シミュレーション法が存在する。それぞれにメリット・デメリットがあるため各金融機関ではこれら後者2つのいずれかと併用をしている。

　VaRは、ヒストリカルデータに基づいて指定した信頼区間によって求められるため、信頼区間を超過したテール部分に関してはいくらまで続くのかが不明である。このテール部分を把握するためには第4章にて後述する期待ショートフォール（ES：Expected Shortfall）、ストレステストによる補完が必要になる。

　VaRの計測は、市場リスクのみならず、信用リスク、オペレーショナルリスクの計測にも利用されている。図表1-31はそれぞれの一般的な信頼区間と保有期間を示す。

図表1-31 一般的なリスクタイプ別の信頼区間と保有期間

リスクタイプ	信頼区間		保有期間	
	規制資本	リスク資本	規制資本	リスク資本
市場リスク	片側99% (内部モデル手法)	片側99% (デファクト値)	10営業日以上 (内部モデル手法)	1-10営業日 (トレーディング勘定の例) 21営業日、1カ月 (バンキング勘定の例)
信用リスク	片側99.9% (内部格付手法)	片側99% (大半の金融機関) 片側99.9% (一部の金融機関)	1年 (内部格付手法)	1年 (デファクト)
オペレーショナルリスク	片側99.9% (先進的計測手法)	―	1年 (先進的計測手法)	1年

(出所) 菅野正泰『入門 金融リスク資本と統合リスク管理(第2版)』(金融財政事情研究会)

1990年代——その頃市場系パッケージは？

　1990年代中旬には、VaRの登場やバーゼルの施行に伴い統合リスク管理の必要性が高まったため、リスクやポートフォリオを一元的に管理できるオールインワンタイプのパッケージが登場した。プロセス面でもSTP (フロントからバックプロセスまでを網羅) という言葉が流行し、フロント、ミドル、バックと分断せずに事務を行うことができるというオールインワンタイプにスポットが当たり、各銀行、証券会社はこぞって市場系パッケージに多額 (数億~100億円) の資金を投入し導入をした。
　しかし、スワップションや日経リンク債[21]などの単純な仕組取引以外

21　日経リンク債とは、日経平均株価があらかじめ指定した期間に、あらかじめ定めた価格 (ノックイン価格) 以下になった場合に、額面金額でなく平均株価に連動した償還金額となる仕組債。償還金額ではなく債券の利率が変動するものもある。日経平均株価が一定水準以上になると早期償還される条項がついているものもある。

は、仕組商品を処理できる機能を標準では提供しなかったため、ユーザーは複合した商品を分解して市場系パッケージに登録し、エクセルによる「手管理」を余儀なくされていた。これは技術が追いついていなかったのではなく、これら仕組商品はオーダーメード型商品のためシステム化には値しないと判断されていたと思われる（図表１-32）。

図表１-32　金利オプション（スワップション）取引とは
- ✓金利スワップを発生させる権利の売買（通貨スワップの権利であれば通貨スワップションと呼ばれることが多い）
- ✓金利スワップであるため、「固定金利支払／変動金利受取り」と「固定金利受取り／変動金利支払」の二通り
- ✓オプションの買い手からみて、固定金利支払側となるのがPayer's Swaption、固定金利受取り側となるのがReceiver's Swaption
- ✓オプションそのものは通常ヨーロピアン（理論上はアメリカンも可能）

【スワップションのイメージ図（Payer'sの場合）】

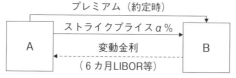

- インターバンク市場で通常行われる取引はAt the moneyのプレーンな金利スワップ
- 相対取引であるため、双方の合意さえあればストライクプライス等はオーダーメード可能

【取引ルール等】
- 通常プレミアムは約定後２営業日決済（仕組債等ではゼロコストにし、ストライクプライスを有利にする方法もあり）
- 権利行使日もオーダーメードだが、権利行使日の２営業日後にスワップがスタートする（もしくは消滅）
- 権利行使後にスワップを発生させるのではなく、当該スワップのその時点での価値相当額を決済してしまう方法もあり（Cash Settlement）
- スワップ＋スワップションの組合せによって、キャンセル権付きのスワップをつくることが可能

（例）　期間５年、２年後キャンセル権付スワップ
→期間２年のスワップ＋２年先３年間のスワップション

> →スワップションの期間を各6カ月にして多数組み合わせれば、マルチコーラブルができあがる

4　2000年代——信用リスク移転手法の発展とリーマン・ショック

(1) コーポレートガバナンスの必要性が高まる

　2000年代に起きたイノベーションという意味では、1990年代後半から勢いよく世の中に飛び出したインターネットがあげられる（図表1-33）。コンピュータ同士をインターネットプロトコル同士でつなぎ、交流できるというその仕組みは、紛れもなく世界のインフラを変えた。日本人のインターネット利用者が1,000万人を超えたのは1997年といわれているが、いまや子どもでも利用しており、生活必需品になっている。「IT（Information Technology）」という言葉が使われ始めたのもこの時代である。
　しかし実態を伴わないIT企業の経営は高すぎた株価の急落を契機に破綻し、2001年にはITバブルは呆気なく崩壊した。2001年にはエンロンの破綻、その直後にはグローバル・クロッシングが破綻、2002年にはワールドコムが破綻した。これら破綻と同時に発覚したのが粉飾会計などの不正な企業財務である。エンロンの会計監査を担当していたアーサー・アンダーセンは解散に追い込まれた。これら一連の不正会計の事件を受け、企業統治（以下「コーポレートガバナンス」という）という企業の不正行為の防止や企業価値向上に向けた取組みの必要性が高まり、2002年7月、上場企業会計改革および投資家保護法としてサーベンス・オクスレー法（以下「SOX法」という）が成立した。SOX法は財務報告プロセスの厳格化と規制の法制化を目的としている。
　日本でも2006年に証券取引法が改正され金融商品取引法となり、上場企業とその連結子会社に会計監査制度の充実や内部統制報告書の提出を求めるこ

図表1-33　2000年代の年表

出来事

世界

- 2001 ITバブル崩壊／エンロン破綻／米国同時多発テロ
- 2002 グローバル・クロッシング破綻／ワールドコム破綻
- 2003 イラク戦争
- 2004 ITバブル崩壊　粉飾不正
- 2006 パリバ・ショック
- 2007 ベン・バーナンキ就任
- 2008 ノーザンロック銀行一時国有化／ベアー・スターンズ破綻、AIG国有化／リーマン・ブラザーズ破綻→米ドル資金供給オペ開始／メリルリンチをバンク・オブ・アメリカが買収／リーマン・ショック
- 2009 金融安定理事会（FSB）誕生／FRB米国債購入（QE1）

日本

- 2001 日銀量的緩和策へ変更／短期社債等振替法／りそな銀行へ公的資金投入
- 2003 コクド不祥事発覚
- 2004 ナショナルオーストラリア銀行巨額損失／アライドアイリッシュ銀行巨額損失
- 2005 ペイオフ解禁／郵政民営化法／ジェイコム株大量誤発注
- 2006 カネボウ粉飾決算発覚／ライブドア・ショック／金融商品取引法／行政改革推進法
- 2006 CVA公正価格組入れ
- 2007 電子記録債権法／政策金融公庫法
- 2008 NYMEX買収／足利銀行破綻／日銀-FRB米ドルスワップ協定／CME CBOT買収
- 2008 ワシントンG20
- 2009 資金決済法／日銀-FRB円スワップ協定
- 2009.4 ロンドンG20　FSB発足／2009.9 ピッツバーグサミットG20「銀行セクターの強靭性を強化するための市中協議文書」公表／ドッド・フランク法
- 東証三二国債先物取引開始

金融システムの強化に向けた取組みの時代へ

市場商品業務

世界

- 2002 ストリップス債導入
- 2003 国債WI（入札前取引）開始

日本

- 2000 変動利付国債発行開始
- 2004 物価連動国債発行開始

会計制度改革

リスク管理

- 2002 サーベンス・オクスレー（SOX）法成立
- 2006 J-SOX法成立
- 2007 バーゼルⅡ開始

IT・ファイナンス理論

- 2001 日銀ネット即時グロス決済（RTGS）化

54

とになった(2008年より適用)。正式名称は内部統制報告制度だが、通称J-SOX法と呼ばれる。各社、J-SOX対応に膨大な時間とコストをかけ、システムにも手を入れ直している。

(2) 時価会計の導入

1996年から開始された金融ビッグバンに引き続き、2001年、日本の財務報告を国際基準に引き上げるための会計ビッグバンと呼ばれる、会計基準の改正が行われた。これにより時価会計が導入され、税効果会計、金融商品会計、退職給付会計、減損会計も順次導入された。当時日本の会計原則は、取得原価主義を用いており、資産を時価ではなく原価(取得した時の価格)で表記していた。特に影響が大きかった改正は、有価証券の時価会計対応であったといえる。有価証券は目的別(売買目的、満期保有、子会社および関連株式、その他の有価証券)に分類され、売買目的とその他の有価証券について時価評価が求められたが、持合株式がその他の有価証券に分類されたことで、それまで明るみにならなかった多額の評価損を出さなければならなくなったからである。事実、本改正後の2003年には株式評価損による特別損失を計上した企業が多く存在した。この会計ビッグバンは、結果的に企業間の持合いが解消されることにつながったが、当時はデフレと株安に企業が悩まされていた時代であったため、時価会計凍結、延期などの声もあがったようである。

J-SOXや会計ビッグバンへの取組みの対応の最中、日本でもいくつかの企業不正が発覚する。2004年には西武鉄道の株主だったコクドが有価証券報告書の虚偽報告を行い、その翌年にはカネボウの巨額粉飾決算が発覚した。カネボウは2005年に上場廃止となり、粉飾決算を指南したとして監査を担当していた中央青山監査法人は業務停止命令を受け、後に解散している。2006年にはライブドアの粉飾決算が明るみになり、その影響で市場全体の株価が暴落するという「ライブドア・ショック」が発生した。

第1章 市場系パッケージシステムの概要と市場系業務の歴史 55

(3) コーポレートガバナンスとクレジットデリバティブの発展

　日本や欧州に先んじて米国では1980年代からコーポレートガバナンスという変革が始まっていた。その理由は、その時代に企業買収が多く進んだことや機関投資家の発言力が当時、特に強まったからである。コーポレートガバナンスの高まりから、金融機関に対しても、株主や機関投資家がROE（株主資本収益率）や株主付加価値（SVA）を高めるようにと要請していた。またバーゼル規制により自己資本比率を向上させる必要があった。加えて先述したグラス・スティーガル法が実質無効になったため銀行と証券会社はより近づくこととなり、融資と有価証券が結びつくことになった。なぜなら伝統的な融資業務は資本を多く必要とするため、株主に回せる利益はどうしても小さくなるためである。こういった背景のなか、大手銀行は新たな収益源として信用リスクを移転するという革新的なビジネス、クレジットデリバティブを発展させていくことになった。

　2001年は同時多発テロが起きた年でもある。その後2003年イラク攻撃（イラク戦争）の際にFRBのグリーンスパン議長が「地政学リスク」という用語を使用し、マーケットでも使用されるようになった。地政学リスクとは、ある特定地域が抱える政治的、軍事的、社会的な緊張関係が世界の金融・資本市場に先行きの不透明さを与えることを指すが、こういった地域紛争やテロの脅威が発生すると「リスクオフ」の状況が発生する。特に中東地域の紛争が発生した場合は、原油価格、株式、為替（特に新興国）などのマーケットに幅広く影響を与える。実際、1990年8月にイラク軍がクウェート侵攻した際（後に湾岸戦争につながる）原油価格が急騰し、インフレ懸念が高まり、日本の長期金利は8％にまで急上昇した。これは日本における近年のピークレートとなった。石油市場は、2005年より中国の経済発展ならびに石油需要の増加から、それまでの供給過剰状態から供給不足状態へ切り替わることとなり、その後、オイル原価の上昇につながることとなった。

(4) リーマン・ショックが起きた理由

　米国では、ITバブル崩壊後、ジョージ・ブッシュ大統領が2003年「国民全員にマイホームを」、というスローガンを掲げてマイノリティや低所得者への持家奨励を行い、金融機関は低所得者に対して住宅融資を行うサブプライムローン[22]を積極的に行った。そして大量に発生したサブプライムローンは証券化商品となり米国、欧州で大量に売れた。

　証券化とは、サブプライムローンをリスクの高さ、低さ、利回りの高さ、低さで束にし、住宅担保ローン証券（MBS）とすることである。そして売れ残ったMBSのキャッシュフローをさらに分割し束ねたのが債務担保証券（CDO）となる。さらにCDOの売れ残ったキャッシュフローを束ね、CDOとして売却した。そのたびに束ねられたMBSやCDOのうちの最もリスクが少ない部分（トランシェ）には高い格付が格付会社によって付与された。

　売れ残るキャッシュフローとはつまり価値が低いことを意味するが、ローン同士の相関は弱いためMBSやCDOとして束ねることで、トリプルAの格付が付与され再び売れる商品に再生されていた。格付会社は、通常は企業の財務状況から判断し格付を付与するが、証券化商品の場合は証券会社と共同開発した過去データを統計解析することで導かれる理論的格付を付与していたのである。この格付はいうまでもなく証券会社と共同開発、という時点で独立性が崩壊している（図表1-34）。

　2006年、上がりに上がった住宅価格がピークを迎え、値下りを始めるとそれまでの証券化商品に警戒感が強まり、流動性が落ち解約ニーズが高まった。しかしすでに市場価格は証券化の繰り返しで計測することができなくなってしまっていた。2007年8月、フランスのBNPパリバ銀行傘下のヘッジファンドがサブプライムローンを資産とした証券化商品の解約請求に応じないことを発表し、サブプライムローン関連証券化商品の価格が暴落した。これを「パリバ・ショック」と呼ぶ。

22　サブプライムローンとは、主に米国にて低所得者（プライム層と呼ばれる優良客でない層）向けに貸し出されたローンを指す。

図表1－34　MBSとCDOが生成される流れ

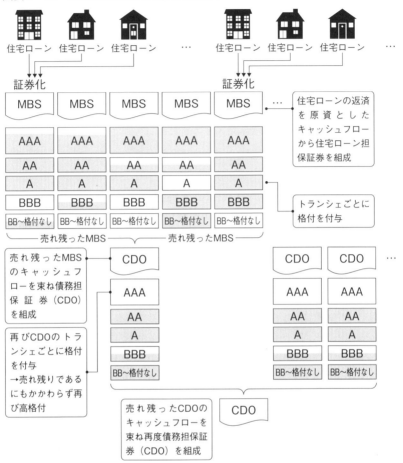

　先述したように銀行と証券会社はビジネスモデルが異なり、証券会社は資産を保有せず、引受けやM&Aなど財務アドバイスに手数料を受けるフロービジネスが主であるが、この時期は証券会社も高いリターンが見込める複雑な仕組商品を資産保有し利益を得ていた。なかでも伝統的に債券業務や証券化商品の組成や販売を得意としていたのが、ベア・スターンズ証券だった。ベア・スターンズ証券は傘下のヘッジファンドが破綻すると資金繰り状況が悪化し、2008年3月にJPモルガンに買収された。その後、ベア・スターン

ズ証券と同様に資金を借り、資産を保有することに熱心だったリーマン・ブラザーズ証券が2008年9月に破産法第11条の適用申請を行い、破綻した。この資産総額6,390億ドルの金融機関が破綻したことにより、米国経済に対する不安が広がり株価が暴落し、世界的な金融危機へと発展した現象を「リーマン・ショック」と呼ぶ。

　「リーマン・ショック」の直接の引き金はベア・スターンズ同様、リーマン・ブラザーズ証券が資金繰りに窮したことだった。証券会社はレポ市場で保有している債券を担保に資金調達する。通常、借入期日は翌日物（オーバーナイト）で占められる。レポ取引では交換する債券の担保のヘアカット率（担保削減率）が定められており、担保の信用によって借入額がかわってくる。当時ベア・スターンズやリーマン・ブラザーズが担保にしていた証券は証券化商品であり時価評価ができないものだったため、最終的にヘアカット率を引き上げられ、クレジットラインをカットされた2社は資金繰りができない状態に陥っていた。

　日本のドラマでよく目にするが、ある工場が銀行から貸渋りにあい、その工場が経営破綻すると、さらにその工場の下請は支払を払ってもらえず、さらに孫下請工場も支払を払ってもらえないといったように取引相手が破綻し穴があいてしまうと必ずその影響を被る先が登場する。リーマン・ブラザーズが破綻した際にはLTCMが破綻した時とは比べものにならないぐらいの穴があき、各金融機関が抱えるポートフォリオの市場リスクがふくれ上がり、それを収めるためのカバー取引が大量に発生し価格が乱れた。

　担保価値をもはや正しく評価できなくなってしまった証券化商品のデフォルトに対して、CDSにて償還を保証していたのがAIGである。AIGは債務保証をするための資金調達に窮しFRBに救済された。リーマンが破綻した14日の2日後の出来事である。メリルリンチは15日、バンクオブアメリカに買収され、21日にはゴールドマン・サックス証券とモルガン・スタンレーが銀行持株会社となった。政府に助けてもらえるよう銀行になったのである。

　当時、米国にて不良債権処理や公的資金投入を主導していたのは、ローレンス・サマーズ、ティモシー・ガートナー（財務長官）である。彼らは日本

のバブル崩壊時に日本に対して同様の処理（大手銀行の資産査定と公的資金利用）を強く主張していた。日本がこの処理をすることに時間を費やしすぎたことが今日のデフレの長期化につながったともいわれている。米国のリーマン・ショック後の対応には、日本の1990年代のバブル崩壊の経験が生かされていた。

(5) バーゼルⅢとFSBの誕生

　この世界経済をおおいに狂わせ公的資金を投入させた「リーマン・ショック」を機に、金融機関は各種規制対応を強いられる時代に突入していく。なぜなら世界的な金融危機を経て、バーゼルⅡの枠組みでは補てんできないさまざまなリスクが顕在化し、新たな金融規制の枠組みが必要となったためである。たとえば、従来の自己資本比率規制において、劣後負債では十分に損失をカバーできない点やレバレッジ拡大に対する歯止め効果が欠如する点、またストレス時における十分な流動性確保を示す基準の不足等、複合的なリスクが顕在化した点などである。

　2008年、ワシントンG20では、リーマン・ショックの根本原因について整理が行われ、2009年のロンドンG20では、「金融システムの強化に関する宣言」が発表された。この宣言を経て1999年に設置された金融安定化フォーラム（FSF）を拡充した金融安定理事会（以下「FSB」という）が発足された。その下に下記業態別の規制当局（①②③）が位置づけられ、さらにその下に各国の規制等当局が国内法、規制ルールを設定、管理、監督することとなった。

①　銀行……バーゼル銀行監督委員会（BCBS：Basel Committee on Banking Supervision）

②　証券……証券監督者国際機構（IOSCO：International Organization of Securities Commissions）

③　保険……保険監督者国際機構（IAIS：International Association of Insurance Supervisors）

　2009年9月、ピッツバーグサミットG20にて、今後の規制方針となる以下

の骨子が合意された。
・金融機関の報酬慣行の改革
・銀行資本の質と量の改善および景気循環増幅効果の抑制の重要性
・店頭デリバティブ市場の改善
・国境を超えた破綻処理を含むシステム上重要な金融機関の問題への対処

　その後、バーゼル委員会は第一弾として証券化商品の取扱い強化やトレーディング勘定の取扱いについて「バーゼル2.5」を公表し、さらに危機の再発防止を目指して2010年12月に「バーゼルⅢ」を公表した。

　2011年には、FSBが「大きすぎてつぶせない銀行」を金融システム上重要な金融機関（G-SIFIs：Global Systemically Important Financial Institutions）[23]として定め、より高いハードルの規制として自己資本の上乗せ（G-SIBサーチャージ）や破綻処理の追加的な要件（TLAC）、FSBデータギャップ等を課すこととした。

　本書では以下４つのグループに分け規制・ルールを整理している（規制の内容や今後の規制スケジュールについては第４章にて記載）。なお、下記規制動向の整理の仕方に定めはなく、各社異なる整理をしている。

① 　銀行の自己資本の質と量の強化（銀行向け規制）……バーゼルⅢ対応（2010年12月公表）
　・自己資本比率の強化
　・レバレッジ比率の導入
　・流動性リスク規制の導入（流動性カバレッジ比率（LCR）、安定調達比率（NSFR））
　・トレーディング勘定の抜本的な見直し（FRTB）
　・銀行勘定の金利リスク（IRRBB）
② 　重要な金融機関向け対応……SIFIs等対応
③ 　透明性・安定性の向上を目的とする規制……店頭デリバティブ規制、

23　グローバルなシステム上重要な銀行をG-SIBs（Global Systemically Important Banks）とし、国内のシステム上重要な銀行をD-SIBs（Domestic Systemically Important Banks）と呼ぶ。

シャドーバンキング規制

④　その他諸外国の規制（ボルカールール、外国銀行規制など）

　米国では金融危機の再発を防止するため2009年に資産査定（ストレステスト）を実施し、2010年7月に金融規制改革（ドッド・フランク）法を制定した。米国は特に公的資金を注入することになった銀行が自己トレーディング取引を行っていたことに注目をし、銀行本体による自己トレーディングの業務の禁止、店頭デリバティブ規制を強化する方針となった。

　2009年9月のピッツバーグサミットでは、これまで相対で取引されていた店頭デリバティブ取引について、①取引所または電子取引基盤にて取引され、②中央清算機関を通じて決済され、さらに③取引情報蓄積機関に報告することが合意された。また、2011年11月のカンヌサミットでは、上記以外の中央清算されない店頭デリバティブ取引についても証拠金規制を適用することが合意され、これら店頭デリバティブ取引規制は、各国で順次導入が進んでいる。そしてこの規制は各種規制のなかでも市場系パッケージのインフラに大きな影響を与えることとなった。

BIS2.5規制とは

【バーゼル2.5の概要と背景】
・サブプライム問題に端を発する金融危機への当面の対処として、銀行勘定の証券化商品の取扱いおよびトレーディング勘定の取扱いを強化
（2009年7月公表、2011年末より実施）
　①　証券化商品の取扱い強化
　②　トレーディング勘定の取扱い強化
　③　上記に係る開示の強化

【補足説明】
①　証券化商品の取扱い強化
　・再証券化商品のリスクウェイト引上げ→一次証券化エクスポージャーに対して約1.1〜3.5倍のリスクウェイト

・外部格付使用に係るモニタリング要件の導入→モニタリング要件を満たさない証券化エクスポージャーは自己資本控除

② トレーディング勘定の取扱い強化

・ストレスVaRに係る追加資本賦課→内部モデルにより所要自己資本を計測している銀行は、新たに、ストレス時のデータを用いたVaRを計測し、現在計測しているVaRに上乗せのうえ、当該リスクに対する自己資本を賦課

・追加的リスク（信用リスク）に係る追加資本賦課→内部モデルにより個別リスクの所要自己資本を計測している銀行は、新たに、債券等に係る追加的リスク（デフォルトリスク等の信用リスク）を計測し、当該リスクに対する自己資本を賦課

・証券化商品につき原則銀行勘定と同様の取扱いを適用→トレーディング勘定で保有する証券化商品について、原則として銀行勘定に準じる取扱い（外部格付に応じた自己資本賦課）を導入

2000年代──その頃ITは？

　2000年代後半から急速にクラウド関連技術が普及し始めた。クラウドとは、インターネットを介してその先にあるサーバやストレージ、アプリケーションなどを場所にとらわれず利用できるサービスを指す。クラウド・コンピューティングという言葉自体は、2006年GoogleのCEOであるエリック・シュミット氏が発言したのが最初といわれ、GoogleやAmazon、Apple、法人向けサービスでいえば、Salesforce.comがその代表格であり、これら企業が世界のクラウドサービスを牽引し発展させてきた。1999年には、Salesforce.comが設立され、CRMアプリケーションのSaaS形態のSalesforce CRMを開始している。2002年には、Amazon.comがAmazon Web Services（AWS）を開始している。

> 2000年代——その頃市場系パッケージは？
>
> 2000年代に入ると市場系マーケットの規模はさらに拡大し、信用リスク移転商品や証券化商品への対応などにより複雑化していく。この頃、すでにプロダクト別ソリューションではなく、オールインワンタイプが主流となっていたが、これらパッケージは24時間稼働を目指し、さらにスペックやスピードの最大化を追求し始める。金融機関では、初期に導入したパッケージの乗換えやアップグレードが盛んになる。
>
> そしてリーマン・ショック後、金融機関は、新たな規制や市場慣行に対応した市場系パッケージを求めるようになった。

5　2010年代——地球規模に広がる金融危機と量的緩和の時代

(1)　ギリシャ危機がEUを揺るがす

　リーマン・ショックの余波は、海を渡りアイルランドやスイス、イギリスにつながった（図表1-35）。そしてギリシャでは政権交代を皮切りに旧政権時代から続いていた財政赤字が発覚することになる。2010年、それまでGDP比4％と公表されていたギリシャの財政赤字は、実はGDP比13％だと発表された。このギリシャ・ショックは、スペインやアイルランドのバブルをはじけさせ、その他多くの欧州の金融機関は、ギリシャ国債やギリシャ債務を原資産とするデリバティブを多く抱えていた。ついに民間で発生した金融危機は、国の財政を揺るがすことになったのである。

　一方でリーマン・ショックが、日本のメガバンクのビジネスモデルの再評価にもつながっている。邦銀は、もともとユニバーサルバンク体制、つまり邦銀メガグループは証券、ノンバンクビジネスを子会社で運営しており、銀

図表1-35 2010年代の年表

分類		2010	2011	2012	2013	2014	2015	2016
出来事	米国	FRB米国債追加購入（QE2）		FRB米国債とMBS購入（QE3）		FRBテーパリング終了 ジャネット・イエレン就任	FRB金利引上げ ゼロ金利政策解除	
	欧州	ギリシャ債務危機 アイルランド支援要請	ポルトガル支援要請 スイス国立銀行が無制限の為替介入を発表	ギリシャへ追加支援 スペイン支援要請 LIBOR不正問題 デンマークが国立銀行マイナス金利導入	黒田総裁「異次元緩和」発表 日経平均急上昇	ECB中銀預金金利マイナス	スイス国立銀行が対ユーロの無制限為替介入を破棄、政策金利マイナスを導入 ECB量的緩和政策開始	2016.1 日銀マイナス金利導入
	日本	日本振興銀行破綻 P&G誤発注事件 東京商品取引所に商号変更 東証「アローヘッド」稼働	東日本大震災 オリンパス事件	安倍政権スタート			コーポレートガバナンスコード公表	
市場業務 商品	世界		UBS銀行巨額損失		シェールガス革命 清算集中（米国）	原油価格ピーク 1バレル＝$105.24		2016 原油価格下落 1バレル＝$31.7
	日本	金融商品取引法改正（中央清算機関決済と取引情報蓄積機関報告）		中央清算取引開始 GPIF基本ポート見直し		GPIF基本構成ポート見直し スチュワードシップ公表		
リスク管理		バーゼルⅢ公表 2010.10 店頭デリバティブ市場改革	リングフェンシング（イギリス）	店頭デリバティブ規制（中央清算）	自己資本比率8% BCBS、IOSCO デリバティブ取引に関する証拠金規制		データキャップ段階適用 ボルカールール適用（米国）	2016.2 FSAビットコイン認定
IT・ファイナンス理論							新日銀ネット稼働	RDA（リスクデータ諸原則）適用開始 外国銀行規制（米国）

行業からリスクを隔離している。

　ギリシャは2001年にEUに参画するが、財政赤字がGDP比3％以下で、公的債務水準が60％以下であるという目標値をもともと達成できていたかが疑わしいといわれていた。2003年にも、当時ギリシャ政府はゴールドマン・サックスと取引していた通貨スワップ取引によって財政赤字が表面化しないように30億ドルもの債務隠しをしていたといわれていた。こういったところでもデリバティブは隠蔽策のツールとして利用され評判を落としていたのである。

　2010年、EU（欧州連合）はIMF（国際通貨基金）とECB（欧州中央銀行）[24]とでEFSF（欧州金融安定基金）[25]を設立し、重債務を抱えるギリシャ、スペイン、イタリアなどを支援することで合意した。そして米国同様にEUの銀行にストレステストを実施する計画を策定した。

　2012年7月、イタリアのマリオ・ドラギがECBの総裁として就任し、「ユーロ圏を崩壊から守るためには何でもやる」と述べ、9月に非伝統的金融政策に否定的なドイツを押し込み、量的緩和政策である国債買入プログラム（OMT）を発表する。これにより欧州債務、ユーロ崩壊の危機は免れたといわれている。

(2)　中央銀行による量的緩和が注目を浴び始めた

　リーマン危機後に始まった経済危機は、いまや政治危機へとつながったといえる。そして米国、欧州、日本のいずれでも中央銀行の動きに注目が集まっている。米国は、リーマン危機直後、2008年11月にファニーメイ、フレディマック、ジニーメイの住宅ローン担保証券を購入すると発表した。これが初めての量的緩和（QE1）となり、2009年3月には、大規模資産購入（LSAP）プログラムを開始し、MBSの購入額を拡大したうえで、米国債の購入を始めることを表明した。2010年にQE2を始めた際には、米国は下院

---

[24]　1998年に設立されたユーロ圏17カ国の金融政策を担う中央銀行であり、本店をドイツのフランクフルトに置く。
[25]　2010年の最初のギリシャ危機を経て、EUの資金支援を目的とした基金。

の過半数が民主党から共和党になり、上院は民主党というねじれ政権となった。これは、オバマ政権がとった各種政策に対する反発が招いたことといわれる。しかし、2011年には減税を支持する共和党により、政府が発行する国債の上限について承認を得られない「第一次デフォルト危機」が発生した。実際には米国債がデフォルトする危機は免れたが、同危機が2013年にも発生することになる。3度目のQE3は2012年9月に開始され、2014年10月に終了した。

　一方、日本では、2012年12月に衆院選で自民党安倍晋三政権が誕生し、アベノミクス3本の矢を発表した。そのうちの第1の矢が金融緩和である。2012年1月にインフレ目標2％を導入し、日銀も消費者物価指数の前年比上昇率1％を中長期的な物価安定のメドとすると発表した。

　2013年3月に黒田東彦が日銀総裁に就任した。日銀は2％のインフレ目標を定め異次元緩和と呼ばれる大胆な金融緩和政策を開始した。実は量的緩和政策は、1990年代からおそるおそる行っていたが、黒田が前任と異なるのは、より積極的であったという点と、コミュニケーション政策という市場に情報を発信し、期待を形成し働きかける政策をとっている点である。

　世界で初めて量的緩和を行ったのは2001年の日本である。2001年、これまで無担保ローンコールレート（オーバーナイト物）から金融機関が日本銀行に保有している当座預金の残高量を5兆円に増やすことにした（2006年に解除）。その理由は2001年時点では、無担保ローンコールレートはすでにゼロ状態でそれまでとっていたゼロ金利政策では効果が出ないことが判断されたからである。この量的緩和政策は、当座預金の残高を増やして銀行に貸出意欲をもたせることを意図する政策だが、金利はゼロになるのでゼロ金利政策と同じ効果が得られる（図表1－36）。

　2015年、欧州でも国債買入型の量的緩和（QE）の実施が決定され、2016年9月末まで継続するという。これによりブンデスバンクやオランダ中銀等はマイナス金利の国債を購入し続けることになった。ECBが米国や日本と異なるのは、財政状況や財政政策がばらばらの国がユーロ圏というくくりのなかに存在し、通貨、金融政策のみを共有するという複雑な経済圏の中央銀

図表1-36 為替介入とは?

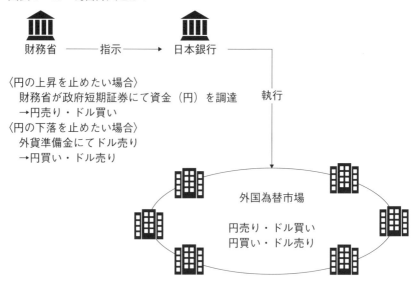

〈円の上昇を止めたい場合〉
　財務省が政府短期証券にて資金（円）を調達
　→円売り・ドル買い
〈円の下落を止めたい場合〉
　外貨準備金にてドル売り
　→円買い・ドル売り

行だからである。特に黒字国であるドイツは、自己原因による債務超過国を支援し続けるための量的緩和策には、最後まで抵抗していた。

ドイツという国

　1957年に設立されたブンデスバンクと呼ばれるドイツ連邦準備銀行は、戦後に起こったハイパーインフレとナチスドイツ台頭の反省から成り立っており、旧西ドイツの安定した経済を生み出した。

　第一次世界大戦前に存在したライヒスバンクという中央銀行は、第一次世界大戦中に戦時国債を大量発行し、すでにインフレに陥っていたにもかかわらず、敗戦後にも戦後賠償を支払うために裏付けのない紙幣を乱発しハイパーインフレを引き起こした。そしてこの驚異的なインフレで混乱した世の中からヒトラー政権が誕生した。歴史の教科書でみかける、トランクいっぱいのお札でコーヒーを飲むということが現実的に起きていたのである。これがいまでもドイツが、インフレを引き起こしか

ねない量的緩和を忌み嫌う理由であり、"通貨の番人"としての強い使命をもち続けている理由である。

　2015年12月、FRBのイエレン議長は、物価上昇率が2％には届かない1.3％のタイミングではあったが、米国の景気回復、雇用情勢回復を受け、フェデラルファンド金利の目標を0.25％引き上げ、9年半に及んだゼロ金利政策の解除を決定した。米国についてのみ待ちに待った出口戦略が始まったといえる。

　2016年1月は、FRBの利上げを受け、世界的な株安で始まった。利上げされた米国金利のムーブメントは、これまで高金利運用ができていた新興国からの資金流出につながり、その代表として中国の元安、株安という現象が年明け早々に勃発した。

　2013年に米国にてシェール層から石油や天然ガスが産出できるようになり、これを「シェールガス革命」[26]と呼ぶ。当初、シェールガスの埋蔵量は100年以上分を超え、米国は資源大国となるだろうといわれた。しかし石油輸出国機構（OPEC）は原油価格の下落を止めるための減産を行わず、天然ガスの油井の多くが閉鎖した。なぜなら原油価格（WTI：ウエスト・テキスト・インターミディエイト）1バレル＝50ドル以下になると開発コストの高いシェール油井では利益が出せないからだという。この減産見送り行為により原油安は加速された。そしてこの行為はいわば"シェールつぶし"のねらいがあるといわれている。石油輸出国機構はシェールガスの生産量が減れば、原油の需要が増え価格も値上りすると考えたと思われる。

　加えて2016年1月、イスラム教スンニ派の大国サウジアラビアがシーア派の有力指導者ニムル氏らを処刑したことから、シーア派大国のイランとの対立が高まり、外交関係を断絶すると発表された。サウジアラビアとイランの政治的な対立という地政学リスクが再浮上したのである。この事態はリスクオフと安全資産への投資、新興国、資源国からのマネー撤退を加速させるの

---

[26] シェールガスとは、頁岩（シェール）から採取される天然ガス（天然気）を指す。

みでなく、石油輸出国機構が本来調整すべき原油価格についても当面上がる望みがなくなったことにつながる。

　2016年1月29日、日銀はこういった新興国、資源国、中国の経済に対する先行き不透明感や原油価格の下落から金融市場が世界的に不安定な状態になっており、これによりデフレの脱却や物価上昇を阻むリスクがあるとして、新たな追加金融緩和策であるマイナス金利政策の導入を決定し、同年2月16日より適用した。すべての日銀当座預金が対象ではなく、当座預金にある準備預金のうち、法定額を超過した部分（超過残高）に対してマイナス金利を課す[27]。マイナス金利を適用したのは、日本が初めてではなく、2012年にデンマーク中央銀行が、市場への貸出を増やす目的ではなく、為替調整（世界的な景気後退で同国の通貨が買われることを避けるため）を目的として適用しており、スイスも同様の理由で2015年にマイナス金利を適用した。一方ECBは、2014年、日本と同様のデフレ回避、金融機関による融資拡大を目的としたマイナス金利導入を決定し、その後、2015年に量的緩和策を開始した。

　以上、1970年代から金融の歴史を振り返ってきた。日本では前人未到のマイナス金利の導入がなされ、これから金融の歴史がどのように刻まれていくのか、まだ答えは出ていない。少なくとも日銀によるマイナス金利の導入により、銀行の収益が圧迫され、個人の預金金利の引下げやローン金利の引下げが予想される。また日銀がマイナス金利の導入効果として考えるリスク資産（株式、ETF、外債、REIT等）への投資という流れが起きるかもしれない。

　一方、マーケット業務という観点では、グローバルバンクは、国際金融規制の対応に追われ多額のコストを振り向けざるをえない状況であり、脱銀行化が加速的に進んでいる。ボルカールールでは、銀行による貸出業務以外でリスクをとる投機業務が制限され、バーゼルⅢでは、自己資本比率を高める

27　日銀当座預金のうち、階層を分け基準期間における平均残高（基礎残高）はこれまでどおりの0.1％、所要準備額と貸出支援基金および被災地支援オペ（マクロ加算残高）は0％、基礎残高とマクロ加算残高を超過する残高（政策金利残高）に対してマイナス0.1％を適用すると発表された。

ためにその分母となるリスク資産の規模縮小が迫られるため、脱トレーディング、脱デリバティブという潮流はしばらく続くとみられる。またビジネスモデルのみならず、規制対象外のヘッジファンドの起業やグローバルバンクからノンバンクへの人の流出も予想される。

　規制対応動向、想定される未来の世界については第4章および第5章で記載することとする。

第 2 章

市場系パッケージシステム
　選定までの道のり

本章では、何となく開始してしまうパッケージ選定フェーズについて陥りがちな失敗事例を示すとともに、有効な選定プロセスの進め方やソリューションベンダーに対してどのように対応していくべきかなどの交渉術について解説している。官公庁がシステムを調達する際には、「政府情報システムの整備及び管理に関する標準ガイドライン（2014年12月3日）」（図表2－1）やさらに詳細な手順を示した手引書が存在する。政府調達については業者を選ぶ際に透明性、公平性および競争性を担保した手続が会計法等によって定められているからである。

　しかし、一般的に金融機関においては、プロジェクト管理や要件定義以降のシステム構築フェーズの規程や手続は整備されているが、システム構想策定やパッケージ選定における規程までは整備されていないケースが多い。よって、「今月中にスクラッチにするか、パッケージにするか決めてしまいたい」「パッケージベンダーには1週間で提案するよう依頼したい」ということが許される。しかも市場系パッケージは安くても1億円を超える高い買い物である。それを隣の銀行が導入したからという理由だけで選定してはいけない。

　本章では、システム構想が策定されシステム化方針が決定した後から、システム構築プロジェクトが開始される手前までの「選定プロセス[1]」について解説する。システム構想策定フェーズは、システム化方針を決定する重要なステップとなる。本章ではこのフェーズにおいてシステム化が必要そうだ、という判断がなされたところからのスタートとする。

　システム化方針を決定するまでには、環境分析、現状分析を行い、その課題の優先度をつけ、施策を検討し、本当にシステム化が必要なのか、事務で対応できないのか、またシステム化する場合にはどの範囲をシステム化すべきなのかを検討する必要がある。加えてシステムの整備または更改を行うということは"業務のプロセスや体制、ルール、手順が変わる"ということを意味するため、システム構築した結果が、当初掲げた目的を達成するための

---

[1] 選定プロセスがシステム構想策定フェーズに含まれることがある。

図表 2 － 1 「政府情報システムの整備及び管理に関する標準ガイドライン(2014年12月 3 日)」

第 1 編	総論
	第 1 章 本ガイドラインについて
	第 2 章 政府情報システムの整備及び管理に関する指針類の作成方針
	第 3 章 実務手引書の作成
	第 4 章 用語
第 2 編	ITガバナンス
	第 1 章 ITガバナンスの全体像
	第 2 章 組織体制
	第 3 章 人材の育成・確保
	第 4 章 府省共通プロジェクト及び府省重点プロジェクトの指定
	第 5 章 情報システムの管理（ODBの活用）
	第 6 章 政府情報システム改革ロードマップ、投資計画等との整合性
	第 7 章 予算及び執行状況
	第 8 章 システム監査の計画
第 3 編	ITマネジメント
	第 1 章 ITマネジメントの全体像
	第 2 章 プロジェクトの管理
	第 3 章 予算要求
	第 4 章 業務の見直し
	第 5 章 要件定義
	第 6 章 調達
	第 7 章 設計・開発
	第 8 章 業務の運営と改善
	第 9 章 運用及び保守
	第10章 システム監査の実施
	第11章 情報システムの見直し又は廃止
	第12章 ハードウェア、ソフトウェア製品等の廃棄又は再利用

（注）　わが国政府の調達手続に関しては、国内法令として、会計法（昭和22年法律第35号）、予算決算及び会計令（昭和22年勅令第165号）、地方自治法（昭和22年法律第7号）等、数多くの法令が制定されており、国際的なルールとして、世界貿易機構（WTO）の枠組みのもとで運用される『政府調達に関する協定』（平成 8 年 1 月 1 日発効）が定められている。これら国内法令、政府調達協定および自主的措置に基づき、透明性、公平性および競争性の高い手続の確保が求められる。

業務改革につながるよう非システム部分（NON-ITと呼ぶ）の整備も必要となる。このNON-IT部分の実行計画もシステム構想策定フェーズのなかで行う。このようにシステム構想策定フェーズはそれだけで1冊本が書けるほど重要でかつノウハウが求められるフェーズといえる。

(1) 選定プロセス全体マップ

情報収集工程では、システム構想策定フェーズで取りまとめたアウトプットに基づいて、RFI（Request for Information）提示資料を作成し、各パッケージベンダーを対象に、情報提供依頼をする。

選定工程では、RFI結果に基づきさらに絞ったパッケージベンダーを対象にRFP（Request for Proposal）という提案依頼を行い、パッケージ選定をする。その後、プロジェクト開始準備として契約手続やプロジェクト体制（発注側）の組成を行う。パッケージ選定にかかわる全体プロセスは図表2－2のとおりである。以下において、図表2－2のなかの1～3のフェーズ（「情報収集（RFI）」「選定（RFP）」「プロジェクト開始準備」）ごとに①～⑩のプロセスに沿って解説を行う。

図表2－2　パッケージ選定にかかわる全体プロセス

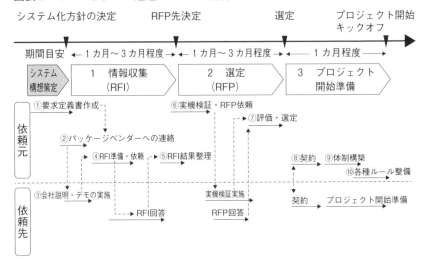

第1節 情報収集（RFI）フェーズ

1 要求定義書の作成

　要求定義書とは、ユーザーが構築するシステムに求めることを業務軸で整理した資料を指す。要求定義書は、システム構想策定フェーズ内にて整理されることもあれば、システム構想策定フェーズの後に行われる業務要件定義フェーズにて行われることもある。

　本来はシステム構想策定フェーズにてシステム化範囲や概算見積金額を決定するため、業務要件定義はシステム構想策定フェーズにて行われることが望ましい。なぜなら業務要件を取りまとめた段階で見積りをとらなければ、その手前で取得した概算見積金額がぶれるからである。要求定義書と要件定

図表2－3　ダメなシーン、ポイントは「要求定義書の作成の有無」その1

システム部 美濃氏	市場系パッケージを選ぼうと思うのだけど、よくわからないから、なじみの○○システム社に探してもらってみたら、いくつかパッケージを紹介してくれたよ。
市場企画部 瀬戸氏	ナンバーワン証券はグッド取引システムを導入しているらしいから、そのデモをみてみたいです。
システム部 美濃氏	では、いくつかのパッケージのデモをアレンジするよ。 デモをみながら要望を伝えればよいから、手ぶらで参加してかまわないよ。
市場企画部 瀬戸氏	現行のシステムでの使い勝手が悪い部分や見直したいことなどのみんなの意見をまとめたものがあるからそれをもっていきますよ。

図表2-4 ビジネス要件・システム要件を整理するフェーズの説明

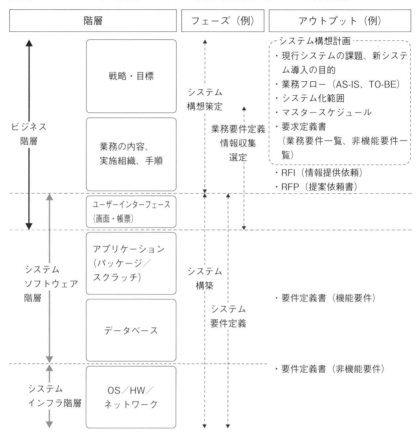

義書が混同されることがあるが、図表2-4で示すとおり、要求定義書はビジネス階層に位置し、"ユーザーがシステムに求めることを業務軸で整理した資料"であり、要件定義書は、システム層に位置し、"構築業者がソフトウェアに実装すべき機能、保持するデータ、満たすべき性能などをシステム軸で整理した資料"となる。

要求定義書作成のポイントは大きく3点ある。
① 網羅性を担保すること
② 現行機能に引きずられないこと＝現行踏襲しないこと

③ 優先順位をあらかじめ決めておくこと（必須機能とそうでない機能）

(1) 網羅性を担保すること

　要求定義書は、システム構想策定フェーズで整理される業務フロー（TO-BE）をベースに網羅的に文書化する必要がある。網羅的といってもシステム目線ではなく、あくまで業務フローをベースとした流れでよく、1日の業務、月次の業務、四半期の業務という業務領域や頻度別の業務目線でユーザーが理解できる言葉でまとめられていればよい。すべての業務を詳細に記載することはむずかしいが、業務という目線でみたときに大きくもれる機能はないようにしなければならない。ここでもれが出るとその後のパッケージ選定でも判定項目に足りない業務機能が出てくることになり、システム要件定義フェーズでも詰める要件にもれが出てくることになる。

　もれをなくす1つの方法として、要求定義書の記載は「登録」「変更」「削除」「照会」別にインプットとアウトプットに分けて記載することが望ましい。たとえば債券取引の登録機能であれば"取引の約定に必要な情報（売買区分、入札フラグ、銘柄、通貨、約定日、受渡日、約定価格、約定数量、取引先、手数料含む）が登録・変更・削除・照会できること"といった記載方法である。またその機能がリアルタイムで必要なのか、時間差があってもよいのかは見積りに影響するため記載することが望ましい。前者は「オンライン」、後者は「オフライン」という処理区分で記載する。

　図表2-3「ダメなシーン」にあるように現行システムの課題や改善点だけが雑多に書き込まれたエクセル資料をベースにデモをみて、システムを選定しようとすることがあるが、その資料は、一部の声の大きなユーザーの声が集まったものにすぎないため、その段階はシステムを選定すべきフェーズではない。まずはシステム構想策定フェーズをきちんと踏み、システム導入の目的や課題、どの課題をクリアにすべきかの優先順位づけ、システム化範囲の決定などの共通認識をもつというステップに立ち返らなくてはならない。要求定義書を業務ユーザーだけでつくりあげるのはハードルが高いのは事実である。ただ本資料をきちんと作成できない体制であればシステム構築

も選定もうまくいかないため、この段階で体制をどう整えるのかについて考えたほうがよい。

(2) 現行機能に引きずられないこと＝現行踏襲しないこと

　市場系のシステムはスクラッチではなくパッケージを導入することが多い。その理由は、内部ロジックが複雑な市場系システムをゼロベースでスクラッチ開発するには時間とコストがかかるが、パッケージであれば"短期間に導入できる""諸外国の金融機関で実際に動いて利用されているものを買ってきたほうが安全かつ効率的"といったメリットを享受できる。それにもかかわらず現システムに存在している機能や使い勝手をそのまま新システムに求めてしまうと、コア機能と呼ばれる標準機能のロジックを変え、不要なカスタマイズを行うことにつながる。不要なカスタマイズはシステムの要件、設計、テストを複雑にし、予定どおりにシステム構築が終わらないリスクを生むことに確実につながる。仮に無事稼働を迎えたとしても、カスタマイズした機能はシステムトラブルを引き起こすガンの要因になることが多い。新しいシステムを選ぶときは"体を新しい服にあわせる"といった標準機能をそのまま利用する勇気が求められる。つまり業務の流れや体制、オペレーションが変わることは受け入れるしかない。これは本フェーズのみならず、選定時、システム要件定義時にも求められる意識となるが、パッケージ選定前に役員、ユーザー側で認識合意しておく必要がある。

(3) 優先順位をあらかじめ決めておく（必須機能とそうでない機能）

　要求定義書には、本当に必要な「必須機能」と、なくてもなんとか業務を継続できる「必須でない機能」を区別して記載をする。加えて今回パッケージを導入するにあたりどうしても外せない「条件」を決めておく。たとえば①コストについては、会社の規模からして高くても5億円以内に収めたい、1億円以内に収めたい、などバーを設けておく、②導入実績、国内に同じプロダクト、業務プロセスでの導入実績がなければ対象外とする、③パッケー

ジベンダーの日本オフィスが存在することや、その他SaaSなどのクラウド型パッケージの場合において、データセンターが国内に存在するかどうかといったセキュリティ面における前提条件を設けること、などが例としてあげられる。これら必須機能や前提条件は必ずしもパッケージベンダーに伝える必要はなく、発注者側で認識をしておく。

　パッケージの選定や要件定義は関係者が増えれば増えるほど、"大切なもの"がかかわる人によって異なってくる。場合によっては当初検討していた人が異動になり、引き継いだ人が別の価値観をもっているケースもある。ぶれない軸を保持しつつ伝達し続けるためには、いま何が課題で、何をクリアするためのシステムを自分たちは構築しようとしていたのか、そのために絶対に譲れないことは何か、についてはつど振り返り関係者で共通認識としてもっておく必要がある（図表2−5）。

2　パッケージベンダーへの連絡（デモの依頼）

　システム化範囲にマッチしそうなパッケージを選び、パッケージベンダーへ連絡をし、会社説明やパッケージの説明を受ける。第1章で説明したようにパッケージのタイプと特徴、得意領域、ユーザータイプ（バイサイドなのかセルサイドなのか）をあらかじめ理解したうえでマッチしそうなところに連絡をする。この段階では、"同業他社が導入を決めたシステムがいい"といった先入観をいったん捨て、幅広く情報を集めたほうがよい。

　懇意にしているSIer[2]のみを通してパッケージベンダーに声をかけるのは避けたほうがよい。なぜならSIerがそのパッケージの代理店をしている場合には、当然そのSIerは担当するパッケージを推奨してくるからである。特定のパッケージを推奨する理由のないコンサルティングファームやSIerであればかまわない。ただそこが本当に中立的かどうかは見極める必要がある。

2　システムインテグレーション（System Integration：SI）を行う業者のこと。「エスアイアー」や「システムインテグレーター」と呼ばれる。

図表2-5　ダメなシーン、ポイントは「要求定義書の作成の有無」その2

▨＝ダメなところ

システム部 美濃氏	市場系パッケージを選ぼうと思うのだけど、よくわからないから、なじみの○○システム社に探してもらってみたら、いくつかパッケージを紹介してくれたよ。
	→ 中立的な立場で紹介、選んでくれるところを選択すること。
市場企画部 瀬戸氏	ナンバーワン証券はグッド取引システムを導入しているらしいから、そのデモをみてみたいです。
	→ パッケージを決めうちせず、まずは幅広に情報収集すること。
システム部 美濃氏	では、いくつかのパッケージのデモをアレンジするよ。 デモをみながら要望を伝えればよいから、手ぶらで参加してかまわないよ。
市場企画部 瀬戸氏	現行のシステムでの使い勝手が悪い部分や見直したいことなどのみんなの意見をまとめたものがあるからそれをもっていきますよ。
	→ 業務目線で作成した網羅的で優先度が明確になった要求定義書を準備すること。

3　会社説明・デモの実施

　いくつかのパッケージベンダーへ連絡を行い、個別に会社説明を受けた後、デモを依頼する。デモのなかで会社説明を行うケースもあるが、会社説明は、会社の規模やサポート体制、実績を確認することが目的であり、デモはパッケージの概要を理解することが目的となる。このタイミングでは秘密保持契約（以下「NDA」[3]という）を締結していないため、要求事項を伝えることもできなければ、機能の詳細を聞き出すこともむずかしい。

　よってフロント部門からバック部門までの関係ユーザーをたくさん呼び、

---

[3]　秘密保持契約（Non-Disclosure Agreement）の略。

このタイミングで確認する必要のない仔細な質問やパッケージの特徴を理解していないような質問は避けたほうがよい（図表2－6）。

デモの段階では、本パッケージがシステム化のスコープから大きく外れていないかといった事項を事前に取りまとめ、あらかじめ何をだれが確認するべきかを決め合意をとっておくとよい。そしてデモのなかで各自確認を行い、次ステップのRFIに進むことができるかどうかを判断する。

デモの本番よりもデモを行う前のこの段取りがきわめて重要である。なぜならデモというのは実機を使っての説明となるため、よい意味でも悪い意味でもユーザーに強い印象を植え付け、「これがいい」「これはいやだ」とすぐに判断を促してしまう結果になりかねない。

一方、パッケージベンダーのプリセールス[4]が優秀であればあるほど、

図表2－6　ダメなシーン、ポイントは「デモではまだ選ばない」その1

デモ前	市場企画部 瀬戸氏	デモにだれを呼びましょうか。
	システム部 美濃氏	去年、バックを呼ばなかったときは、「フロント、ミドルだけでシステムを選ばないでほしい」とクレームされたから、できるだけたくさん声をかけよう。
デモ中	ベンダーA	弊社のパッケージは他社と比較し○○に特徴をもっております。
	市場企画部 瀬戸氏	（ポイントがずれたデモだな、そんな機能は必要ないのに……）
	ユーザーA	○○のケースに○○のような値を算出し、レポートに出すことはできますか？
	ベンダーA	は、はい。実現できますが、本日は○○のケースは準備できていないため、後日あらためて紹介させていただきます。
	市場企画部 瀬戸氏	（本当にできるのかな。フロントチームは気に入っているようだが、このパッケージを選ぶのは反対だな）

第2章　市場系パッケージシステム選定までの道のり

パッケージの内容そのものよりもプリセールスの説明や質問に対する回答が明確であるとパッケージの評価があがる傾向にある。またパッケージベンダーは、このデモを通して、クライアントが求めるニーズを把握する必要があるため、多くの質問をする。ただし次ステップに進むかどうかが定かでな

図表2−7　ダメなシーン、ポイントは「デモではまだ選ばない」その2

　　　　　　■＝ダメなところ

デモ前	市場企画部 瀬戸氏	デモにだれを呼びましょうか。
	システム部 美濃氏	去年、バックを呼ばなかったときは、「フロント、ミドルだけでシステムを選ばないでほしい」とクレームされたから、できるだけたくさん声をかけよう。
デモ中		→ あらかじめ確認すべきことを関係者間で握っておき、重要度の低い質問や思いつき質問は避けるようにする。
	ベンダーA	弊社のパッケージは他社と比較し○○に特徴をもっております。
	市場企画部 瀬戸氏	（ポイントがずれたデモだな、そんな機能は必要ないのに……）
	ユーザーA	○○のケースに○○のような値を算出し、レポートに出すことはできますか？
	ベンダーA	は、はい。実現できますが、本日は○○のケースは準備できていないため、後日あらためて紹介させていただきます。
		→ 質問することでNDA締結前にニーズをパッケージベンダーへ伝えてしまうことになるので注意。
	市場企画部 瀬戸氏	（本当にできるのかな。フロントチームは気に入っているようだが、このパッケージを選ぶのは反対だな）
		→ デモはまだパッケージを選ぶ段階ではないことを、関係者間で共通認識としてもっておく必要がある。

4　パッケージソフトやシステム構築の販売・導入に際して、パッケージベンダーの営業担当に同行し、製品やシステムの技術的・専門的知識を用いて顧客への説明などのサポートを行う職種。

ければNDAを締結するまでは情報は極力出さないようにしたほうがよい（図表2－7）。

4　RFIの準備・依頼

　デモの結果からRFIを依頼する先を決定する。RFIを実施する目的は、幅広く、機能要件、非機能要件の実現性のみならず、スケジュール、必要予算等について、パッケージベンダー側の対応状況・考え方を収集することである。またRFIは一度限りの実施である必要はなく、たとえばシステム化の方向性を確認するために行い、スクラッチ開発かパッケージか、オンプレミスかクラウドかの方針の確認を行い、その後に自らが要求している商品や機能がいずれかのパッケージで実現できそうかを確認するために再度RFIを実施してもよい。

(1)　RFIを実施する目的

・システム構想策定フェーズで検討したシステム化の方向性（スクラッチorパッケージ）の確認
・機能・非機能要件の実現性・妥当性判断
・予算額、制限事項、スケジュール、等についての実現性・妥当性判断
・RFP依頼先の決定

　ただRFIであらゆる情報を収集できるとは思わないほうがよい。特にパッケージで求めている要件をどれほどカバーできているかのカバー率は、RFIの段階では正確に判断できない。なぜならRFIの段階では9割近くのパッケージベンダーが、よっぽどスコープ外の機能でなければ、「すべて対応できる」と回答してくるからである。

(2)　RFIとRFPの違い

　まれにRFIとRFPを混同している人がいるが、RFIは、選ぶステップではなくこれまで検討してきたことが間違っていなかったか、実現性があるかを

判断するステップであり、RFPは、実現したい業務を実現してくれる最適なパッケージを選ぶステップとなる（図表2－8）。

RFI依頼先は市場動向調査という意味では、収集した情報の整理に多少の負荷はかかるが、収集した情報は今後活用できる余地もあるため5社以上10社以内と多めに依頼したほうがよい。

RFIの依頼先を決定し、RFI依頼書を作成する。RFI依頼書には、目的、実施形式、スケジュール（回答期限、質問期限等）、提出方法、提出先を記載する（図表2－9）。

そのほかにも今回のシステム導入の検討の背景や実現したいこと、システム化範囲、スケジュール等を明確に伝えるためにシステム構想計画の一部を可能な範囲で添付資料として提供する。

・現行システムの課題、新システム導入の目的
・業務フロー（AS-IS、TO-BE）
・システム化範囲
・マスタースケジュール
・要求定義書（業務要件一覧、非機能要件一覧）

図表2－8　RFIとRFPの違い

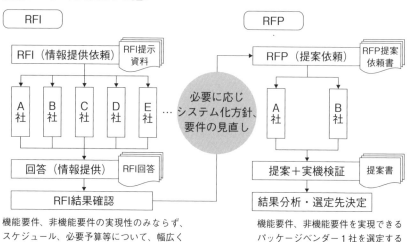

情報提供前には、NDAを締結する必要がある。これは発注者側からすれば、構築が必要な機能を外部に伝えることになるからであり、パッケージベンダーとしても、他社に流れては困るパッケージ機能の詳細やライセンス料などを含む概算費用を伝えることになるからである。NDAの締結は、海外

図表2－9　RFI依頼書の記載例

●このたびは、情報提供にご協力いただき、誠にありがとうございます。
●市場系システムの市場価格調査および要件／仕様の最適化を目的として実施します。

RFI の目的	XXXX年XX月に予定している「市場系システム」の導入に係る市場価格調査および要件／仕様の最適化を目的として以下の情報を取得します。 1　概算見積金額 2　パッケージ基礎情報 3　その他ベンダー様への確認事項
RFI 実施形式	・RFI実施に向け、貴社との秘密保持に関する誓約書を提出していただきます。 ・RFIのやりとりには質問書を利用してください。必要に応じヒアリング等も実施可能です。 ・RFIの回答結果は、必要に応じてヒアリングをさせていただきます。
RFI スケジュール	☐依頼　　　　　　　　　　　　　　☐質問回答期限 　　20XX年8月●日（●）　　　　　20XX年●月●日（●） ☐質問締切り期限　　　　　　　　　☐RFI回答期限 　　20XX年●月●日（●）　　　　　20XX年●月●日（●） 　　17時　　　　　　　　　　　　　17時
提出方法	・回答は、下記メールアドレスへ送信してください。 ・回答ファイルには、必ずパスワードをかけてください。 ・回答ファイルを送信した別のメールにてパスワードを連絡してください。
提出先	株式会社いろは証券 担当：システム部　美濃、市場企画部　瀬戸 電話番号：03-XX00-XX33（代表） メール：XXX@iroha.com

のパッケージの場合は本国のリーガルチェックが入るため、時間に余裕をもたせておく必要がある。

　システム構想計画は、機密性が高いために、情報を絞ることが一般的ではあるが、情報を絞りすぎてしまうと、発注側が実現したい要件が不明瞭になり、その分パッケージベンダーは保守的に見積りをすることになる。もともとRFIの概算見積りにはかなりのバッファが含まれることが前提だが、あまりにかけ離れた金額になるとRFIの目的を達成することができなくなる。よって相当に機密性の高いシステムやプロジェクトでなければ情報は相手が妥当な見積りができる程度までは提供することが望ましい。

　そのほかにもパッケージベンダーには今回のプロジェクトの主旨や要件、範囲等について口頭で説明を行い、各業者の理解を均一化するように努める必要がある（図表2－10）。

　パッケージベンダーから適切な回答を一度でもらえるよう回答方法や書式については、正しく定め、事前に対面で説明をする。書式は、RFI結果を取りまとめる際に複数ベンダーの回答結果が比較しやすい書式とする（図表2－11）。特に要件への「対応可否」「対応方法（標準／カスタマイズ）」については、記載方法を明確に定めておかないとできるのか、できないのかが不明瞭な回答が集まることになる。たとえば「対応可否」には○（可）と記載してあるが、備考欄にそのための条件や前提事項が記載してあるようなケースは、結局対応できるのかどうかをつど判断しなければならなくなる。

　標準とカスタマイズについては、何が標準でどこからがカスタマイズなのかをあらかじめ定めておく必要がある。たとえば画面の項目や位置をパラメーターで自由に変更できるパッケージだった場合、画面レイアウトの変更は標準機能に含められるが、画面のレイアウトを変えるためにプログラムを修正するのであれば標準機能とはいえない。

　その他システム全体像やスケジュールなどは、パッケージが推奨する導入アプローチや期間、連携できるプロトコルによって異なってくるため自由フォーマットで記載してもらったほうがよい。マスタースケジュールはあくまでこちらの要望として添付するが、パッケージベンダーにとってそのスケ

図表2-10　発注者側→パッケージベンダーへ提供する情報

提供情報	補足	提供資料
システム導入・更改の目的や背景	現行業務・システムで抱える課題、新システム導入の目的や実現したいこと	・システム構想書（本編）
システム化範囲	対象商品と機能 ※決定していない場合は、必須でない商品、機能も含める	・システム構想書（本編）
要求定義書	実現したい業務要件の説明資料 ※決定していない場合は、必須でない機能も含める ※接続が必要となる外部システムについての情報も含める	・業務要件一覧 ・非機能要件一覧 ・業務フロー（TO-BE）
見積範囲	【H／W】 ・アプリケーション・DBサーバ ・バックアップストレージ ・検証環境（開発環境） ・ネットワーク機器、端末等 ・災害対策環境 【S／W】 ・ソフトウェア ・DBMS、OS等 利用ユーザー数、端末数 マスタースケジュールから見積りに影響しそうな情報を明確に伝える。 以下例 ・開発フェーズは、要件定義〜移行までを対象 ・運用対象業務は非機能要件を参照のこと ・UAT（注）支援、データ移行支援、トレーニング支援も見積りに含めること	・システム構想書（本編） ・非機能要件一覧 ・業務フロー（TO-BE） マスタースケジュール

（注）　User Acceptance Test：ユーザー受入テストの略。できあがったシステムが要件どおりに正常に動作するかをユーザーが検証するテストのこと。

図表2-11 パッケージベンダーから発注者側へ回答する情報

項目	具体的な内容	提出書類など
機能実現可否	機能・非機能要件についての ✓対応可否 ✓対応方法（標準／カスタマイズ）	・業務機能一覧 ・非機能要件一覧
費用	以下導入時（イニシャル）と運用時（ランニング） ✓PKGのライセンス費 ✓H／W費用 ✓N／W回線費用 ✓PKG以外のS／W費用 ✓人件費	概算見積書
提案の概要	✓新システム構成一覧 ✓新システム構成 ✓パッケージ導入事例 ✓プロジェクトスケジュール ✓（データセンターに構築する場合）データセンターの概要	ご提案概要
質問	✓本RFIに対する質問	ご質問票

ジュールがあまりに短期でリスクが高いと思えるのであれば、実現性の低さを教えてもらわなければならない。

　社内の決裁の事情等により、RFIの回答期限を短く設定する発注者が多いが、少なくとも1カ月は回答期間として設けたほうがよい。パッケージベンダーは多くの企業から同様の依頼を受けており、海外のパッケージベンダーで日本語での回答ができる社員がいない場合には、RFIの質問項目を英訳し、それを現地に送り記載してもらい、さらに日本語に戻すという手間のかかるプロセスを経ている。また国内外問わず概算見積費用の算出とその費用の決裁にも時間を要する。一方でRFIの進捗を確認せず、締切り直前に連絡すると平気で1、2週間遅れて提出してくるパッケージベンダーもいるので、期限どおりに回答できそうかどうか、こまめに確認したほうがよい。

5　RFI結果整理

RFIにて依頼した資料を受領し、以下の切り口で整理をする（図表2－12）。
① 必須機能要件
② 費用

図表2－12　RFI（情報提供依頼）結果整理の流れ

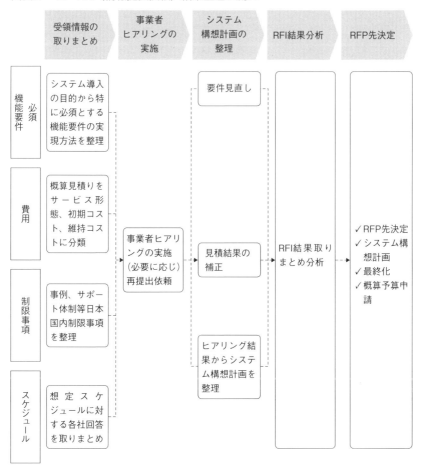

③　制限事項

④　スケジュール

(1) 必須機能要件

　縦に要件、横にパッケージベンダーからの回答を並べ整理する。回答内容よりあらかじめ必須要件と定義されている項目の実現方法（標準またはカスタマイズ）について確認する。ここで確認すべきことは必須要件が一般的に実現できる要件なのかどうか、さらにその要件が標準機能で実現できるかどうかである。たとえば10社中1社しか実現できない要件だった場合や、実現はできるがどのパッケージもカスタマイズを要するという要件だった場合、発注者が提示した要件自体が一般的ではなく、他社でもニーズのない要件となるため、その機能の実現に固執せず、本当にその機能が必要なのかを疑ったほうがよい。

　必須要件について、標準機能にて満たすパッケージがいくつか存在した場合、その要件は一般的であり、要件を満たすパッケージがRFP候補となる可能性が高くなる。

　必須要件がパッケージの標準機能で実現できないにもかかわらず、その要件を通す必要がある場合には、パッケージは選択せずスクラッチ開発する方針を選んだほうがよい。

(2) 費　　用

　費用については、縦に以下項目、横にパッケージベンダーからの回答を並べ整理する。

【見積項目】

　以下導入時（イニシャル費用）と運用時（ランニング費用）別に取得。

・パッケージのライセンス費

・ハードウェア費用

・ネットワーク回線費用

・パッケージ以外のソフトウェア費用

・人件費

　回答内容より、今回のシステム導入にかかる概算コストについて把握をする。ただしここで確認できる費用はあくまで概算と考えたほうがよい。なぜなら各種パッケージベンダーは、不確かな情報をもとに見積りを行っているため、かなりのバッファを上乗せしていることが多いからである。RFIの費用確認時は概算とともに、パッケージごとのライセンス費用の考え方や見積根拠などを理解する機会としてとらえたほうがよい。その他費用の確認に際しては、多くの留意事項が存在するため以下カテゴリー別に整理する。

① 見積りの範囲

　パッケージベンダーが提示した見積りに含まれておらず、後から予定外の費用が発生し、追加予算申請をすることになったという事態は頻繁に発生する。市場系システムで特によく発生するのは、情報配信ベンダーから取得する各種データ（銘柄マスタ、インデックス、ヒストリカルプライス、その他複雑なスキームの価格算出機能など）の料金や対外システムと接続する際のインターフェース構築機能などである。対外システムとは情報配信ベンダー、電子取引執行基盤、約定照合基盤、中央清算機関などである。こういった対外システムとの契約は発注者が契約を行うためパッケージベンダーからの見積費用には含まれない。

② 費用発生時期

　システム稼働後から発生すると想定していた費用（ランニング費用）が、導入工程時から必要になるケースがある（イニシャル費用）。①で示した情報データや対外システムとのインターフェースは、各種テスト工程にてつなげて確認する必要がある。またパッケージのライセンス費用もパッケージによっては必要となることがある。

③ システム構成

　第1章にて示したようにパッケージには実現モデルが複数存在する。オンプレミス型とSaaS型では大きく費用が異なるため、提示された見積りがどのモデルなのかを確認しておく必要がある。一般的にはSaaS型のほうが料金は抑えられる。

また、業務継続（BCP：Business Continuity Plan、以下「BCP」という）を目的とした災害対策環境（バックアップサイト）へ導入するパッケージの場合には、通常よりも安価なBCP用のライセンスが適用されることがある。よってRFI時にはBCP目的の拠点のためのライセンスであることをパッケージベンダーへ明確に伝えたほうがよい（特にコールドスタンバイ形式[5]）。

④　ライセンス費用

　一般的に、ライセンス費用は、以下いずれかまたは複数の組合せで見積もられ、パッケージによって異なる。

・利用する拠点数
・ユーザー数
・パッケージ利用者
・利用する商品・機能
・サーバー・CPU数
・管理・運用する資産額

⑤　構築費用（イニシャル費用）

　パッケージの導入を行う際には、①パッケージベンダーのみで導入することもあれば、②SIerと組み導入するケースもあれば、③SIerのみで導入するケースもある。ただ留意すべきは外資系パッケージベンダーの要員がアサインされる①②のケースには、パッケージベンダーの単価は日本の標準SEの単価の5～7倍はかかると考えておいたほうがよい。また、パッケージベンダーの見積りは、固定金額ではなく、タイム&マテリアル方式（単価×作業時間）での見積りとなるため、結果的に請求費用が予算内に収まらない事態を想定しておき、その場合にどうするか（バッファ予算を用意、スコープ縮小、追加費用調達等）を検討しておく必要がある。

　外部に発注する業者の単価上限が決まっている企業の場合は、パッケージベンダーではなく、SIerに構築してもらうといった対応策を考えておく必要

---

[5] 通信機器やコンピュータシステムについて稼働するシステムと同じ構成の予備を準備し稼働させずに待機させておく障害対策の方法。稼働させて待機させておく方法はホットスタンバイ形式と呼ぶ。

がある。ただしパッケージによっては会社の方針として、上記①のみの選択（パッケージベンダーのみで導入）しかとれないケースもある。

⑥ 運用費用（ランニング費用）

通常、パッケージは定期的にバージョンアップを行う。これによりパッケージの最新機能を利用し続けることができる。ただしパッケージをバージョンアップする際には、機能変更の影響を確認する作業が発生するが、その分の費用が含まれていないことがあり、バージョンアップを諦めるといった事態に陥る。パッケージを標準機能のまま利用する場合は、影響確認作業にかかるコストは抑えられるが、多少のカスタマイズを行ってしまった場合には、カスタマイズした機能がバージョンアップ後のパッケージでも正しく作動するかを確認しなければならない。

⑦ 見積りの比較

RFI依頼時にパッケージベンダーへ回答書式テンプレートは提示するが、パッケージベンダーごとに見積りの根拠が異なるため、費用項目単位での比較は困難である。また見積根拠について不明瞭な点については、パッケージベンダーとの直接対話で徹底的に確認し理解しておく必要がある。これにより双方の認識離齟が回避でき、そのパッケージを導入するという選択をとった際に見積根拠を理解していれば、無理のないディスカウント交渉をすることができる。

⑧ その他

外資系パッケージの見積りには多くのディスクレーマー（免責事項）が英文表記されていることが多い。一見、軽く流し読みで終えてしまいそうになるが、そのなかには、"顧客がいつまでに○○できないと追加費用が必要になる"など、見積価格の変更要素が含まれているため、必ず目を通さなければならない。

また、見積りを依頼した範囲以外に、パッケージベンダーからオプショナルサービスの見積りをもらうとよい。これにより、ベースの見積りに含まれていない内容を把握することができる。

(3) 制限事項

制限事項とは、直接機能に係る要件ではないものの、発注者としてクリアすべきことを前提としてあらかじめ設けている事項を指し、要求定義書のなかで「条件」として定めたものもここに含まれる。制限事項の例として以下があげられる。

- データセンター設置場所（国内設置）
- 導入実績（国内での導入実績、商品種類・機能分類・バイサイド／セルサイドごとの利用実績、現在の利用社数など）
- サポート体制が十分であること（国内に拠点を構えていること）
- 準拠法（日本の法律に準拠）
- 品質管理に関する公的な資格（ISO9001（QMS）など）
- 情報管理体制に関する公的な資格（プライバシーマーク、ISO／IEC27001。JISQ27001（日本工業標準）など）

回答内容より、設けている制限事項が一般的にクリアできるレベルなのかどうかを確認する。仮に半数以上のパッケージベンダーがクリアできない場合には、本当に必要な制限事項なのかどうかを再検討のうえ、制限事項を見直すといった対応をとる必要がある。

図表２－13　RFI結果サマリ

比較項目 / パッケージ	A	B	C
必須機能充足率（項目数91）	85.7%	78.0%	100%
必須機能追加費用	0	0	1,000万円
初期費用合計	3億	5億〜7億	5,000万円
年間維持費用合計	XXXXX	XXXXX	XXXXX
制限事項（項目数4）	4／4	2／4	3／4
スケジュール（8ヵ月）	8ヵ月	6ヵ月	12ヵ月

(4) スケジュール

RFIにて示した仮スケジュールに対する回答内容より、パッケージごとに必要となる導入期間について把握をする。一般的にパッケージ導入の場合、スクラッチ開発よりも短期間で導入が完了するケースが多いが、カスタマイズが多く発生する場合やデータ移行方法がむずかしい場合には予定よりも時間を要することがある。

以上(1)～(4)の切り口にて整理したRFI結果を整理し、必要に応じシステム構想計画や見積りなどを見直す（図表2 – 13）。

RFIの結果分析を経て、RFP先を決定する。RFP先は2社に絞ることを推奨する。なぜなら選定プロセスのなかで実機検証を行うべきであり、実機検証に際しては発注側にも相応の体力がいるため3社以上を同時並行的に行うことはむずかしいからである。

(5) RFIのみでRFP先を絞れない場合の対応

RFIの結果のみでRFPの依頼先を絞るのがむずかしい場合がある。その場合には、以下のような対応をとるとよい。

① 要求定義書に立ち返る

要求定義書に立ち返り、本当に必要な"必須機能"や"前提条件"を満たしているパッケージをRFP候補とする。さらに必須機能の実現が判断できな

D (RFP候補)	E	F	G	H	I (RFP候補)
100.0%	89.0%	73.6%	64.8%	94.5%	100.0%
0	2億円	1.4億円	1.9億円	1.7億円	0
7億～10億円	8億	5億～7億円	1億～3億円	8,000万円	5億～7億円
XXXXX	XXXXX	XXXXX	XXXXX	XXXXX	XXXXX
4／4	1／4	0／4	4／4	3／4	4／4
8カ月	6カ月	1年半	12カ月	10カ月	7カ月

い場合は、その機能のみについて再度パッケージベンダーに確認し、エビデンスを取得したうえで機能の実現性を確認する。その際にパッケージベンダーの回答の速度や対応で実現可否の判断をつけてもよい。本当に実現できている機能であれば、スピーディにエビデンスを提供してくるはずであり、仮に担当者が捕まらない場合であっても、1カ月以上はかからないはずである。

② リファレンスチェック

すでにそのパッケージを同商品、機能で利用している企業があれば、そちらにリファレンスチェックをかけてもよい。リファレンスチェックとは、サービスやプロダクト、採用する人材を選ぶ際に第三者の評価を確認するというプロセスである。利用者の生の声が聞けるため、わかりやすく有意義ではあるが、この世にだれもが完全に満足のいくパッケージは存在しないため、ネガティブな情報が入ってくることを前提にしなければならない。またその声に流されすぎないようにしなければならない。

第 2 節

選定（RFP）フェーズ

1　実機検証・RFP依頼

　RFIの結果を受け選定したRFP先に対して提案依頼を行う。提案依頼とはいえ、提案書の作成のみを依頼するのではなく、実機検証の実施も依頼する。選定フェーズで重要なことは、提案書だけでパッケージを選ばないことである。どんなにきれいな提案書ができあがったとしてもパッケージとしての実現性は判断できない。

　実機検証は発注者、パッケージベンダーともに時間をとられる作業となるため、実機検証を行うパッケージは2社程度に絞っておくことが肝要である。実機検証はデモと混同されやすいが、デモはあくまでパッケージベン

図表2-14　ダメなシーン、ポイントは「評価方法は1つではない」その1

システム部 美濃氏	RFPでいろいろと提案書が集まってきたけど、どれもこれも似たような内容で判断できないな。プロジェクト計画書はどこも似たようなものだ。
市場企画部 瀬戸氏	ライセンス費用の根拠もばらばらで比較できませんね。
システム部 美濃氏	デモの際に、実機を触ってみてもらった感想では、グッド取引システムがフロント部門と役員の評価がいちばん高いからグッド取引システムに決めようか？
市場企画部 瀬戸氏	実機を触ったのであれば確実ですね。 営業のデイビットさんも標準機能でできないことはカスタマイズで安く対応するといってくれていますしね。

ダーが用意したシナリオやテストデータをベースに、そのパッケージが最も魅力的にみえる説明を卓越したプリセールスが行う作業である。実機検証はプロダクトのライフサイクルにあわせたシナリオとテストデータとその結果の想定値を発注者側が用意をし、実際に実機を使って想定値どおりの値が算出されるかをあらゆるイベントで確認する。パッケージベンダー側は依頼されたシナリオにあわせたマスターデータやレートの登録を準備し実際にそのシナリオどおりの取引が実行できる環境を整えておく。

　実機検証の期間はシナリオのボリュームにより異なり、1週間～数カ月と開きがある。これは導入するプロダクトの種類や複雑性、導入業務の領域の広さにより異なる。よってRFIを依頼する段階で、次の選定プロセスでの実機検証を行う可能性についてパッケージベンダーに説明しておく必要がある。なぜなら数カ月となる場合はパッケージベンダーの要員をかなりの期間拘束することになるからである。実機検証は双方にとって時間と労力がかかるが、後々、莫大なカスタマイズコストがかかるかもしれないリスクを未然に防げることを考えれば、要件とパッケージ機能のギャップを認識するための重要なステップであるととらえることができる。

　それにもかかわらずこの実機検証というフェーズを正しいかたちで設けるところが日本ではきわめて少なく、実機検証期間を設けた場合も、単に1週間お試しで実機を自由に触ってみるというトライアルにとどまっている。シナリオケースや想定値を準備せず答合せもしない"実機検証もどき"を行っても意味がない。

　RFIの段階で必須機能に対して標準機能で充足していると回答していたパッケージであっても、実機検証にてパッケージの標準機能でカバーできる割合が、求めている必須業務要件の9割以下の場合、パッケージは選択せず、潔くスクラッチ開発を選んだほうがよい（必須要件でなければ9割以下でもよい）。パッケージを選ぶときは「体を服にあわせる」、つまりいまの業務のやり方を大きく変える覚悟が必要である。（パッケージにもよるが）一定の導入実績をもつパッケージであれば、標準機能は多くのユーザーの目にさらされバグが解消されているため、かなり洗練されており、パッケージベン

図表2-15 実機検証における留意点

スケジュール実施環境	・事前に準備したシナリオに沿って網羅的に確認ができる無理のないスケジュールとすること。 ・環境等の都合により検証場所はパッケージベンダーのオフィスになることも想定されるため、移動時間を含めたスケジュールとすること。 ・大型ディスプレイを用意するなど複数で確認できる環境が望ましい。
検証担当者	・実作業を把握している担当者がシナリオに基づき検証を実施し、検証結果としてエビデンスを取得すること。 ・検証者には、本実機検証の目的を正しく伝え、責任をもって検証してもらうこと。
業務シナリオと対象機能	・業務要件一覧において優先度「高」と定めた必須機能が登場する業務シナリオを網羅的に準備すること。 ・必要に応じ優先度「中」も確認する。
対象ポートフォリオ	・対象ポートフォリオや評価レートは、実取引にて利用されたものとし、現行システムとの突合が行えるようにする。 ・現行システムとの突合検証がむずかしい場合は、想定値をあらかじめ準備すること。
想定値	・想定値は、新旧で合わない計数（時価評価額など評価モデルが異なることで差異が出る）が存在するが、それら数値についてはどこまでの差を許容するかをあらかじめ決めておくこと。

ダーにとっても標準機能に対してはサポートをしやすい。よって個社独自のカスタマイズを求める機能は極力減らす努力が必要である。システムなので組み込んでしまえば、どういった機能も実現できるが、その分稼働後のシステムトラブルが増え、不安定なシステムになる。市場系パッケージの導入そのものに苦労するケース、導入後も安定しないケースはこのカスタマイズ機能に起因するものばかりである。また数年ごとにパッケージはバージョンアップをすることになるが、カスタマイズした分バージョンアップの影響の見極めに時間とコストがかかり、場合によってはバージョンアップをしたにもかかわらず一部機能がデグレーション[6]してしまうこともある。カスタマ

イズゼロで使う勇気が重要である。

2　評価・選定

　RFPの評価を行うにあたり、評価基準シートを作成する。評価基準シートには、項目別に重要度と点数を設けておき、回答者別に採点を行う（図表2－16）。

　要求項目のうち、機能要件に関しては、実機検証の結果と提案書に添付する業務要件一覧の回答に基づき採点する。プロジェクト計画は、パッケージの充足度と同等もしくはそれ以上に重要なものとして位置づけられ、進行方法や役割分担、推進体制といった内容が提案書に盛り込まれているかを確認し、RFP評価基準シートに照らして評価し採点する。この場合、提案書はプロジェクト計画書としてとらえたほうがよい。推進体制はパッケージベンダー単体の場合とSIerとの混成部隊の場合などさまざまだが、プロジェクトマネージャーやリーダーなどの重要なポジションの人材は書面のみでなく、対面にて"本当にプロジェクトをリードしていける人材かどうか"を判断する。プレゼンテーションは、必要に応じ実施し、提案書のみでは確認できなかったポイントについて質疑応答する形式で確認する。費用は、RFIの際に一度取得しているが、パッケージベンダー側も実機検証を通じてより要件についての理解が深まっていると思われるため、再度見積りをしてもらう。その他見積項目や見積り時の留意点については、RFIの際と同様である。

　評価・選定時のポイントは、透明性、公平性、競争性を担保することである。そのためにも評価者に正しい手続で正当な評価をしてもらう必要がある。また評価を取りまとめる事務局は、後に"なぜこのパッケージを選んだのか"と問われた際に、答えることができるよう選定者や選定理由について取りまとめ記録しておく必要がある。

6　degradationの略。バージョンをあげた際に以前に解消したバグが再度発生するなど機能品質が悪化すること。

図表2−16　RFP評価方法

要求項目		評価方法	
背景と目的		提案書	プレゼンテーション
委託内容			
スケジュール			
機能要件	業務／帳票に関する機能要件	実機検証	提案書添付業務要件回答
	他システムとの連携に関する要件		
非機能要件	前提条件	提案書添付非機能要件一覧回答	
	信頼性要件		
	性能要件／使用性・効率性要件		
	セキュリティ要件		
	周辺機器等の要件		
委託業務要件	プロジェクト管理要件	提案書	
	設計・開発要件／テスト要件		
	移行要件		
	研修・マニュアル作成要件		
	運用・保守要件		
推進体制・要員		面談	
作業場所／成果物		提案書	提案書
制限事項・契約形態・実績等			
費用		見積内訳	

（凡例：重要事項／任意事項）

(1) 評価・選定時のポイント

① 評価者に評価方法について事前に説明し理解してもらうこと

　評価者によって評価方法が大きくぶれることがないよう、評価を取りまとめる事務局は、事前に説明会を開催し評価方法について丁寧に説明する。また、評価者には評価にかかわる責任意識をもってもらうようにする。

図表2−17 ダメなシーン、ポイントは「評価方法は1つではない」その2

▇=ダメなところ

システム部 美濃氏	RFPでいろいろと提案書が集まってきたけど、どれもこれも似たような内容で判断できないな。プロジェクト計画書はどこも似たようなものだ。
	→ プロジェクトの進め方や役割分担、体制はプロジェクト成功の命運を分ける重要事項。提案書でしっかりと確認し、不明瞭であれば直接確認をしなければならない。
市場企画部 瀬戸氏	ライセンス費用の根拠もばらばらで比較できませんね。
システム部 美濃氏	デモの際に、実機を触ってみてもらった感想では、グッド取引システムがフロント部門と役員の評価がいちばん高いからグッド取引システムに決めようか？
	→ 実機検証は、少しオペレーションをしてみるというレベルではなく、シナリオに沿って行い計数の比較まで行う必要がある。
市場企画部 瀬戸氏	実機を触ったのであれば確実ですね。 営業のデイビットさんも標準機能でできないことはカスタマイズで安く対応するといってくれていますしね。
	→ パッケージは、可能な限り標準機能そのまま利用し、カスタマイズは行わないほうがよい。 カスタマイズを安易に勧めてくるベンダーは注意しなければならない。

② 具体的に判断できる採点基準とすること

評価者によって評価方法が大きくぶれることがないよう、できるだけ採点基準はあいまいにせず、だれがみても判断できる内容としておくこと。

③ 採点理由を残してもらうこと

できるだけ採点理由について記載してもらうこと。

第 3 節

プロジェクト開始準備フェーズ

1　契　　約

　一般的にパッケージベンダーは、営業を担当するセールス、プリセールスとシステム導入を担当するデリバリー部隊とに分かれている。パッケージベンダーにもよるが、パッケージの売却金額がセールス担当のインセンティブ

図表2-18　ダメなシーン、ポイントは「契約と体制は妥協なし」その1

市場企画部 瀬戸氏	随分厚みのあるSLAが契約書とは別に届きました。
システム部 美濃氏	100頁以上あるようだ。少しみたけど当たり前のことしか書いてないようだから大丈夫だろう。適当にチェックしておいてくれ。
市場企画部 瀬戸氏	デイビッドさんは「SLAに記載していないことも対応する」といっていましたしね。 こちら側の体制はどうしましょうか。システム部の赤膚さんをプロジェクトマネージャーにするのはいかがでしょうか。
システム部 美濃氏	赤膚さんはもうすぐ稼働を迎えるシステムと5つぐらいの保守のシステム担当だったな。 彼はユーザーの評判もいいからお願いしようか。
市場企画部 瀬戸氏	ただ業務側の体制が一向に決まりません。
システム部 美濃氏	フロントはディーリング業務があるし、バックも決算や日々の業務に追われているのだからしょうがないな。現業兼務でだれかしらが会議に参加できるよう複数名アサインしよう。

報酬に直結するためパッケージ選定までは顧客の要望をできるだけ盛り込み、契約に取り付けようとする傾向が強い（必ずしもすべてのパッケージベンダーがそうではない）。一方、デリバリー部隊は営業部隊が成約した機能の実現に悩まされることになる。もしくは「実は、実現するには大変工数がかかる」「論理的には実現可能だが実績がない」ということが後から露呈することもある。よって実機検証や提案書のなかでパッケージベンダーが「実現できる」「提案金額に含める」と口頭受諾した内容はSLA（サービスレベルアグリーメント）というかたちで契約書にて確約してもらう必要がある。契約書、SLAについては、SLAチェックシートに基づき厳格にチェックする（図表2－18）。

2　体制構築

　プロジェクトの推進体制は、ソリューション以上に重要である。仮に優秀なパッケージを選定したとしても体制が脆弱であればプロジェクトは失敗し、選定したパッケージが要件を充足していなくても体制がしっかりしていればプロジェクトは成功する可能性が高い。
　大型システム案件の推進体制を組成するうえでの7つのポイントについて解説する（図表2－19）。

A　システムと業務それぞれの役員が責任者になること
　プロジェクトの規模にもよるが、システムを構築する事業領域とシステムの役員（CIOクラス）がプロジェクトの責任者となり、プロジェクトの遂行をコミットする。定期的にステアリングコミッティ等に参加し状況を把握し、決定、判断をする。

B　プロジェクトマネージャーには、推進能力をもち責任をコミットできる専任要員をアサインすること
　実業務はもたず、システムを構築する事業領域の企画・推進を担当する業務推進部門より、プロジェクトマネージャーをアサインする（証券・資金システムであれば、"証券・資金企画部"など）。業務要件については事務企画や

図表2-19 推進体制を構築するうえでのポイント

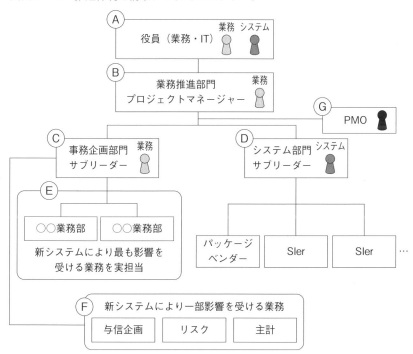

実業務を担当している人材が最も理解しているが、このポジションは業務の理解よりも強いリーダーシップ、意思決定、関係部との調整ができるクラスの人材が求められる。プロジェクトマネージャーは業務、システム両サイドに対して強いグリップを利かせることができなければならない。

C　業務側タスクを管理・リードできる要員をアサインすること

　システムを構築する事業領域の事務を統括し、手続の整備、指導を行う事務企画部門より、業務側サブリーダーをアサインする。業務側サブリーダーには対象事業領域の業務について理解し、事務の変更を決定することができる要員をアサインする。プロジェクトの規模にもよるが専任が望ましい。

　サブリーダーは業務要件を正しくパッケージベンダーに伝える役割を担うため、口だけではなく、要件を紙に落とし込み伝えていく要件定義スキルが求められる。

D　システム側タスクを管理・リードできる要員をアサインすること

　システムプロジェクトを推進する部門より、システム側サブリーダーをアサインする。システム側サブリーダーは、プロジェクト管理やシステム構築のプロセスに精通し、配下のベンダーやSIerのコントロールを行い、システム面での要件の決定や品質管理のチェックをすることができる要員をアサインする。プロジェクトの規模にもよるが専任が望ましい。

E　業務要件を詰めることができる要員をアサインすること

　システムを構築する事業領域の事務のうち、最も影響を受ける事務の現場より、事務企画部門だけでは詰めきれない詳細な要件を詰めることができる実業務を担っているユーザーを兼務でアサインする。

　システム構築では非常に細かい要件を詰める必要があり、そこをパッケージベンダーに任せるわけにはいかない。そのうえでこのEの要員の存在は、非常に大きい。一方、現行踏襲になり、新しい業務プロセスになじまない、鳥瞰的な目線で要件を出せないという特徴もあるため、そこはDの要員がコントロールする必要がある。

F　一部影響を受ける業務についての意思決定や要件を詰めることができる要員をアサインすること

　システムを構築する事業領域の事務のうち、一部影響を受ける事務の統括を行う部門と実業務を担う現場より、それぞれ必要に応じ要件を決定することができる要員をアサインする。

G　発注社側Project Management Office（以下「PMO」という）をアサインすること

　プロジェクト管理の仕組みを厳格化し第三者的な立場でプロジェクト品質を評価し、経営層などへの報告資料を取りまとめる役割を担う。システム部門、業務ユーザー部門どちらが担当してもよいが、大規模であればあるほどプロジェクト管理の卓越したスキル、経験が必要となる。システム構築側のなかにのみPMOという組織が存在し、詳細なWBS（Work Breakdown Structure）を構築業者自らがチェックしていく体制をとっていることがあるが、これではPMOは第三者的な立場とはいえずSIerのプロジェクト管理の域を

出ない。発注者側のPMOには、こまごまとした進捗管理、課題管理業務を担当するメンバーも存在するが、PMOのリーダーはプロジェクトマネージャーのよき相談相手となり、プロジェクトマネージャーを強く支え、時には判断を制するぐらいのことができなければならない。なお、自社内でのアサインが困難な場合、コンサルティングファーム等の外部リソースを利用することも有効である。

　選定フェーズの段階であっても体制は構築されているが、あらためてこのタイミングで7つのポイントに照らし、体制が弱いようであれば強化する必要がある。特に業務部門の本業はシステム導入ではないため、企業にとっても本人にとっても本業を離れることのデメリットは存在する。ただ兼務ではない専任を要のポジションに据え置くことが、プロジェクトの成功要因ともいえるぐらい大切なことである。また組織ではなくプロジェクトという単位で、一定期間1つの目的に向かっていくための作業をすることは一見遠回りするようで本人、企業の自己成長に必ずつながる。プロジェクト開始前に"強い体制"が組成できないとき、それはプロジェクトを前に進めない決断をする最後のタイミングかもしれない。

3　各種ルール整備

　プロジェクト開始前に、発注者側は以下の開発管理要領（以下「ガイドライン」という）をそろえ、パッケージベンダーやSIerに提供する。
・進捗管理要領
・品質管理要領
・変更管理要領
・課題管理要領
・リスク管理要領
・コミュニケーション管理要領など

　一般的に構築サイド側も類似のガイドラインを保持しているが、発注者として守ってもらいたいルールを事前に示し、それに沿ったガイドラインに訂

図表2−20　ダメなシーン、ポイントは「契約と体制は妥協なし」　その2

　　　　　　　■■■＝ダメなところ

市場企画部 瀬戸氏	随分厚みのあるSLAが契約書とは別に届きました。
システム部 美濃氏	100頁以上あるようだ。少しみたけど当たり前のことしか書いてないようだから大丈夫だろう。適当にチェックしておいてくれ。 →これまでセールス担当が口頭で受諾していた内容すべてが正しく記載されているかを具体的に確認する。
市場企画部 瀬戸氏	デイビッドさんは「SLAに記載していないことも対応する」と言っていましたしね。
	こちら側の体制はどうしましょうか。システム部の赤膚さんをプロジェクトマネージャーにするのはいかがでしょうか。 →プロジェクトマネージャーは業務領域に責任をもつ企画・推進担当が専任でアサインされることが望ましい。
システム部 美濃氏	赤膚さんはもうすぐ稼動を迎えるシステムと5つぐらいの保守のシステム担当だったな。 彼はユーザーの評判もいいからお願いしようか。
市場企画部 瀬戸氏	ただ業務側の体制が一向に決まりません。
システム部 美濃氏	フロントはディーリング業務があるし、バックも決算や日々の業務に追われているのだからしょうがないな。現業兼務でだれかしらが会議に参加できるよう複数名アサインしよう。 →要件を決定できる事務企画の担当が専任でアサインされていることが望ましい。

正してもらう。しかしなじまないものを無理に押し付けるのではなく、発注者側も適宜柔軟に調整したほうがよい。でなければ管理工数がかさんでしまい追加費用が発生することになる。またシステムプロジェクトは通常マルチベンダー体制となるため、煩雑な管理を抑えるために統一されたルール、書式を利用したほうがよい。

　その後、発注者側は、受注者側が作成したプロジェクト計画書をベースに

全体プロジェクト計画書を作成し、これら開発管理要領とプロジェクト計画書をもって、プロジェクトの目的や責任範囲を互いに確認し、コミットすることを目的としたプロジェクトのキックオフを行う。システム導入プロジェクトの始まりである（図表2-20）。

第3章

市場系業務・システム概要と商品別チェックポイント

本章では、市場系業務プロセスの概要について触れた後、一般的な市場系システムの機能とシステム間連携を解説する。その後、一般的にパッケージの標準機能では対応していない（＝ギャップとなる）商品×機能について解説する。このギャップが発生しやすい部分が選定フェーズで確認しておくべきチェックポイントとなる。

第1節 市場系業務の1日の流れ（銀行の場合）

市場系業務の1日の流れについて一般化し概説する。業態や勘定等の違いにより内容は異なるが、ここでは銀行を例に一般的なフロント、ミドル、バック部門の役割について説明する（図表3－1）。

(1) フロント部門

フロント部門では、8時から9時のマーケット開始時までにアナリスト、ディーラーとで海外マーケットの状況、当日の経済イベントの把握を行い、当日の取引執行方針について決定する。また前日行われた夜間取引の確認を行う。

ポートフォリオを再構築する場合には、現ポートフォリオの収益、リスク分析、パフォーマンス要因分析、マーケットの見通し、ポートフォリオの相関、ポートフォリオ見直しによるシミュレーション等を行う。

マーケットが開いた後、マーケットの状況を確認しながら取引の執行を開始する。同時に期日管理にかかわるオペレーション等を行う。15時以降にマーケットが閉じると、ポジションや収益の確認、資金繰り確認等を行う。

(2) ミドル部門

ミドル部門は、主にデリバティブ取引における市場リスク管理において

図表3－1　市場業務1日の流れ（銀行）

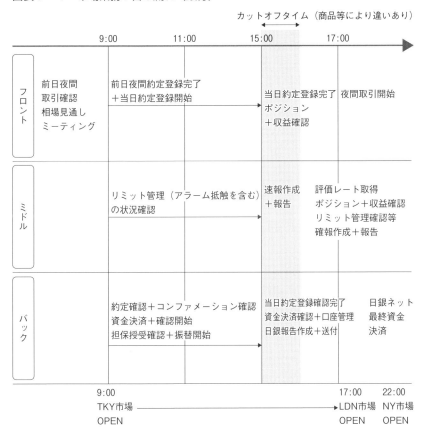

は、①GPSといわれるセンシティビティーデータの算出やモニタリング、②VaR、ES（Expected Shortfall）によるリスク量の制限枠（ポジション限度、損失限度、その他グリークス枠など）設定とモニタリング、③大幅な市場変動やイールドカーブ変化等によるストレステストの実施などを行う。

センシティビティー・アナリシスとセンシティビティーについて

センシティビティー・アナリシス
- 保有しているポジションについて、市場変化に伴って変化する損益インパクトを把握するもの。
- 各グリッドポイントにおける変化を示したものをグリッドポイント・センシティビティー（GPS）と呼ぶ。

センシティビティー
- デルタ（Delta）リスク
  - 原資産に関する、期待する相場の方向性とポジション量を示すリスク指標。
  - 原資産価格の変化に対して損益変化がいくらになるかを計算したもの（オプション取引におけるデルタの計算式はプレミアムの変化／原資産価格の変化）。
  - プラスの場合（デルタロングという）は原資産価格が上昇することを期待しているポジションで、現物や先物の買い、コールの買い、プットの売りが該当。
  - マイナスの場合（デルタショート）は原資産価格が下落することを期待しているポジションで、現物や先物の売り、コールの売り、プットの買いが該当。
- ガンマ（Gamma）リスク
  - 原資産価格の変化に対するデルタ（Delta）の変化の割合を示しており、オプション特有のリスク。
  - ガンマの計算式はデルタの変化／原資産価格の変化で、数学的にいえばデルタを微分したもの。
  - 原資産価格の変化に対してデルタポジションが正相関であるか逆相関であるかを示しており、オプションを買っていれば正相関、売っていれば逆相関の関係となる。

- ベガ（Vega）リスク
  - ✓ ボラティリティ（予想変動率）の変化によってオプションの価値が変化することを示すオプション特有のリスクで、ベガの計算式はプレミアムの変化／ボラティリティの変化。
  - ✓ オプションを買っている場合は、ボラティリティが上昇した場合にプレミアムが増加する正相関（ベガロング）、売っている場合は逆相関（ベガショート）となる。
- セータ（Theta）リスク
  - ✓ セータとは時間の経過によってオプションの価値がどのように変化するかを示す指標で、オプション特有のリスク。
  - ✓ 計算式はプレミアムの変化／時間の経過であり、相場変動がない前提で算出されるため、オプション売りはプラス値（セータロング）、オプション買いはマイナス値（セータショート）をとる。

　カウンターパーティリスク管理においては、カレント・エクスポージャー方式（カレント・エクスポージャー（CE：Current Exposure）＋ポテンシャル・フューチャー・エクスポージャー（PFE：Potential Future Exposure））にて信用リスク額を算出し、市場性与信枠（クレジットライン）を定めモニタリングする。

　2014年3月に公表された、カウンターパーティ信用リスクエクスポージャーの計測に係る標準的手法（最終規則文書）によると、デリバティブのカウンターパーティ信用リスクに係る規制資本計算に際して、与信相当額（EAD）を計算する際にIMM（内部モデル手法）をとらない場合の選択肢であったカレント・エクスポージャー方式（CEM）と標準方式（SM）が廃止となり、標準的手法（SA-CCR）を採用しなくてはならなくなった。

　ミドル部門では、ポジション・収益情報の速報を作成し、報告する。ポジション管理項目は商品により異なる。ポジション管理項目例として以下があげられる。

【外国為替関連】

- 通貨ごとのネットポジション（持ち高管理）
- 期日別ポジション変化（フォワード取引を含む）
- 通貨オプションを含むGreek指標（ノックイン、ノックアウト水準確認等）

【債券関連】
- 各銘柄別保有残高
- 平均デュレーション
- 現物・先物各オプションを含めたGreek指標
- 債券簿価（評価損益を含む）（銀行勘定）

【短期資金関連】
- 期日別資金ギャップ
- 通貨別資金ギャップ有担・無担別期落ち
- 差入担保残高
- 日銀当座預金積み残高
- 各商品別残高（譲渡性預金、CP等）

　ミドル部門においては、評価レートを取得し、その日のポジション・収益確定後のレポート作成や各種リスク量算出のためのシステムのバッチ処理の起動などを行う日締め処理を担当する。日締め処理後、ポジション・収益の確認、確報を作成する。

(3) バック部門

　バック部門は、カットオフタイムまでにフロント部門が執行した取引の履行を担当する。具体的には、フロント部門が入力した取引に必要情報を追加入力し、取引相手とコンファメーションを取り交わし、取引照合を行い、取引を確定させる。有担保取引の場合は、担保・証拠金の値洗いを行い、マージンコールが発生する場合は正午までのできるだけ早い時間に先方に通知する。担保授受は値洗い日の翌営業日以降に行う。

　資金・証券決済、口座管理においては、資金・証券決済予定の管理や決済依頼、決済後確認を行う。カットオフタイム後は口座別残高管理、勘定別残高照合、各種当局報告資料作成等を行う。

これらフロント、ミドル、バック部門は金融機関の規模や取引内容にもよるが、下記のような相互牽制機能を働かせることが求められている。
① ディーラーが外部との取引事実を隠すことを回避（外部からのコンファメーション等で約定件数をバック部門が確認）
② ポジション管理や収益管理を考慮し、フロント部門での取引修正は不可（システム上の修正はミドルやバック部門で修正）
　※証券会社では、フロント部門で修正し、バック部門で承認することもある。
③ 外部報告用データはミドル部門ないしはバック部門で取得できるデータを使用

第 2 節

一般的な取引の流れ

市場系業務にかかわる業務オペレーションの概要について説明する。

商品によって仔細は異なるため、あくまで大きな流れをとらえることができるレベルにとどめた説明とする。

ここでは円金利スワップの相対取引を例とする。

(1) 約 定 時

対顧取引であれば、カスタマーディーラーはポジションディーラーからプライスを取得し、顧客に提示をする。自己取引であれば、マーケット分析、ポートフォリオ分析等を行い、執行すべき商品やプライスについてあらかじめ戦略を立て、そのうえで取引執行を行う。取引執行を取引先と直接行う場合はダイレクト・ディール、ブローカーを通す場合をブローカー・スルーと呼ぶ。

取引執行前には、取引先ごとにあらかじめ定められたクレジットライン（信用与信枠）や取引限度枠の確認を行い、取引額を超えていないかどうかを確認する。取引執行の方法は、電話、ボイス端末、チャット、電子取引執行基盤が存在し、双方の約定条件が一致していることが確認できれば約定執行が成立する。

ブローカー・スルー形式の場合、ブローカーとつながっている各種ディーラーのなかから取引条件について合意する相手が見つかれば約定となる。

約定執行後、フロント部門にて市場系システムへ約定登録が行われ、上席承認を経て、STP（Straight Through Processing）によりバック部門へ情報が流れる。バック部門は、その情報をもとにフロント部門が交わした取引条件について取引先と確認をする。これを約定照合と呼び、FAX、メールにて取り交わす方法に加え、約定照合基盤を利用して電子照合する方法がある。

図表3-2 約定時（円金利スワップ相対取引）

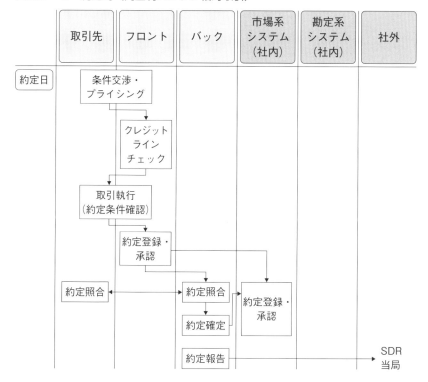

スワップであれば、MarkitWire、CDS（クレジットデリバティブスワップ）であれば、DTCC（米国証券振替機関）などが一般的である。バック部門にてデリバティブの約定内容を取りまとめ、取引情報蓄積機関（スワップの場合は、スワップ・データ・リポジトリ（SDR））へ報告する。2012年11月より金融商品取引業者と登録金融機関はすべてのデリバティブ取引について報告することが義務づけられた（図表3-2）。

(2) 利払い時

金利更改日にレートが確定し、利払金額が確定した後、バック取引は市場系システムより利払明細を取得し、取引先と利払金額の照合を行い、資金決済予定情報を資金決済系のシステムから日銀ネットに連携する。取引先との

図表3-3　利払い時(円金利スワップ相対取引)

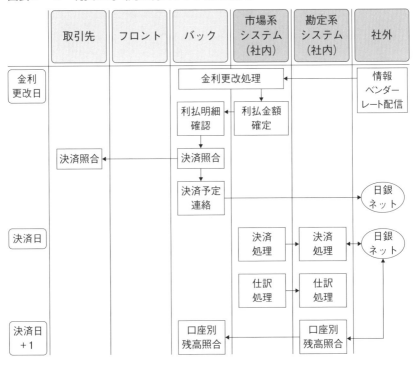

決済照合は、約定照合基盤でも行うことができる。円貨の場合は日銀決済、外貨の場合はSWIFT[1] (Society for Worldwide Interbank Financial Telecommunication) メッセージを介しコルレス銀行とやりとりを行う。決済指図や会計仕訳生成については、市場系システムにて行うケースもあれば、勘定系システムで行うケースもある(図表3-3)。

決済日に決済処理が日銀ネットを介して行われ、決済日の翌営業日にバック部門にて日銀ネットの日銀口座別残高の照合を行う。

---

[1] SWIFTメッセージとは、世界各国の金融機関にて主に資金付替えや送金、外国為替、証券受渡し等で利用される金融通信標準メッセージサービス。

(3) 担保管理

グローバルベースでルール化されているCSA (Credit Support Annex) 方式の担保管理に沿って流れを説明する。CSAとは、ISDA (国際スワップ・デリバティブス協会) のMaster Agreement (基本契約) の付属契約である (図表3-4)。

担保評価日の前営業日に市場系システムにて授受担保の値洗いを行い、担保評価確定日、バック部門にて以下差入担保額または払戻担保額の算出を行う。

① エクスポージャー (Exposure) の算出……各デリバティブ取引明細のMTM (時価評価) 相当額のネット金額
② 必要担保額 (CSA) の算出……相手方に対するエクスポージャー (Exposure)
　・独立担保額 (Independent Amount) ……取引先のエクスポージャーとは

図表3-4　CSA方式による担保額の考え方

担保差入れの場合：
相手のエクスポージャー (Exposure) = 信用極度額 (Threshold) + 独立担保額 (Independent Amount) + 保有担保額 (Posted Collateral) + 差入担保額 (Delivery Amount)
必要担保額 (Credit Support Amount) = 保有担保額 + 差入担保額

担保払戻しの場合：
相手のエクスポージャー (Exposure) = 信用極度額 (Threshold) + 独立担保額 (Independent Amount) + 保有担保額 (Posted Collateral) − 差入担保額 (Delivery Amount)
必要担保額 (Credit Support Amount) = 保有担保額 − 差入担保額

関係なく、担保価値変動や担保受渡機関のエクスポージャー等を考慮した双方にそれぞれ設定される担保額
・信用極度額（Threshold）……信用力（格付）に基づく無担保信用枠
③ 差入担保額（Delivery Amount）または払戻担保額の算出……必要担保額（CSA）
・現在受入れずみの保有担保額（Posted Collateral）……上記結果がマイナスになった場合は差入れでなく、払戻担保額になる。

最低受渡担保額（Minimum Transfer Amount）を定めている際には、所要

図表 3 − 5　担保管理（円金利スワップ相対取引）

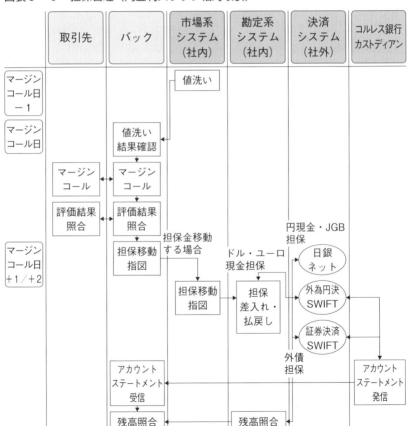

担保額変化が小さく少額の場合には担保授受を行わない。
　バック部門は取引先に電話、メール等にて連絡をする（マージンコール）。
　評価確定日の翌営業日後、値洗い結果により担保金の差入れ、払戻しが必要と判断された場合、担保内容により以下差入れ・払戻しを行う（図表3－5）。
・円現金・JGB担保の場合……日銀ネットへの決済指図
・外貨キャッシュ担保の場合……外為円決済ネットへのSWIFT指図
・外債担保の場合……証券決済ネットへのSWIFT指図
　その後、担保内容により以下差入れ・払戻し結果の確認を行う（取引先による差入れ・払戻し結果の確認時も同様）。
・円現金・JGB担保の場合……日銀ネットでの残高確認と照合
・外貨キャッシュ担保の場合……コルレス銀行からのアカウントステートメントの確認と日銀ネットでの残高照合
・外債担保の場合……コルレス銀行からのアカウントステートメントの確認と日銀ネットでの残高照合

第 3 節
中央清算機関による清算集中対象取引の流れ

　中央清算機関（CCP：セントラル・カウンター・パーティ、以下「CCP」という）による清算集中対象取引の場合、取引相手は双方ともにCCPとなり、CCPと利息決済、担保受渡し等を行う。

(1) 約 定 時

　CCPとの取引の直接のやりとりについては、CCPによって異なるが、本ケースではCCPを日本証券クリアリング機構（以下「JSCC」という）とした円金利スワップ約定のケースで、かつ自らが清算会員である前提にて流れを説明する。清算会員でない場合はクリアリングブローカー（通常は清算会員の銀行）を通じて取引を行う。

　電子取引執行基盤にてRFQ（Request For Quote）方式とCLOB（Central Limit Order Book）方式のいずれかの執行方法を選択し、最良価格を選択し取引を執行する。RFQ方式とは、最低2～3社に対し見積りの提示を行う非匿名取引方式で、CLOB方式は、市場参加者すべてに売り買いの価格提示を求め並べる匿名取引方式となる。RFQ方式は一方向のみのやりとりとなるため、参加するカウンターパーティも限定的（取引における流動性も限定的）となるが、CLOB方式の場合、双方向でかつすべてのカウンターパーティが参加できるためRFQよりも先進的な取引プラットフォームといえる（図表3－6）。

　電子取引執行基盤にて執行された取引は約定照合基盤に流れ、清算会員（直接参加者／委託参加者）AがCCPにて中央清算することについてコンファーム処理を行い、清算会員（直接参加者／委託参加者）Bにてアファーム処理がなされることで約定照合が完了する。その後、約定照合基盤より、約定チケットが両清算会員、CCPに送信され、CCPにて下記を実施のうえ債権

図表 3 - 6　RFQ方式とCLOB方式の違い

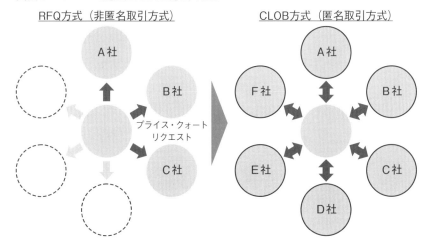

債務引受処理を実行し、約定登録をする。
・取引約定適格要件／適合性のチェック
・証拠金所要額計算と差入証拠金額のチェック

　その後、CCPよりクリアリング完了（"Cleared"／"Novated"）のチケットが約定照合基盤に送信され、約定照合基盤より両清算会員へクリアリング完了の連絡が送信される。その後、バック部門とCCPよりSDRへ約定報告が行われる（図表 3 - 7 ）。

(2) 証拠金・担保授受時

　CCPより当初証拠金所要額（以下「IM」という）、変動証拠金所要額（以下「VM」という）（クーポン・変動証拠金利息含む）、担保残高評価額、証拠金不足額などのマージンコールステートメントが発信され、バック部門にて受信する。バック部門は市場系システムより算出した時価評価額、利払明細を取得し、VM照合を行う。その後、日銀ネットよりVMの残高を確認し、証拠金差入れ、引出しの必要性について確認する。続けて日銀ネットにて確認した円現金とJGBの担保金額、コルレス銀行（カストディアン）から受領しているアカウントステートメントにて確認した外貨キャッシュ、外債の担保残

図表3−7　約定時（金利スワップ電子取引基盤利用＋中央清算取引の場合）

約定日	清算会員B	清算会員A		市場系システム（社内）	電子取引執行基盤	約定照合基盤	JSCC（社外）
		フロント	バック				

[図中テキスト]
- RFQ／CLOBにてプライス選択
- 取引執行
- 取引執行
- CCP清算取組みについてコンファーム
- コンファームに対してアファーム
- コンファーム
- 約定登録
- 約定チケット送信
- 約定登録
- 債権債務引受処理
  - ・取引約定適格要件、適合性チェック
  - ・証拠金所要額計算、差入証拠金額チェック（IM、VM）
- 約定報告
- 結果確認
- クリアリング完了
- 結果確認
- Cleared /Novated
- 約定報告
- 約定報告
- SDR当局

高とをマージンコールステートメントの担保金額と照合を行い、担保差入れ、引出しの必要性を確認する（図表3−8、図表3−9）。

　約定日または約定日の1営業日後、VM残高照合結果により、証拠金の差入れ、払戻しが必要と判断された場合は、バック部門は市場系システムにて決済指図を作成し、勘定系システムを連携して、日銀ネットに送る。またIM担保の残高照合結果により、担保の差入れ、払戻しが必要と判断された場合は、市場系システムにて担保指図を作成し、勘定系システムを連携し

図表3-8 証拠金・担保授受時

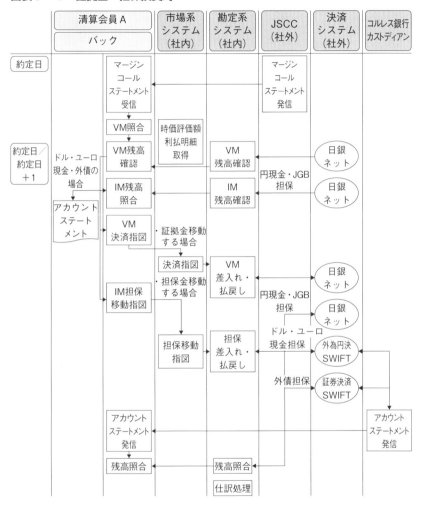

て、担保種類別に対外システムに送る（円現金、JGB担保の場合は日銀ネット、外貨キャッシュ担保の場合は、外為円決済向けにSWIFT電文、外債担保の場合は、証券決済向けにSWIFT電文を送る）。

その後、コルレス銀行（カストディアン）より受信したアカウントステートメント、対外システムにて確認された口座別残高情報に基づき残高照合を

図表3－9　清算機関が算出する証拠金の概要と計算方法

証拠金	概要	計算方法	担保／決済
当初証拠金 （IM：Initial Margin）	・清算時や値洗い時に参加者が清算機関に差し入れる証拠金 ・参加者がデフォルトする際の潜在的損失をカバーすることが目的	・ポートフォリオ単位のフル・バリュエーション法によるヒストリカルVaR値、または期待ショートフォール値を採用 ・清算機関によっては参加者の信用状況や流動性に応じ割増証拠金を追加	・適格担保要件を満たす通貨や代用有価証券での差入れ（日本国債、米国債等） ・日中コール時の日中証拠金は、前回コール時の所要額との差額で所要額は当初証拠金額と変動証拠金額を合算して算出
変動証拠金 （VM：Variation Margin）	・清算時や値洗い時に、日々の時価変動をカバーするために、参加者と清算機関との間で授受される証拠金	・前営業日の値洗い時からの、時価評価額の変動（日次評価損益）を計算	・取引通貨の現金による決済 ・ポートフォリオ単位で合算され、アップフロント・フィーや期中利息（プレミアム）と相殺
変動証拠金付利 （PAI：Price Alignment Interest）	・変動証拠金に対する運用ベネフィット／調達コスト	・日々の変動証拠金残に対し、無担保コール翌日物金利で付利	・付利計算は日次、決済は月次が一般的

（注）　証拠金額の算出や担保、決済手段は清算機関により異なる。

行う。仕訳処理は約定時や利払い時と異なり、担保関連については勘定系システムにて処理されるのが一般的である。

(3) コンプレッション時

　コンプレッションとは、債務負担済取引の残高圧縮機能を指す。参加者提案型コンプレッションは、清算参加者または清算委託者から申込みがあった場合に、申込み単位ごとにJSCCが示す経済条件（想定元本額、キャッシュフ

ロー合計金額、クーポン決済額が一致していること）が確認できた場合に成立する。一方、固定金利が異なる取引間におけるコンプレッションをクーポン・ブレンディングと呼び、清算参加者または清算委託者からクーポン・ブレンディングとして解約する取引の申込みがあった場合に、JSCCが示す経済条件等（通貨、満期日などの取引単位の項目が一致、固定、変動サイド単位の項目が一致）が合致する他の債務負担済取引が存在することをJSCCが確認できた場合に成立する。

【固定・変動サイド共通項目】
・現在の利息期間の開始日
・現在の利息期間の支払日
・利息日数計算方法
・応答日規定
・応答日
・スタブ種別（Long／Short）
・スタブ種別（Start／End）
・終了日
・終了日休日調整方法
・終了日休日調整参照都市
・支払日サイクル
・支払日休日調整方法
・支払日休日調整参照都市
・利息計算期間サイクル

【変動サイド固有】
・参照金利名称
・参照金利期間
・スプレッド
・コンパウンディング手法
・金利決定日参照都市
・金利決定オフセット日数

・スタブ金利期間 1
・スタブ金利期間 2

以下で参加者提案型コンプレッションのケースを説明する。

約定日の2営業日前に清算参加者が約定照合基盤を通してコンプレッション指図を行い、約定日にJSCCにてコンプレッションの条件確認が行われ、認められた場合、コンプレッションが実施される。

約定日の1営業日後、コンプレッション実施結果が、市場系システムに連携され、フロント部門にて明細内容を確認する。コンプレッションの成立により解約される取引の登録、新規取引を登録し、バック部門にて確認をし、約定照合基盤を通してJSCCに連携される。JSCCにて約定した結果は再び約定照合基盤を通して、市場系システムに連携され、バック部門にて照合結果を確認する（図表3-10）。

図表3-10　コンプレッション時

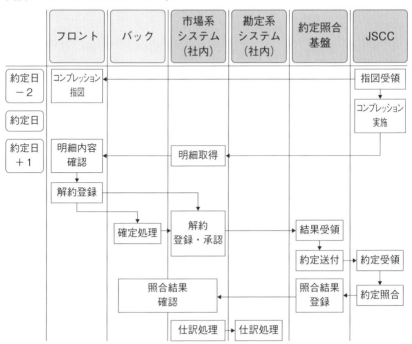

(4) 各国の清算機関

中央清算取引所（CCP）を介した取引の流れでは、JSCCによる清算ルールに基づき解説しているが、清算取引所は各国に存在し、担保計算や適正レートの考え方などが異なる（図表3−11）。

図表3−11 諸外国における清算機関

商品／国	日本	米国	イギリス	ドイツ	アジア
金利	・JSCC	・CME	・LCHクリアネット	・Eurex	・シンガポール証券取引所 ・香港証券取引所（香港） ・韓国取引所（韓国）
クレジット	・JSCC	・ICEクリア・クレジット ・CMEクリアリング	・ICEクリア・ヨーロッパ		
為替		・CMEクリアリング			・香港証券取引所（香港）
エクイティ	・JSCC		・LCHクリアネット ・NYSE Liffe	・Eurex	
コモディティ	・JSCC	・CMEクリアポート／CMEクリアリングヨーロッパ	・CMEクリアポート／CMEクリアリングヨーロッパ ・LCHクリアネット ・NYSE Liffe ・ICEクリア・ヨーロッパ		・シンガポール証券取引所

・JSCC：日本証券クリアリング機構
・CME：シカゴマーカンタイル取引所
・LCHクリアネット（LCH Clearnet Ltd）：独立系大手清算機関
・Eurex：ドイツ証券取引所グループのデリバティブ取引所
・ICEクリア：ICEグループの清算機関
・NYSE Liffe：NYSE Euronext（ニューヨーク証券取引所とユーロネクストの共同持株会社）の子会社
（注）2016年1月現在。所在国と利用者が同一国とは限らない。

第 4 節
一般的な市場系システムの機能とシステム間連携

フルカバーパッケージを例に一般的な市場系システムが保持する機能や社内の他システム、社外のシステムとの関連について説明する（図表3－12）。

(1) 機能概要

フロント機能は、主にフロント部門が取引執行前に取引執行の判断のために必要とする機能（残高管理、ポートフォリオ管理、収益管理、プライシング、クレジットライン機能等）と約定登録をする約定管理機能を指す。フロント部門は担当する個別ブックに関する範囲を管理対象とする。

ミドル機能とは、フロント機能と重複するがポートフォリオ管理、収益管理、クレジットライン、その他各種枠管理に加えリスク、シナリオ、パフォーマンス等の分析機能を指す。ただしミドル部門は、フロント部門とは異なり、個別ブック単位または全ポートフォリオ等を選択し、管理対象とすることができる。

フロント部門は取引執行判断やミドル部門とポジションや収益について相互確認するためにポートフォリオ、収益管理機能を利用するが、ミドル部門は社内外での正式レポートとしてポートフォリオや収益管理を行うため、必要とする項目はフロント部門と異なる。その他評価に使われる金利や価格の取得、評価カーブ等のモデリング、シナリオ分析等を行い、マーケットの動向などに対して分析や予測を行う機能もミドル機能となる。

バック機能は、約定照合の際に利用する約定管理機能や金利更改、入出金業務で利用する期日管理機能、日々の口座別資金残高を確認するための残高管理、決済予定や決済指図を行う決済管理、担保の値洗いや担保価格算出を行う担保管理（証拠金管理含む）、仕訳処理やヘッジの有効性確認等を行う会計機能、マスタ情報を登録するマスタ管理等を指す。

フロント、ミドル、バック別に保持する機能詳細については、巻末資料「市場系システム商品別機能一覧」参照。

(2) システム間連携（社内）

一般的にフルカバーパッケージタイプの市場系システムは、勘定系システムと連携しており、その理由は勘定系システムにて資金・証券決済機能、口座振替機能、勘定記帳機能を保持しているからである。ただし一部では「勘定系システムではなく決済システム、会計システムが別に存在するケース」「市場系システムにて決済電文を生成し対外決済システムに連携したうえで、仕訳データを生成し、会計システムに連携する」というケースも存在する。どこまでを市場系システムに求め、どこから社内の他システムにもたせ

図表3-12　一般的な市場系システムの機能と他システムとの関連図

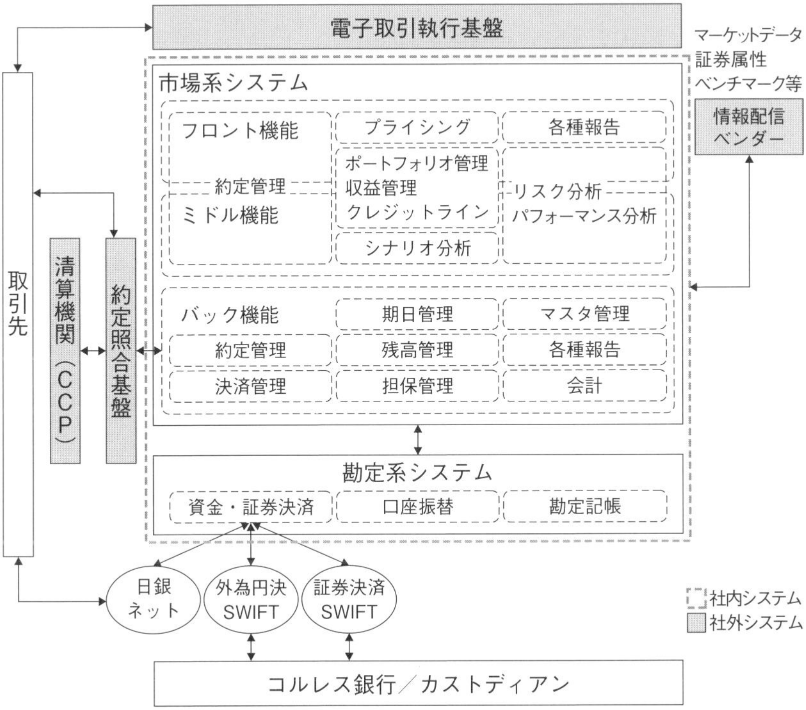

第3章　市場系業務・システム概要と商品別チェックポイント　135

るかにより保持する機能が異なる。資金・証券決済機能、口座振替機能、勘定記帳機能は市場系システムと切り離されているケースが多い。

(3) システム間連携（社外）

① 情報配信ベンダー

市場系システムは、情報配信ベンダーより各商品の時価や銘柄情報等を取得している。市場系システムが情報配信ベンダーと直接接続しデータフィードする形式もあれば、社内データフィードシステムに情報配信ベンダーからのデータを集中させ、それを社内システムに配信するケースもある。

パッケージ同様、情報配信ベンダーにおいても特徴があり、強みとする商

図表3－13　情報配信ベンダー選択時の確認項目

カテゴリー	主な確認項目
サービス・機能面	・対応可能商品、カバー範囲 ・配信データ内容（時価・引値の取得、CPI、ファクター） ・配信タイミング ・算出方法 ・その他トレード補助機能有無（市場分析、売買シミュレーション、経過利息計算機能など） ・他システム連携可否（採用プロトコル・メッセージ） ・端末設置有無
サポート面	・受付体制（時間、言語など） ・問合せ方法（メール、電話、チャットなど） ・その他サポート体制（トレーニング、定期的なフォロー体制など）
セキュリティ面	・情報セキュリティ体制（担当者以外は顧客情報に接触できないかどうかなど） ・契約の柔軟性（顧客の守秘情報（売買情報、ポートフォリオ情報等）について、第三者に提供しない旨を契約書で明文化することができるかどうかなど）
コスト面	・料金体系（基本使用料に加え、取得データ量、取得回数、取得内容など何によって料金設定されるか確認） ・追加料金が発生するケース（時価独自算出の場合やレアな国や地域の場合に追加が発生するなど）

品や料金体系も異なるため、選ぶ際には図表3-13の確認項目についてリサーチのうえ決定する必要がある。

加えて、情報配信ベンダーを選ぶ際の注意点について列挙する。

・情報配信ベンダーごとに取得したプライスに差異が存在するため、自社内で差異が発生した場合に正とするプライスを決めておく必要がある。
・プライスが誤っていることがあるため、2社以上のプライスを突合し利用することを推奨する。
・パッケージによっては標準機能で連携できない情報配信ベンダーが存在する。

② 電子取引執行基盤

電子取引執行基盤とは、複数の売買注文を受け取引を電子的に成立させる仕組みであり、市場系システムと直接接続されているのが一般的である。電子取引執行基盤を利用することで執行にかかる時間を削減することができるため、ユーザーにとっては、取引コストの低下や効率化の向上が見込まれる。商品にもよるが市場の動きが激しい局面の場合、スピーディに執行できるメリットは大きい。

また市場や当局にとっては、流動性向上、市場参加者の多様化、取引の透明性、当局による不公正取引のモニタリングの実現などの効果が期待されている。すでに為替や債券のディーリングでは一般化しており、2016年9月から店頭デリバティブ取引の残高等による一定の条件を満たす金融機関については、店頭デリバティブ取引の電子化が義務化された。取引成立後には金利や取引期間などの開示が電子取引執行基盤を通して開示される。電子取引執行基盤のうち、スワップの電子取引執行基盤はSEF（Swap Execution Facility）という。欧州では、OTF（Organized Trading Facility）という電子取引基盤が整備されている。

③ 約定照合基盤

約定照合基盤とは、ポストトレード業務といわれる取引先同士で取引された約定照合を自動的に行う仕組みであり、機関投資家と証券会社間での証券取引や為替の約定照合電子化が先行している。清算対象となるデリバティブ

については、約定照合基盤がCCPによって指定されており、JSCCの場合、金利スワップはMarkit Wire、クレジットデリバティブはDTCCの約定照合基盤の利用が求められている。2018年の実現をメドとしている国債の決済期間の短縮化（T＋1）に向け、証券約定照合基盤の導入は加速すると思われる。約定照合基盤や電子取引基盤は、XML（Extensible Markup Language）方式をベースとした主に以下3つのプロトコル・メッセージにより実現し、各プロトコル・メッセージの相互連携も進んでいる。

・ISO（ISO20022、SWIFT Fin）……世界各国の金融機関にて主に資金付替えや送金、外国為替、証券受渡し等で利用される金融通信標準メッセージサービス。ISO（国際標準化機構）によって承認されている。
・FIX（Financial Information eXchange）……電子証券取引を中心に発展。主に証券会社（セルサイド）と機関投資家（バイサイド）、証券取引所間で電子的に統一的な仕様で実現できる標準プロトコル・メッセージ。Fix Trading Communityが所有。

図表3－14　商品別利用プロトコル・メッセージ

商品種類×イベント	プリトレード	約定	ポストトレード	清算決済前	決済
債券				ISO	
為替	FIX			ISO	ISO
上場デリバティブ			独自プロトコル		ISO
OTCデリバティブ		FpML			

（注）　上記は実現可能領域を示しているわけではなく、主に利用されている領域を示す。

・FpML（Financial products Markup Language）……OTCデリバティブ業界用の標準プロトコル・メッセージ。国際スワップデリバティブ協会（ISDA）が所有。

　図表3-14は、各プロトコル・メッセージが主に利用されている領域について商品種類×イベントで示している。

第 5 節

商品別機能別チェックポイント

　一般的にパッケージの標準機能では対応していない（＝ギャップとなる）商品×機能について解説する。なお、対象モデルは日本以外の国で開発されたフルカバーパッケージとするが、パッケージにより対応範囲は異なるため、ここに記載していることはあくまで一般的な情報である。また、規制対応や新商品に伴い充足していない機能などは、ギャップとは定義しないこととする。一部会計処理について示しているが、こちらも法人により会計処理方法はさまざまであるため、本書記載内容は一般的な考え方や処理法を理解するためにあえて記載した内容となる。

　ギャップとして確認される機能は以下3つに集約される。

① 日本独自慣行に基づく取引処理を行っている商品……有担コール、現担レポ、債券
② 対顧客要件にあわせた商品……為替予約
③ 国内会計基準[2]による会計処理・税務処理……①に含まれるが、ヘッジ会計（繰延ヘッジ）、特例処理、税務処理、複合金融商品

　なお、③会計処理・税務処理のうち、会計処理については、国内会計基準からIFRS（国際財務報告基準）への移行やコンバージェンスに伴いギャップは収斂することが見込まれる。よって本書にてギャップとしてあげている会計処理の多くは、パッケージを開発した国が適用している会計基準にもよるが、国内会計基準とIFRSとの違いに起因するものが多い。

2　企業会計基準委員会「金融商品に関する会計基準」、日本公認会計士協会「金融商品会計に関する実務指針」等を指す。

> ### IFRS（国際財務報告基準）とは
>
> 　国際会計基準審議会（IASB）が設定する会計基準を指す。グローバルな事業展開や資金調達を目指す企業の財務比較に役立つ世界標準の会計基準として、2005年にEUが域内の上場企業に対して義務づけて以来、その他諸外国においても採用が拡大している。日本における動向は以下のとおり。
> - 2009年6月……金融庁が「我が国における国際会計基準の取扱いに関する意見書（中間報告）」を公表。2010年3月期の連結財務諸表より、一定要件を満たす上場企業に対し、IFRSの任意適用が認められることとなる。
> - 2012年7月……金融庁企業会計審議会が「国際会計基準（IFRS）への対応のあり方についてのこれまでの議論（中間的論点整理）」を公表。
> - 2013年6月……金融庁企業会計審議会が「国際会計基準（IFRS）への対応のあり方に関する当面の方針」を公表。任意適用要件の緩和、IFRSの適用の方法、単体開示の簡素化などの方向性を提示。
> - 2013年7月……企業会計基準委員会（ASBJ）が、IFRSのエンドースメント手続に関する議論を開始。
> - 2013年10月……金融庁が、「連結財務諸表の用語、様式及び作成方法に関する規則等の一部を改正する内閣府令」を公表。IFRSの任意適用が可能な会社の要件を簡素化。

　市場系パッケージの選定、導入において苦労させられることが多いヘッジ会計について概説する。デリバティブ取引は、原則として時価会計処理（期末に評価し評価差額を損益として計上）を行うが、ヘッジ会計の一定の要件[3]を満たすものについては、ヘッジ対象とヘッジ手段の損益を同じ会計基準に計上させることができる。ヘッジ対象を時価評価するものは時価ヘッジ、されないものは評価差額を繰り延べる繰延ヘッジと呼ぶ。ヘッジ会計は、事業

法人などデリバティブの利用をヘッジに限定しているところでの適用が多く、金融機関では銀行勘定で取り扱うデリバティブ取引をヘッジ会計処理するのが一般的である。一方、特定取引勘定は原則的に時価会計処理をする。

図表3−15は、一般的に、ヘッジ目的別にヘッジ対象とヘッジ手段をどのように組み合わせることができるかを示した一例である。

図表3−15のうち、市場系標準パッケージでの実現がむずかしいものはヘッジ手段側の繰延ヘッジ処理、特例処理となる。

繰延ヘッジとは、図表3−16にて示すとおり、本来であれば毎期末に評価し、その評価損益をその期の収益として計上するが、それを行わず、ヘッジ対象の損益が認識されるまで純資産科目（繰延ヘッジ損益など）に繰り延べる処理となる。市場系パッケージでは、ヘッジ対象とヘッジ手段の紐づけ、ヘッジ対象とヘッジ手段の有効性評価、ヘッジ取引期中の繰延処理、ヘッジ中止時の収益計上処理等において標準機能では実現できないことが多い。

複合金融商品の会計処理においても、一定の要件に該当し、一体処理する場合はよいが、デリバティブ部分を区分処理する場合にはギャップが発生する。その理由はヘッジ会計と類似しており、それぞれの紐づけ、区分経理の必要性を判断したうえでの仕訳処理（一体と区分）などが実現できないからである。

特例処理には、金利スワップ特例や為替振当処理などがある。これらはさらに厳格な要件（想定元本、利息の受払条件（利子率、利息の受払日等）および契約期間などほぼ同一である場合）を満たしている場合に、金利スワップや為替予約を時価評価せず、ヘッジ対象とヘッジ手段を一体として処理できる。つまり各々別に計上し、相殺させるのではなく、金利スワップ、為替予約にかかわる受払いの純額をヘッジ対象の利息に加減して処理することができる。こちらについても市場系パッケージでは、特例処理だからといって一方

3　ヘッジ会計を適用するためにはヘッジ取引にてリスクヘッジの効果があることを示す、有効性評価を行う必要がある。ヘッジ取引を開始する前には、ヘッジ対象、手段、ヘッジの有効性評価の方法を決め、文書として定めなければならず、取引後も、ヘッジ対象と手段の有効性評価を定期的（少なくとも期末頻度）に行わなければならない。

図表3－15　ヘッジ目的とヘッジ対象とヘッジ手段

ヘッジ目的 / ヘッジ対象 / ヘッジ手段	価格変動リスクヘッジ	金利変動リスクヘッジ	為替変動リスクヘッジ
	株式・商品	借入金・債券（利付）	外貨建取引（現預金、借入金、外貨建債券）
為替	―	―	繰延ヘッジ 時価ヘッジ 為替振当（特例）
金利先物	―	繰延ヘッジ	―
金利先物OP	―	繰延ヘッジ	―
国債先物	繰延ヘッジ	―	―
国債先物OP	繰延ヘッジ	―	―
通貨OP	―	―	時価ヘッジ
通貨スワップ	―	―	繰延ヘッジ 時価ヘッジ 為替振当（特例）
債券店頭OP	繰延ヘッジ	―	―
金利スワップ	―	繰延ヘッジ 時価ヘッジ 金利スワップ特例	―
キャップフロア	―	繰延ヘッジ 時価ヘッジ	―

(注)　ヘッジ対象には、すでに計上されている取引と将来計上される予定取引が存在する。
　　　時価ヘッジを行うヘッジ対象は、その他有価証券のみ。

の商品の仕訳を発生させ、一方をさせないというコントロールはできないためギャップとなる。

　図表3－17は、商品別機能別にギャップが発生しやすいものを示している。これらギャップが発生することについて認識のうえ、パッケージ選定、実機検証を進める必要がある。

図表3-16　繰延ヘッジのイメージ

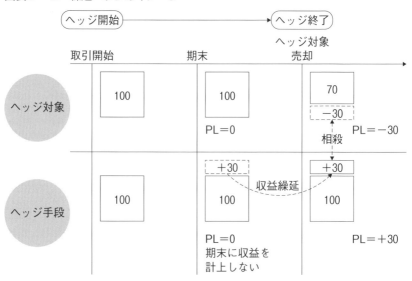

図表3-17　商品別機能別チェックポイント

			取引管理	期日管理	評価	担保管理	経理
現物	外国為替		GAP				GAP
	コール		GAP			GAP	GAP
	債券	売買	GAP	GAP			GAP
		貸借				GAP	GAP
先物・デリバティブ	金利先物						
	金利先物OP				GAP		GAP
	国債先物		GAP		GAP		GAP
	国債先物OP		GAP		GAP		GAP
	通貨OP		GAP				GAP
	通貨スワップ		GAP				GAP
	債券店頭OP				GAP		GAP
	金利スワップ		GAP				GAP
	キャップフロア		GAP		GAP		GAP
	CDS				GAP		
	コモディティ関連		GAP	GAP			

(1) 外国為替

外国為替商品では、取引管理、期日管理、経理機能にてギャップが発生しやすい。

① 対顧客向け為替予約の個別要件

為替取引は、銀行間で行われるインターバンク市場(銀行間取引)と顧客を相手に取り組まれる取引に分かれるが、対顧客向けの為替取引は日本の慣行色が強いため下記のとおりパッケージになじまない点が多く存在する。

・TTMでの値決め
・通し物為替予約
・期日の延長、前倒し
・内部取引の足決め、頭押せ

② スポット取引とフォワード取引の判断

スポット取引とフォワード取引の判断は、顧客により異なるため判断基準はパラメーター等による柔軟性が求められる。パッケージによっては、入力日付で判断するものも存在する。

(2) コール

コール商品では、取引管理、担保管理、経理機能にてギャップが発生しやすい。

① 日中コールの利息計算、有短・無短の区別

コール取引はインターバンク市場の1つであるコール市場にて金融機関が短期の資金の貸借を行う取引である。コール取引には担保(日銀適格担保)のもとに行われる有担保コールと担保を必要としない無担保コールがあり、この無担保コールのうち日中コール取引の利息計算においてギャップが生じる。日中コール取引は基本的にスタートとエンド日は同日だが、日本の慣行では利息は1日分必要となるからである。

日中コールの利息＝(元金×レート×1日)÷365(円未満切捨)

日本以外の諸外国においては短期金融市場において担保を必要とする有担

保コールというのはあまり存在しない。この日本独自慣行に起因し、有担保コール・無担保コールの区別を行うことができない、あるいは担保債権差替機能がないパッケージが存在する。

(3) 債券－売買

　債権の売買取引では、取引管理、期日管理、評価、経理機能にてギャップが発生しやすい。

① 利息の端数処理と移動平均法による簿価管理

　債券の取扱いに関しては、国の商慣習が特に反映されやすいため、パッケージを開発した国によって強み、弱みが異なってくる。具体的には利息の端数処理や経過利息の丸め方などが債券によって異なる。日本では利息計算における「両端／片端」「前入／後入」、元本の分割償還（アモチゼーション）等の実現が求められるが、日本以外で開発されたパッケージでは対応していないケースが多い。

　もっともギャップとして大きいのは、債券の移動平均法による帳簿価額（以下「簿価」という）の算出となる。移動平均法とは、有価証券（種類、銘柄、回号別）を取得するたびにその直前の残高と総平均にて単価を計算し、その平均単価を1単位当りの簿価とする方法を指す。この方法は日本の会計処理特有要件となるため、日本以外の国で開発されたパッケージでは対応していないことが多い（図表3－18）。

② ABS、MBSの評価

　債券の評価方法については、ABS・MBS（国内）期前償還率の算出や登録機能についてパッケージにて対応していないケースがある。

③ 償却原価法による簿価調整

　償還期限および償還金額の定めのある売買目的有価証券以外の場合には、償却原価法による簿価調整を定額法、利息法いずれかの方法にて行うが、この方法も日本の会計処理特有要件となるため、日本以外の国で開発されたパッケージでは対応していないことが多い。

　その他、有価証券減損処理法についても同様。

図表3-18 移動平均法による債券単価の算出と簿価残高

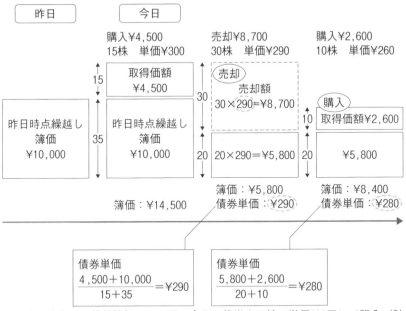

1 昨日時点での繰越簿価10,000円で今日、債券を15株、単価300円にて購入（計4,500円）
2 30株を債券単価290円（＝(4,500＋10,000)／(15＋35)）にて売却、この時点の簿価は残株20×290＝5,800円
3 10株、単価260円にて購入
　この後、売却する際には債券単価280円（＝(2,600＋5,800)／(10＋20)）にて売却する。

(4) 債券－貸借

　債券の貸借取引では、担保管理、経理機能にてギャップが発生しやすい。
　第1章にて記載したとおり、日本の現担レポは、有価証券取引税の課税回避を目的として法的には貸借取引と位置づけられており、売買形式をとる欧米のレポ取引とは異なっていることが主因である。一方、2001年に策定された新現先取引については、グローバルスタンダードであるレポ取引の基本契

約書(GMRA:Global Master Repurchase Agreement)をベースに設計された売買形式の商品となるためパッケージとの親和性は高い。図表3-19では、旧現先、現担レポ、新現先のスキームの比較について整理している。

① マージンコールの単位と決済タイミング

マージンコール処理においてパッケージにて対応できないケースがある。現担レポは、マージンコールにおいて個別取引ごとに担保金額を増減させるが、新現先などのグローバルスタンダードでは、取引当事者間のすべての取引を合計した総与信額(ネットの勝ち負け額)を出しマージンコールを行うという違いが存在する。また現担レポはマージンコールを行う翌営業日に担保金調整額を決済するが、グローバルスタンダードでは、マージンコールを

図表3-19 旧現先・現担レポ・新現先のスキーム比較

□ 現担レポとの相違点

名称		旧現先取引	現担レポ取引	新現先取引	
				現先取引	利含み現先取引
主な対象証券		現状、短期国債中心	現状、利付国債中心	短期国債・利付国債	
法的位置		(条件付き)売買	貸借	(条件付き)売買	
リスク管理手法	ヘアカット	なし	可	可	
	マージン・コール	なし	可(個別取引ごと)	可(取引相手ごと)	
	リプライシング	なし	なし	可	
サブスティテューション		なし	なし	可	
一括清算条項クロス・デフォルト条項		なし	あり	あり	
オープンエンド取引		なし	可	なし	可
期中利息の取り手		債券の買い手	債券の貸し手	債券の買い手	債券の売り手

(参考) 2001年9月27日日銀マーケット・レビューに基づき作成。

行う日の時価をもとに純与信額を算出し、当日中に担保決済することが多い。

② 貸借料と金利の区別

現担レポは、貸借料と金利の決済は同日だが、キャッシュフロー、会計科目を区別して管理する。この区分会計機能をパッケージでは備えていないことが多い。

③ 貸出中債券の期中利息

以下パッケージでは対応していないケースがある。
・貸出中の債券の利息の仕訳生成機能の有無
・貸出中の債券の利息と自己保有債券の利息の区別や受取口座の区別

④ 新現先との科目の区別

現担レポと新現先の会計科目を区別して計上することができないケースがある。

(5) 金利先物オプション

金利先物オプションでギャップが発生するケースは少ないが、発生するとしたら、マイナス金利発生時の評価機能や、経理機能のうちのヘッジ会計処理（繰延ヘッジ）等が考えられる。

(6) 国債先物・国債先物オプション

国債ではギャップが発生するケースは少ないが、発生するとしたら、取引管理機能において権利行使時の処理そのものがパッケージにて対応できないケースがある。また、ギャップではないが、現物の動きなどをコントロールする現物決済対応は、一般的な市場系パッケージではシステム化できない機能として認識しておいたほうがよい。評価機能では、最割安銘柄を考慮した理論価格や感応度の計算にギャップが出るパッケージがある。

経理機能では、他商品同様のヘッジ会計処理（繰延ヘッジ）のほかに値洗差金や現物決済の仕訳処理においてギャップが発生しやすい。

(7) 通貨オプション

通貨オプションでギャップが発生するケースは少ないが、一部のパッケージの取引管理機能ではプレミアムに使用する通貨が第三通貨だった場合の処理に対応していないケースがある。

(8) 通貨スワップ

通貨スワップでギャップが発生するケースは少ないが、取引管理機能におけるMTM通貨スワップの為替の値決めや元本差額決済機能、経理機能におけるヘッジ会計処理（繰延ヘッジ）、振当処理が対応できないケースがある。

(9) 債券店頭オプション

債券店頭オプションでギャップが発生するケースは少ないが、評価機能において、プレミアムから逆算したインプライドボラティリティで時価評価できないケースがある。また、他商品同様、経理機能におけるヘッジ会計処理（繰延ヘッジ）が対応できないケースがある。

(10) 金利スワップ

金利スワップでギャップが発生するケースは少ないが、融資取引と組み合わせた金利スワップの場合、日本の独自慣行である利息処理についてギャップが出ることがある。具体的には、日本では取引管理機能において利息両端処理が求められることがあるが、通常パッケージでは対応していないことが多い。また、経理機能においては、ヘッジ会計処理（繰延ヘッジ）、金利スワップ特例処理について対応できないケースがある。

(11) キャップ・フロア

キャップ・フロアでは、金利スワップ同様、取引管理機能における利息両端処理や、評価機能におけるマイナス金利発生時の評価についてパッケージにて対応していないケースがある。また、経理機能については、ヘッジ会計

処理（繰延ヘッジ）に加え、以下プレミアムに係る経理機能に対応していないケースがある。
・分割プレミアム払い
・プレミアム金額の逓減・逓増処理
・プレミアム金額の支払日を利息支払日にあわせる等のキャッシュフローカスタマイズ機能

⑿　CDSインデックス、CDSシングルネーム

CDSインデックス、CDSシングルネームでギャップが発生するケースはほとんどないと思われるが、参照組織のクレジットイベント時の決済金額の算出処理、現物決済、差金決済処理については対応していないことが多い。

⒀　コモディティスワップ

コモディティスワップでは、取引管理、評価、期日管理機能にてギャップが発生しやすい。特にコモディティについては資源によって取引慣行も異なるため、注意が必要。

① 同一の商品指標に対して、受渡し場所、単位換算、形状、Purityなどが異なる場合があり、それらの違いにより、評価値を変更する必要がある。
　・単位換算（例：Goldの場合、Oz、g）
　・形状（例：延べ棒（ingod）、粉末（Sponge））
　・Purity（例：Goldの場合、99.9％、99.5％）

② 原油価格（JCC）の値決め慣行（Fixing用の価格が翌月末に公表される）などについてパッケージにて対応していないケースがある。

③ 既存の商品指標の組合せで、独自に参照指標をつくり、それをもとに取引をすることが少なくなく（ガス・オイルに顕著）、パッケージにて対応していないケースがある。

④ Average取引がよく用いられ、Fixingデータを日々取り込む処理（Fixingは前決め、後決めが存在）が必要となる。

⑤ 手数料管理として、諸掛（運送費、倉庫料等）の管理が必要。

⑥ 現物の受渡し、入庫、出庫(仮決済を含む)を行う場合は、受渡し場所、形状、Purityの管理が必要となる。

第4章
市場系業務にかかわる主な規制の概要

本章では市場系システム、業務にかかわるなかで"最低限"押えておきたい各種規制・ルールの概要について以下4つのグループに分け解説している。直接的にシステムに影響がある規制、間接的にしか影響がない規制の両方が存在するが、第1章で解説したように金融機関の歴史は常に当局の規制に深く関連し、発展してきた。市場系システム・業務にかかわる人は、規制の詳細を理解するというよりも、"なぜその規制が必要だったのか""次にどういった時代が訪れるのか"を規制の概要を押えながらシステム・業務のあるべき姿をとらえていく必要がある。なお、規制動向の整理の仕方に定めはなく、各社異なる整理をしている（図表4－1、図表4－2）。

① 銀行の自己資本の質と量の強化（銀行向け規制）……バーゼルⅢ対応（2010年12月公表）
　・自己資本比率の強化
　・レバレッジ比率の導入
　・資本フロアの見直し
　・流動性リスク規制の導入（流動性カバレッジ比率（LCR）、安定調達比率（NSFR））
　・トレーディング勘定の抜本的な見直し（FRTB）
　・銀行勘定の金利リスク（IRRBB）
　・大口エクスポージャー規制
② 重要な金融機関向け対応……SIFIs等対応
③ 透明性・安定性の向上を目的とする規制……店頭デリバティブ規制、シャドーバンキング規制
④ その他諸外国の規制（ボルカールール、外国銀行規制など）

図表4－1　金融規制スケジュール

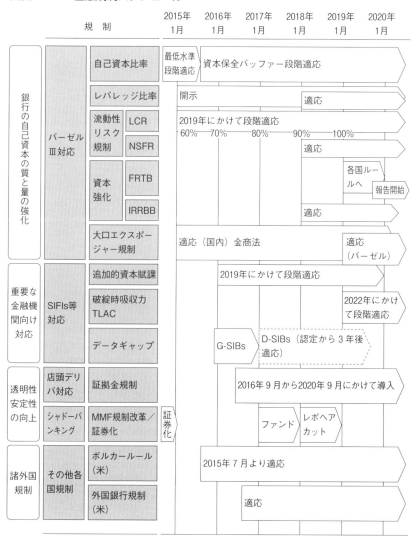

第4章　市場系業務にかかわる主な規制の概要

図表 4 − 2　金融規制概要

規制			概要
銀行の自己資本の質と量の強化	バーゼルIII対応	自己資本比率	健全性の強化のため、リスクアセットに対する十分な自己資本の確保、資本の質の向上を求めるもの。
		レバレッジ比率	過剰なレバレッジの抑制のため、リスクベースの自己資本比率を補完する簡素な非リスクベースの指標の導入を求めるもの。
		流動性リスク　LCR	銀行の流動性リスクの短期弾力性の確保を目的として、早期に現金化できる資産を一定割合で保有させることを求めるもの。
		流動性リスク　NSFR	銀行の流動性リスクの長期耐久性を向上させることを目的として、売却困難な資産に対して、一定の安定資産の保有を求めるもの。
		資本強化　FRTB	銀行の自己資本規制におけるトレーディング勘定に係る資本賦課の枠組みを改定するもの。トレーディング勘定とバンキング勘定の境界、資本計測をVaRからESに変更、流動性ホライズン導入等。
		資本強化　IRRBB	金利変動に伴う潜在的損失に対する適切な資本を銀行に求めるもの。トレーディング勘定とバンキング勘定間、バンキング勘定の会計上の取扱いが異なる資産・負債間の規制裁定行為の抑制を求めるもの。
		大口エクスポージャー規制	取引先グループへの信用供与等限度額をTierIの25%に制限（G-SIBs間は15%）するもの。2013年国内では信用供与の対象拡大、限度額の引下げ、受信側の合算範囲の拡大を実施。
重要な金融機関向け対応	SIFIs等対応	追加的資本賦課	G-SIBsに対して追加資本の賦課（TierI上乗せ）（G-SIBsサーチャージ）を求めるもの。
		破綻時吸収力 TLAC	大規模な金融機関に破綻時の損失吸収力、資本再構築力を求めるもの。納税者の負担や金融の不安定を引き起こさないように、最低限もつべき資本を決定。
		データギャップ	金融危機時に当局が利用するデータにギャップがあった反省を受け、経営者が適時適切な意思判断ができるよう銀行は重要なリスクデータの集約や報告を求めるもの。
透明性安定性の向上	デリバティブ規制	証拠金規制	システマティックリスクの低減、中央清算の促進を目的として、中央清算されない店頭デリバティブ取引について、対象者間で当初証拠金の受領・分別管理、変動証拠金の受領を求めるもの。
	シャドーバンキング	MMF規制改革／証券化	非銀行セクター（シャドーバンキング）に対する規制・監督を目的とし、対象はMMF、ヘッジファンド、証券化商品、レポ・貸借取引となるもの。
諸外国規制	その他各国規制	ボルカールール（米）	預金保険対象機関、預金保険対象機関を支配する企業等に対して、自己勘定取引やプライベートエクイティファンドおよびヘッジファンドへの投資等の禁止や制限を求めるもの。
		外国銀行規制（米）	米国内非支店資産500億ドル以上の外国銀行に米国子会社を統括する中間持株会社の設置義務づけや、流動性リスク管理の強化、ストレステスト実施、ストレス化の流動性バッファ保持等を求めるもの。

第 1 節

銀行の自己資本の質と量の強化（銀行向け規制）──バーゼルⅢ対応（2010年12月公表）

1　自己資本比率の強化

　2008年の世界的な金融危機を経て、バーゼルⅡでの枠組みでは補てんできないさまざまなリスクが顕在化し、2009年9月ピッツバーグサミットG20にて、今後の規制方針となる骨子が合意された。その後、バーゼル委員会は、2010年12月「バーゼルⅢテキスト」を公表し、大きく以下のような骨格の見直し方針を示した。
・自己資本比率の計算式の分子項目定義の厳格化と最低水準の引上げ
・自己資本比率の計算式の分母項目のリスク捕捉強化（カウンターパーティリスクの資本賦課計測方法見直し）
・定量的な流動性規制の導入
・レバレッジ比率規制（エクスポージャー積み上がりの抑制）

(1)　資本の定義と最低水準

　従来の自己資本比率規制は、劣後負債では十分に損失をカバーしない点やレバレッジ拡大に対する歯止め効果が欠如する点を受け見直しされた。なかでも損失を吸収するTierⅠ資本が着目され、劣後負債に関する見直しや配当制限等が導入された。分母項目でもカウンターパーティリスクを考慮する等、より厳格な比率算出が求められている。

　国際基準行においては、普通株式等TierⅠ（CET1：Common Equity Tier 1）の最低水準を4.5％、その他TierⅠを含めたTierⅠの最低水準を6％、総自己資本の最低水準を8％と求め、2013年3月より段階適用されている。
　TierⅠ、TierⅡとして認められる商品についても資本の質の強化とリスク

図表4-3　バーゼルⅢにおける自己資本比率算出式

$$\text{自己資本比率} = \frac{\text{自己資本}(\underbrace{\text{普通株式等TierⅠ}}_{\geq 4.5\%} + \overbrace{\text{その他TierⅠ} + \text{TierⅡ}}^{\geq 6\%})}{\text{リスクアセット}(\text{市場リスク} + \text{信用リスク} + \text{オペレーショナルリスク})} \geq 8\%$$

(参考)　金融庁／日本銀行資料に基づき作成。

図表4-4　自己資本比率算出に係る分子項目

項目		内容
TierⅠ	普通株式等TierⅠ（CET1）	・普通株式 ・内部留保 ・その他の包括利益（その他有価証券評価差額金含む）累計額およびその他公表準備金
	その他TierⅠ	・上記以外の優先株式 ・ステップアップなしの優先出資証券 ・その他高い損失吸収力を有する資本性商品※会計上負債に分類されるものは、元本削減や普通株転換の仕組みが必要
TierⅡ		・劣後債 ・劣後ローン ・一部優先出資証券 ・一般貸倒引当金等※実質破綻時に元本削減や普通株式への転換が必要

(参考)　金融庁／日本銀行資料に基づき作成。

の蓄積防止の観点から、のれん等の無形資産、繰延税金資産、他の金融機関の資本保有等が普通株式等TierⅠから控除された。ただし、その他有価証券の評価差額金を含むその他包括利益（OCI：Other Comprehensive Income）については、普通株式等TierⅠに算入されている。

その他TierⅠには、優先株式、その他高い損失吸収力を有する資本性商品[1]が算入される。TierⅡとは、劣後債、劣後ローン等および一般貸倒引当

1　会計上負債となるものは、元本削減や普通株式への転換の仕組みが必要。

金(信用リスクアセットの1.25％が算入上限)[2]とされた。

(2) 上乗せバッファ

上乗せ基準として、各行一律で上乗せされる普通株式等TierⅠで充足される「資本保全バッファ」(2.5％)が設定された。これは経営が悪化した際に、資本を配当や自社株買いや役職員への報酬等で社外流出させ、貸出を渋るといったことを防ぐために、あらかじめストレス時に取り崩すことができるバッファである。2.5％を下回り、TierⅠの最低所要水準と資本保全バッファの合計が7％を下回った場合には、配当や自社株買い、報酬等に制限がかけられることになる。

加えて資本保全バッファの拡張として、「カウンターシクリカル・資本

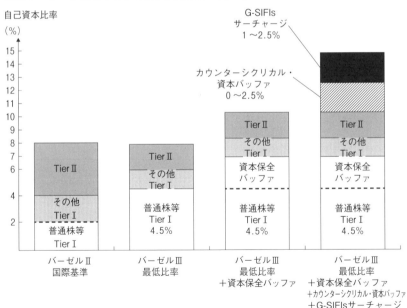

図表4－5　今後求められる自己資本比率(想定)

(参考)　金融庁／日本銀行資料に基づき作成。

2　実質破綻時に元本削減や普通株式への転換が必要。

図表4－6　資本規制スケジュール（国際基準行向け）

（単位：％）

	2013年	2014年	2015年	2016年	2017年	2018年	2019年
普通株等TierⅠ最低水準	3.5	4.0	4.5	4.5	4.5	4.5	4.5
資本保全バッファ				0.625	1.25	1.875	2.5
普通株等TierⅠ最低水準＋資本保全バッファ	3.5	4.0	4.5	5.125	5.75	6.375	7.0
TierⅠ最低水準	4.5	5.5	6.0	6.0	6.0	6.0	6.0
総資本最低水準	8.0	8.0	8.0	8.0	8.0	8.0	8.0
総資本最低水準＋資本保全バッファ	8.0	8.0	8.0	8.625	9.25	9.875	10.5
カウンターシクリカル・資本バッファ				0～0.625	0～1.25	0～1.875	0～2.5
G-SIBsサーチャージ				段階的に導入	段階的に導入	段階的に導入	1.0～2.5

（注）　網掛け部分は段階適用時。
（参考）　金融庁／日本銀行資料に基づき作成。

バッファ」（最大2.5％）が設けられた。これは各国の当局が過剰な好況時に「総与信／GDP比のトレンド」等から必要と判断された場合に設けられるもので、銀行に対して事前予告を行い、銀行は事前予告から1年以内に積み上げることが求められる。バブル時の対応策として設けられた資本となるため、常に積み上げが求められるわけではない。さらにG-SIFIsに対しては、「G-SIFIsサーチャージ」が求められた（最大2.5％）（図表4－5、図表4－6）。

2　レバレッジ比率の導入（最終化待ち）

　金融危機時には、高い自己資本比率を維持していた金融機関であっても、デリバティブ、借入れ、レポ取引等のような過剰なレバレッジを効かせていたために破綻等の危機に追い込まれた。これを受け、自己資本比率だけでは統制できないようなバランスシート拡大によるリスクを抑制する目的で、レ

バレッジ比率規制を導入することとなった。

　レバレッジ比率規制の現行の暫定措置ではTier Iにリスクウェイトを掛けないそのままのエクスポージャーで割った割合が3％以上となることを求める（3％は確定ではなく最終化待ち）。これは3分の100倍（33倍）のレバレッジしか認めないということを意味する。よって3％が5％になれば、5分の100倍（20倍）のレバレッジしか認めないということになり、3％よりも厳しいエクスポージャー圧縮または資本の追加が必要になることを意味する（図表4－7）。

　本規制は、2013年から2017年が試行期間、開示が2015年より、2018年に第1の柱へ移行する予定だが、定義や水準については2016年3月時点ではまだ決定されていない。なお、2014年11月にFSB（金融安定理事会）より公表された市中協議文書では、G-SIBsに対しては、バーゼルⅢ基準の2倍以上のレバレッジ比率維持を提案するとしている。ただし分子項目はTier IではなくTLACとしている。

図表4－7　レバレッジ比率規制の概要

$$\text{レバレッジ比率} = \frac{\text{Tier I 資本}}{\text{エクスポージャー額（オンバランス項目＋オフバランス項目）}} \geq 3\% \quad \text{試験中の水準}$$

①オンバランス項目
②デリバティブ取引
③レポ取引等の証券金融取引（SFT）
④オフバランスのエクスポージャー
※基本的に会計上の数字を利用

【補足説明】
・四半期ごとに3カ月間の各月末時点のレバレッジ比率の平均値を算出。
・分子のTier IはバーゼルⅢベース（経過措置も勘案）。
・2013年7月に以下の点が見直しされた。
　① 会計上の連結対象と規制上の連結対象が異なる場合のエクスポージャーの計測方法について詳述。
　② デリバティブの取扱いの見直し。
　③ 証券金融取引（SFT：Securities Financing Transaction）につき、会計上のネッティングはせずグロスで計上。

図表4－8 レバレッジ比率見直し内容

【バーゼルⅢ規則文書（2010年12月）からのエクスポージャーの主な変更点】

	バーゼルⅢ規則文書（2010年12月）の内容	レバレッジ比率規則文書（2014年1月）の内容
連結対象	会計上の連結対象と規制上の連結対象とが異なる場合に関する記述は部分的	連結の対象は、規制上の連結を適用
デリバティブ	カレント・エクスポージャー方式に基づく「再構築コスト＋アドオン」（バーゼルⅡネッティングは認める）	左に同じ。ただし、 ・ネッティングが認められる変動証拠金の定義を追加 ・クレジットデリバティブの場合には左記に加えて想定元本（ただし最大損失額を上限）も加味
レポ取引等の証券金融取引（SFT）	会計上のエクスポージャー（バーゼルⅡネッティングは認める）	・レポ取引等により発生する金融債権と金融債務に関し、新たな規制上のネッティング要件の導入 ・カウンターパーティ・エクスポージャー（相手方に差し入れた現金・証券と、相手方から受け入れた証券・現金との評価差額（担保不足額））も加味
オフバランス項目	100％の掛け目を適用。ただし無条件で取消し可能なコミットメントには10％の掛け目を適用	オフバランスシート項目に標準的手法の掛け目（ただし下限10％）を適用

（出所）「レバレッジ比率の枠組みと開示要件に関するバーゼルⅢテキストの公表について」2014年2月 金融庁／日本銀行

3 資本フロアの見直し（最終化待ち）

現行ルールでは、銀行が内部モデル手法に移行する際に、所要自己資本額

が急激に減少しないようバーゼルIにより算出した所要自己資本額に一定の掛け目（80～95％）を掛けた水準を、内部モデル手法を用いる銀行の所要自己資本額の下限（フロア）として設定しているが、一般的に内部モデルへの移行の際は、バーゼルIではなく、標準的方式から移行することが多いため、現方法（バーゼルIから内部モデル手法への移行を前提とすること）は合理的ではないといわれている。たとえば国によっては、バーゼルIを導入せずにバーゼルII、IIIを導入する国もある（図表4－9）。

　そういった状況を考慮しバーゼル委員会では2014年12月市中協議文書「資本フロア：標準的手法に基づく枠組みのデザイン」を公表した。市中協議文書では、リスクアセットの信頼性や比較可能性を向上させる観点から、資本フロアの参照基準を、現行のバーゼルIから標準的手法に変更することを提

図表4－9　資本フロア見直し目的等

【資本フロアの目的】
・内部モデル手法による所要自己資本額が、健全な（prudent）水準を下回らないことを確保
・内部モデルのモデルリスク（不正確なモデル設定、測定誤差、データ制約、構造的変化等に起因）を軽減
・銀行が資本効率を最大化させるために、過度に楽観的な内部モデルを利用しようとするインセンティブに対処
・内部モデル手法と標準的手法のリスクアセットの比較可能性を向上
・銀行および監督当局の実務の差異から生じるモデルベースのリスクアセットのばらつきを抑制

【資本フロアとレバレッジ比率の比較】

【資本フロアが対処すべき課題】	【レバレッジ比率が対処すべき課題】
・内部モデル手法採用行のリスクアセットの過度なばらつき ・内部モデルの利用により、リスクが著しく低く計測されているアセットの増加 ・標準的手法採用行と内部モデル手法採用行の不公平	・（標準的手法および内部モデル手法双方において）リスクが過少に評価されているアセットの増加 ・低リスクアセットから生じうる想定外の大きな損失 ・リスクベースの資本規制に対する市場の不信感

（参考）　金融庁／日本銀行資料に基づき作成。

第4章　市場系業務にかかわる主な規制の概要

図表4-10 資本フロアのデザイン

	内容	
	案1	案2
資本フロアの適用レベル	リスクカテゴリ(信用リスク、マーケットリスク、オペレーショナルリスク)ごとに適用。 ・信用リスクについては、エクスポージャーの類型ごとに適用する案も提示。	リスクアセットの総計に対して適用。
引当金の調整方法(注)	自己資本比率の分子(資本)で調整。	自己資本比率の分母(リスクアセット)で調整。
標準的手法の選択	バーゼル合意上、以下のケースのように標準的手法が複数存在する場合は、銀行が活動する国・地域において適用されている標準的手法を利用。 ・2つ以上の標準的手法が存在する(例:現行のオペレーショナルリスク)。 ・各国裁量が認められている。 ・監督当局の承認のもとで、特定の手法の採用が認められている(例:信用リスク削減手法の一部)。	
開示	フロアによる自己資本比率への影響を開示する。 第3の柱(市場規律)の見直しの一環として、別途検討予定。	

(注) 内部モデル手法と標準的手法では、引当金の取扱いに差異が存在。
　・内部モデル手法……引当金の過不足は資本で調整(引当金が期待損失を上回っていれば、信用リスクアセット額の0.6%を上限に、差額をTierⅡとして算入可能。引当金が期待損失を下回っていれば、差額をCET1から控除)。
　・標準的手法……一般貸倒引当金は、リスクアセット額の1.25%までTierⅡに算入可能。
(参考) 金融庁/日本銀行資料に基づき作成。

案している(図表4-10)。

　本規制の適用時期、規制の水準(資本フロアの掛け目)は決まっていない。

4　流動性リスク規制の導入（流動性カバレッジ比率（LCR）、安定調達比率（NSFR））

　金融危機時には、急激なドル資金の需要が必要とされるなか、手元の運用資産が不足し、資金繰りに窮し破綻等の危機に追い込まれた金融機関が多く存在した。これを受け、バーゼル委員会は、2010年12月「バーゼルⅢテキスト」にて以下2つの流動性規制の設置を公表した。

・流動性カバレッジ比率（LCR：Liquidity Coverage Ratio、以下「LCR」という）
・安定調達比率（NSFR：Net Stable Funding Ratio、以下「NSFR」という）

(1)　LCR

　LCRは30日間のストレス下での資金流出に対応できるよう、良質の流動性資産を保有することで業務を継続させることを目的とする。バーゼル委員会は、バーゼルⅢテキスト公表後、定量的影響度調査やヒアリングを行い、LCRの見直し事項を整理した。2012年1月バーゼル委員会の上位機関である中央銀行総裁・銀行監督当局長官グループ（GHOS：The Group of Governors and Heads of Supervision）は以下を検討するよう指示した。

・適格流動資産（HQLA：High Quality Liquid Asset）の定義
・資金流出率、流入率の調整
・平時に積み上げた適格流動資産の危機時の利用に関する規制意図の明確化

　2012年12月、バーゼル委員会はLCR見直し案について考案のうえ、承認を得、2013年1月、LCRに関する「改定版バーゼルⅢ規則文書」を公表した。

　LCRでは、適格流動資産として、ストレス時においても換金できる資産を示している。またその資産に対しても流動性の高さに応じてレベル分けをしている。LCR報告は、毎月末を基準として毎月報告することが予定されている（図表4-11）。

　本規制は2015年3月31日から段階適用されており、2015年1月の最低水準

図表4-11 流動性規制（LCR）の概要

LCR：Liquidity Coverage Ratio（流動性カバレッジ比率）
ストレス期間を30日とし、資金ギャップに対して換金性が高い資産を保有することが目標

$$LCR = \frac{\text{適格流動資産（Level 1 資産＋Level 2 A資産＋Level 2 B資産）}}{\text{30日間のストレス期間の資金流出額}\atop\text{（30日間の資金流出－30日間の資金流入）}} \geq 100\%$$

2015年1月より先行導入、当初は60％とし、毎年10％ずつ引き上げ、2019年に100％

【補足説明】
・毎月報告を想定（開示内容等は公表ずみ）。ただし、ストレス環境下においては、監督当局の裁量で週次あるいは日次で報告を求めることができるとしている。

(参考)　金融庁／日本銀行資料に基づき作成。

図表4-12 適格流動資産

(注)　Residential Mortgage Backed Securitiesの略。住宅ローン債権担保証券。

を60％とし毎年10％ずつ引き上げ、2019年1月には100％を最低水準とする。

(2) NSFR

NSFRは換金性が低い資産に対して十分な資本と長期調達を充当し、1年以上業務を継続させることを目的としている。バーゼル委員会は2014年1月

図表4-13 流動性規制（NSFR）の概要

NSFR：Net Stable Funding Ratio（安定調達比率）
換金性が低い資産保有に対して、資本および長期負債でまかなうことが目標

預金・市場性調達の算入率（主な例）
- 1年超の負債：100%
- リテール預金（残存1年以下または満期なし）：90〜95%
- 法人預金、オペ預金（残存1年以下または満期なし）：50%
- 金融機関からの借入れ（6カ月以内）：0%（6カ月超1年以内）：50%

$$\text{NSFR} = \frac{\text{利用可能な安定調達額（資本＋預金・市場性調達）}}{\text{所要安定調達額（資産）}} \geq 100\%$$

資産の算入率（主な例）
① 適格流動資産の算入率
- レベル1資産：5%、レベル2A資産：15%、レベル2B資産：50%

② 短期貸付の算入率
- 1年以内のリテール・法人向け：50%
- 6カ月超1年以内の金融機関向け：50%
- 6カ月以内の金融機関向け（レベル1資産担保）：10%（それ以外）：15%

③ 長期貸付（1年超）算入率
- 処分可能なリスクウェイト35%以下の貸付（住宅ローン含む）：65%
- その他の正常債権（金融機関向け除く）：85%
- 不良資産等：100%

デリバティブの算入率
「デリバティブ資産－デリバティブ負債」≧0のとき
- デリバティブ・ネット資産額の算入率：100%

「デリバティブ資産－デリバティブ負債」＜0の場合
- デリバティブ・ネット負債額の算入率：0%

「デリバティブ負債」額の算入率：20%（変動証拠金に係る追加賦課）
当初証拠金・デフォルトファンドの算入率：85%
①〜③をあわせた金額を分母に加算

【補足説明】
・2014年11月最終規則公表、2018年より導入予定。
・四半期報告を想定。
（参考）金融庁／日本銀行資料に基づき作成。

に市中協議文書を公表し、さらにその後業界等からのコメント等を参考に修正を行い、2014年10月、市中協議文書「バーゼルⅢ安定調達比率」の最終規則文書を公表した。ただしデリバティブの当初証拠金算入率については、定量的影響度調査の結果を受け見直しが行われる。

NSFRでは利用可能な安定調達資産として1年超の負債や、リテール預金

（残存1年以下または満期なし）、法人預金、オペ預金（残存1年以下または満期なし）、金融機関からの借入れ（6カ月以内）を例としてあげている。また、所要安定調達額（流動性を生むことができないとされる資産）としては、長期貸付（1年以上）、デリバティブネット受取額（算入率100％）、差し入れた当初証拠金（算入率85％）等を例としてあげている。NSFRは、四半期末を基準日として四半期ごとに報告することが求められる予定である。

本規制は、2018年1月から適用され、2019年1月の完全適用が予定されている。

5　トレーディング勘定の抜本的な見直し（FRTB：Fundamental Review of the Trading Book）

金融危機では、トレーディング勘定が保持していたエクスポージャーに対する自己資本が不足していたことが露呈した。そこで2009年7月に緊急措置としてマーケットリスクの枠組みについて見直しを導入し、証券化商品の取扱い強化（原則、銀行勘定と同様の取扱い）・内部モデル方式におけるストレスVaRの導入・内部モデル方式における追加的リスク（IRC：Incremental Risk Charge）の捕捉等が見直された。

2012年5月にバーゼル委員会はトレーディング勘定の資本賦課に係る抜本的見直しについて市中協議文書「トレーディング勘定の抜本的見直し」（第1次市中協議文書）を公表、さらに2013年10月に第2次市中協議文書を公表した。

2016年1月、バーゼル委員会は最終規則文書として「マーケットリスクの最低所要自己資本」を公表した。これはそれまでのマーケットリスクの枠組みを示す文書である。本規制では、各国当局がこれを2019年1月1日までに自国のルールに落とし込み、銀行は2019年12月31日までにそのルールに沿った報告をすることが定められた。

(1) 銀行勘定とトレーディング勘定の境界

これまでのトレーディング勘定と銀行勘定の定義は、銀行にトレーディングの意図があるかどうかという主観的な基準であったため、両勘定間でリスク捕捉手法・対象が異なり、勘定間のポジション移し替えのインセンティブが銀行にあった。そこでバーゼル委員会はより客観的なトレーディング勘定と銀行勘定の定義を行い、以下を定めた。

・トレーディング勘定に割り当てられた商品は、日次頻度で公正価値評価を行うことと、その変動を損益計算書に表すこと。

・トレーディング勘定と銀行勘定間の付替えを原則禁止。

2016年1月の最終規則文書では、銀行勘定とトレーディング勘定の境界をより客観的に提示している。

○銀行勘定
① 非上場株式
② 証券化を目的とする金融商品
③ 不動産
④ 個人・中小企業向け（SME：Small Medium-size Enterprise）与信
⑤ ファンド内のエクイティ出資のうち日次でルックスルーできないファンドまたは日次でリアルプライスを取得できないもの
⑥ 上記を原資産とするデリバティブ
⑦ 上記のポジションの一部のリスクをヘッジする目的で保有する商品

○トレーディング勘定
① トレーディング目的で保有する有価証券（JGAAPでは、売買目的有価証券）
② マーケットメイキング行為から発生する商品

> ③ ファンド向けエクイティ商品（銀行勘定の⑤除く）
> ④ 上場株式（注）
> ⑤ レポ取引
> ⑥ オプション
> （注） 監督レビューに従い、トレーディング勘定から一部除外することができる。

上記詳細については、最終規則文書第15項、第16項を参照。

(2) 信用リスクの取扱い

① 証券化エクスポージャーと証券化以外のエクスポージャー

バーゼル委員会は、証券化エクスポージャーのリスク計測を内部モデル方式で行うと銀行間でばらつきが出るため、標準的方式にて計測することとした。一方、証券化以外のエクスポージャーについては、内部モデル方式が容認された。

② 信用評価調整（CVA）

2015年7月にバーゼル委員会は市中協議文書「CVAリスクの枠組みの見直しについて」を公表した。

CVA（Credit Value Adjustment）とは、デリバティブの時価評価時にカウンターパーティの信用リスクに応じて行う時価調整額を指す。具体的にはカウンターパーティの信用リスクを勘案した時価評価額と勘案しない評価額の差額となる。また、カウンターパーティの信用リスクのみではなく、企業自身の信用リスクも同様に勘案してCVAを計算する方法を双方向CVA（Bilateral CVA）と呼ぶ。企業自身のCVAは、DVA（Debt Value Adjustment）と呼ぶことが多い。そしてCVAリスクとはこのCVAの額が変動するリスクを指す。

バーゼル委員会は本市中協議文書にて以下を発表している。
・CVAリスクが自己資本比率規制において捕捉されること。
・CVAリスクの計測は、会計上のCVAの公正価値測定手法と一致させるこ

と。

※日本の会計基準ではCVAは公正価値に含まれていない。
・「トレーディング勘定の抜本的見直し（FRTB）」で提案されているマーケットリスクの枠組みと適合した算出方式（内部モデル方式と標準的方式）を利用する。

そして自己資本比率規制において捕捉されるCVAの範囲は、デリバティブ取引とレポ取引、レンディング取引等の会計上時価評価される証券金融取引（SFT：Securities Financing Transaction）とされている。しかし適格中央清算機関（QCCP：Qualified Central Counter Party）で清算されるデリバティブ取引は、中央清算化がカウンターパーティリスク軽減を目的としていることから対象外とされた。

算出アプローチは、マーケットリスク同様、FRTBアプローチと基礎的アプローチが提示されており、FRTBアプローチはさらに標準的アプローチ（SA-CVA）と内部モデルアプローチ（IMA-CVA）に分類される。なお、FRTBアプローチを採用するためには規制当局の承認を得る必要がある。

(3) 流動性ホライズン

金融危機前にはトレーディング勘定のリスクポジションは、流動性が高いため10日で解消またはヘッジできると思われていたが、金融危機を経て、流動性が悪化した場合には10日をはるかに超えた期間リスクポジションを保有する状況となることが確認された。それを受け、市場ストレス時におけるエクスポージャーの解消に要する期間をリスクファクターごとに10日、20日、40日、60日、120日と定義した。この期間を流動性ホライズンという。たとえば流動性ホライズンが60日であれば、60日分のリスクをカバーできる資本賦課が求められる（図表4 -14）。

(4) リスク計測のアプローチ

第1章にて示したように、現行のリスク計測に用いられているVaRには弱点があることが問題視されていたため、バーゼル委員会ではリスク計測手法

図表4－14　流動性ホライズン（参考）

リスクファクター（例）	流動性ホライズン				
	10日	20日	40日	60日	120日
金利		○			
金利ボラティリティ				○	
FX		○			
FXボラティリティ			○		
クレジットスプレッド－ソブリン（投資適格）		○			
クレジットスプレッド－ソブリン（ハイイールド）			○		
クレジットスプレッド－社債（投資適格）			○		
クレジットスプレッド－社債（ハイイールド）				○	
株価（大型）	○				
株価（小型）		○			
株価（大型）ボラティリティ		○			
株価（小型）ボラティリティ				○	

（参考）　市中協議文書、BIS Minimum capital requirements for Market Risk、Fundamental review of the trading book：A revised market risk framework。

をVaRから期待ショートフォール（ES：Expected Shortfall、以下「ES」という）方式に移行することとした。弱点とされたのは、たとえば、VaRが信頼区間99％の確率での最大損失額が100億円（VaRが100億円）に収まるという結果となった場合に、99％を超えた1％という実現する可能性が低いリスク（テールリスク）が仮に発生した場合の損失額は、100億円を超えていくらになるかがとらえられないことにあった。期待ショートフォールとは、期待損失がVaRを超える場合の平均損失（期待値）を表す。

　バーゼル2.5より追加計測が求められることとなった「ストレスVaR（ス

図表4-15 市場リスク計測方法比較

	バーゼルⅡ	バーゼルⅢ
	VaR	FRTB
計測手法	（VaR＋ストレスVaR）＊掛け目（3）＋個別リスク 1％の確率で発生する損失額／信頼区間99％	ES＊掛け目（1.5）＋デフォルトリスク 平均値 97.5％
信頼区間	99％	97.5％ （デフォルトリスクは99.9％VaR）
保有期間	10営業日以上	流動性ホライズン参考
観測期間	1～5年 ストレスVaRはストレス期の1年、年次更新	ストレス期の1年 対象期間は2007年以降 月次更新
ヘッジおよび分散効果	リスク経験可	制限あり
標準的方式の必要性	選択可能	選択不可能 内部モデル方式と標準的方式で算出し、標準的方式結果をフロアとする可能性あり（未決定）

トレス時のデータを用いたVaR）」は、通常VaRとともに計測されると資本賦課が二重になるという懸念があげられていたため、ESにおいてはストレス時のデータを用いることが提案されている。なお、内部モデルでESを用いることが提案されるとともに、標準的方式においてもESによる資本水準が求められた（図表4-15）。

(5) 内部モデル方式との改訂

バーゼル委員会は、トレーディング勘定におけるリスク計測用の内部モデルが銀行独自の考えを反映しており、標準的方式と内部モデル方式による所

要自己資本額の算出結果が大きく異なる点、内部モデルが利用できなくなった場合にその代替手段がない点、内部モデル方式でのヘッジおよび分散効果によるリスク軽減効果が標準的手法では制限されている点などを改善するために、標準的方式と内部モデル方式の関係を強化するための以下の対策を提示した。

・標準的方式と内部モデル方式のカリブレーション（資本水準）の間により整合的な関連性を設ける。
・標準的方式に基づく計算の義務化。
・標準的方式による所要自己資本額を内部モデル方式に対するフロアやサーチャージとして活用。

① トレーディングデスクの明確化

トレーディングデスクについては、以下を明確に定義し、文書化したうえで当局による検査と承認が求められることになった。

・明確に定められたトレーダーまたはトレーディングアカウントグループ
・経営へのレポーティングライン
・目標と整合的な報酬体系
・事業戦略
・リスク管理態勢

② 内部モデル導入要件とプロセス

個別のリスクファクターを内部モデル化することが可能であるかを評価するためのより厳格なプロセス（図表4－16）を導入することになった。

ステップ1では、銀行としてトレーディング勘定全体のマーケットリスクに係る所要自己資本計測に内部モデルが採用できるかを決定する。

ステップ2－1では、先述したトレーディングデスクを分類し、内部モデルの有無を確認する。なお、銀行勘定対象である為替、コモディティについては、トレーディングデスクが存在しないため仮想的に設けることを提案している。

ステップ2－2では、トレーディングデスク別に、①損益要因分析と②バックテストの方法で実際の損益を比較し、どれぐらいリスクファクターを

図表4－16　内部モデル方式の承認プロセス

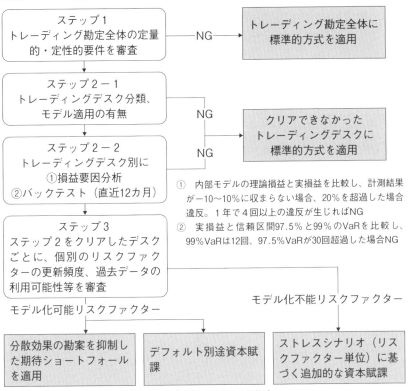

（参考）　金融庁／日本銀行資料、市中協議文書に基づき作成。

内部モデルにて捕捉できているかを確認し、一定の枠内の乖離で収まれば次に進むことができる。また内部モデルで計測できないリスクについては、リスクファクターごとに①資本（デスクレベルの期待ショートフォール＋モデル化できないリスクファクターに対するストレスシナリオで計測した資本賦課の合計）、②エクスポージャー、③スレッショルド（信用極度枠）を①／②が③を下回れば標準的方式の適用が求められる。下回らなければ内部モデルの適用が認められる（詳細未定）。

　ステップ3では、年間24回以上の観測、内部モデルが認められるリスクファクターを特定する。なお、そのためには継続的に利用でき、実際に価格

第4章　市場系業務にかかわる主な規制の概要　175

が実在する要件を満たす必要がある。実際に価格が実在する要件とは、実際の約定価格や取引所の価格、確定気配値を参照した価格、情報ベンダーが提供する価格（ただし約定値であることについて当局が立証しなければならない）などを指す。

上記プロセスを経てリスクファクターごとに期待ショートフォールにてリスク計測を行い、合算する。

バーゼル委員会は、デフォルトリスク（IDR：Incremental Default Risk）が、上記とは別に資本賦課することを求めているため、ソブリン、株式、クレジット関連の商品を対象に信用VaRによる計測を行う必要がある。以上内部モデル方式に基づくマーケットリスク全体の所要自己資本＋追加的デフォルトリスク（IDR）＋内部モデルが適用できないデスクの所要自己資本額の合算が合計所要自己資本額となる。

(6) 標準的方式の改訂（最終化待ち）

標準的方式については、リスク感応度が低い点や内部モデル方式と比較して少ない所要自己資本額となる点を改善するため、内部モデル方式のフロアとして機能させ、かつ銀行および地域間でのマーケットリスクの報告の整合性および比較可能性の向上を促進するために見直しが進められている。フロア適用は未確定。

手法はリスク感応度方式を採用することとなった。これはリスククラスごとに感応度×掛け目により計測する手法であり、そのリスクファクター、リスク計測に用いる区分は当局により指定される。リスクウェイト（RW）をどのように設けるかが争点となっている。

6　カウンターパーティ信用リスク

2013年6月にバーゼル委員会は市中協議文書「カウンターパーティ信用リスクエクスポージャーへの資本賦課に関する非内部モデル手法」を公表し、2014年3月、バーゼル委員会は最終規則文書として「カウンターパーティ信

用リスクエクスポージャーの計測に係る標準的手法」を公表した。これにより現行のデリバティブ取引の与信相当額(EAD)を計算する際にIMM(内部モデル方式)をとらない場合の選択肢であったカレント・エクスポージャー方式(CEM)と標準方式(SM)が廃止となり、標準方式(以下「SA-CCR」という)を採用することとなった。

SA-CCRでは、さまざまな種類のデリバティブ取引(マージン・アグリーメント(変動証拠金の授受)の有無、相対か否か等)に適しており、シンプルか

図表4-17 SA-CCRによる与信相当額算出等(補足)

【SA-CCRによるEAD算出等の補足】

> EAD= α ×(再構築コスト(RC)+PFEアドオン)
> α =1.4……現行の期待エクスポージャー方式(IMM)を踏襲
> 与信相当額(EAD)は、ネッティングセット(法的にネッティング契約が有効な取引集合体)ごとに算出。
> 信用リスクアセット額については、上記EADにリスクウェイトを乗じて算出。

再構築コスト(RC)
・マージンアグリーメントの有無(=変動証拠金授受の有無)次第で二通りに分類。
　RC=max {V−C;TH+MTA−NICA;0}
　　V:ネッティングセットにおけるデリバティブ取引の価値
　　C:保有担保(ネット)における元本削減(ヘアカット)の幅(haircut value)
　　TH:Threshold
　　MTA:Minimum Transfer Amount
　　NICA:Net Independent Collateral Amount
マージンアグリーメントがない場合は、
　RC=max {V−C;0} となる。
PFEアドオン
・PFEアドオンは、資産クラスごとのアドオン合計額に掛け目を乗じたもの。
・掛け目は、保有担保の価値がデリバティブ取引の市場価値(ネット)を上回る場合、およびデリバティブ取引の現在価値が負の場合に、アドオン合計額をスケールダウンする(PFEアドオンの5%がフロア)という効果を有する。
・保有担保の価値がデリバティブ取引の市場価値(ネット)を下回る場合、掛け目は1(100%)となる。
・資産クラスごとのアドオンの合計額の算出にあたっては、異なる資産クラス間の分散効果を認識することは認められず、資産クラスごとのアドオンが単純に合算される。

つ容易に適用できることや、現行のカレント・エクスポージャー方式（CEM）および標準方式（SM）の欠点を回避することができるという。たとえば、カレント・エクスポージャー方式（CEM）では、マージン・アグリーメントの有無により与信相当額（EAD）のアプローチを区別していない点や、金融ストレス時に確認されたレベルのボラティリティを捕捉できなかった点、ネッティングの認識が簡素であるという欠点が存在する（図表4－17）。

本規制は2017年1月から適用される。

7　銀行勘定の金利リスク（IRRBB）

バーゼル委員会は、2016年4月市中協議文書「銀行勘定の金利リスク」にて、銀行勘定の金利リスク(IRRBB：Interest Rate Risk in the Banking Book、以下「IRRBB」という)の取扱いの最終案を公表した。IRRBBとは、預金や融資など銀行勘定で保有する国債や貸出金の金利リスクを指す。IRRBBが必要とされた背景は、銀行勘定に区分されている国債であっても、金利の上昇による損失は避けられず、これについてもトレーディング取引勘定同様資本の確保が必要との考えによるものである。

本規制は、2004年に公表された諸原則、2015年6月に実施された市中協議文書を経て見直されている。当初、バーゼル委員会は、①自己資本比率の分母に組み込み第1の柱で資本賦課するアプローチ（1柱案）と②現行のアウトライヤー規制を強化する案（2柱案）を提案していたが、最終案では多くの国、地域における歴史的な低金利環境をふまえ資本賦課しない②アプローチを選択した（図表4－18）。

本規制では、2004年の諸原則から主に以下を強化している。
○銀行のIRRBBの管理プロセスについて銀行に期待されるガイダンスを詳細化している。特にIRRBBを計測する際の金利ショックやストレステストについて、IRRBBの計測で考慮すべき顧客行動やモデルについての主な前提事項、内部計測モデルの適用評価プロセスについてである。
○開示基準は、IRRBBの計測、管理における一貫性、透明性、比較可能性

図表4-18 バーゼル規制の枠組み(3つの柱)

	内容	趣旨
第1の柱 (資本賦課)	最低所要自己資本比率	分母の計算にリスクをより正確に反映。 銀行が抱えるリスクに応じ、銀行に一律に自己資本を備えさせる。
第2の柱 (監督上の取扱い)	金融機関の自己管理と監督上の検証 監督上の検証プロセスとして、5項目に分けて記載 ① 監督上の検証の重要性 ② 監督上の検証における4つの主要原則 ③ 監督上の検証プロセスで検討すべき具体的論点 ④ 監督上の検証プロセスにおけるその他の側面 ⑤ 証券化に関する監督上の検証プロセス	金融機関による統合的なリスク管理の確立と当局によるモニタリングの実施。 金融機関自身が、第1の柱の対象でないリスク(銀行勘定の金利リスク・集中リスク等)も含めて主要なリスクを把握したうえで、経営上必要な自己資本額を検討、当局は早期警戒制度の枠組み等を通じ、定期的なモニタリングを実施。
第3の柱 (開示)	情報開示を通じた市場規律の活用 概説として7項目記載され、情報開示基準や指針、会計上の情報開示との相互作用、頻度や重要性等について明文化されている。	情報開示の充実を通じて市場規律の実効性を高める。 左記内容に基づき、「銀行については原則四半期開示、協同組織金融機関は半期開示」となっている。

(参考) 金融庁/日本銀行より作成。

を進めるために変更された。金利リスク量の計測では、所定のバーゼル委員会が定める金利ショックシナリオに基づく経済価値アプローチ(EVE:Economic Value of Equity)という現時点の資産・負債を対象に、そのキャッシュフローの現在価値の変化を把握する手法や、期間収益アプローチ(NII:Net Interest Income)という将来にわたる資産・負債を想定し、そのキャッシュフローのリスクを把握する手法にて計測された金利ショックの影響についても開示が求められる。

○本規制では、以下開示が求められている。
  ・金利リスク水準、主要な前提
  ・金利リスク定性評価
  ・内部モデルを用いた6シナリオに基づくEVEおよびNIIの金利リスク量の変化
  ・標準的方式の適用結果（金利リスク量）
○IRRBBの計測に係る標準的手法について定められており、当局にて銀行への使用の義務づけができるとともに、銀行の判断での使用も選択することができる。
○アウトライヤー銀行を特定するための閾値は、銀行の自己資本全体に対する金利リスク量の割合（TierⅠ＋TierⅡの20％）が対象だったが、TierⅠ資本に対する15％に強化された。
本規制は、2018年までに適用されることが求められた。

8　大口エクスポージャー規制

　バーゼル委員会は、2014年4月に最終規則文書「大口エクスポージャーの計測と管理のための監督上の枠組」を公表した。この規制は単一の債務者、債務者グループが突然破綻した場合に発生する損失を防ぎ事業継続できるよう、信用集中を防ぎ、銀行の健全性を確保すること、G-SIBs間のリスクの伝播を軽減させることにより、金融システム全体の安定性を確保することを目的としている。また、本規制によって対象となるエクスポージャーの範囲をファンド、証券化商品、その他の集団投資スキームに拡大することでFSBが2011年10月に公表した"Shadow Banking：Strengthening Oversight and Regulation"という報告書内で示している集団投資スキーム（CIU）、証券化のためのストラクチャーに対するエクスポージャーを監督・規制するうえで有用な手段となる。

　本最終規則文書の主な提案内容は以下のとおり。
① 　単一の受信者、受信者グループに対して保有するすべてのエクスポー

ジャーに対し、一般的な上限としてTierⅠ資本の25％を設定（G-SIBs間はTierⅠ資本の15％）
② 適格資本を総自己資本（TierⅠ＋TierⅡ）からTierⅠへ変更
③ 受信側合算の範囲を「支配関係」と「経済的相互関係」で判断
本規制は2019年1月より適用される。

国内においては、2013年6月に大口信用供与等規制の強化について含まれた金商法等改正法が成立し、「大口信用供与等規制」の細則の見直しが行われ2014年12月より適用されている。この法律により以下が主に改正された。
① 信用供与等の範囲……銀行間取引（コールローン、預け金等）、コミットメントライン、デリバティブ取引、公募社債等は適用除外⇒原則、規制対象とする。国際基準では、原則、オンバランス、オフバランスのすべての取引が規制対象。
② 信用供与等の限度額（受信者グループ）……銀行（グループ）の自己資本の40％⇒25％とする。国際基準も同様の25％。ただしG-SIBs間は15％。
③ 受信側グループの範囲……受信者およびその子会社・親会社・兄弟会社（議決権50％超の形式的支配関係で判断）⇒議決権による支配関係のほか、経済的な相互関連性（実質支配力基準）に基づき判断とする。国際基準では、議決権による支配関係のほか、経済的な相互関連性に基づき判断している。

第 2 節

重要な金融機関向け対応──SIFIs等対応

　金融危機時には、リーマン・ブラザーズの破綻が金融市場を混乱させ、経済を悪化させるとともに、多くの金融機関が大きすぎて潰せない（TBTF：Too Big To Fail）ことを理由に当局が公的資金を投入することで救済された。これを受け、2010年FSBは、システム上重要な金融機関（SIFIs）に関する政策方針をまとめ、2011年11月に国際金融システム上重要な金融機関（G-SIFIs）を公表した。SIFIsとは、その規模、複雑性、相互連関性のために経営危機や無秩序な破綻が金融システムの経済活動に著しい混乱をもたらすと指定される金融機関を指す。

　その後、2011年11月FSBは「金融機関の実効的な破綻処理の枠組みの主要な特性」「SIFIへの監督の密度と実効性」、バーゼル委員会は「グローバルにシステム上重要な銀行に対する評価手法と追加的な損失吸収力の要件」を公表し、システム上重要な金融機関（SIFIs）には以下規制を課すこととした。
① 　追加資本要件：G-SIBsサーチャージ（高い損失吸収力の要件設定）
② 　円滑な破綻処理（金融システムへの影響を抑制）
③ 　監督強化（連鎖破綻を回避するコアな金融インフラの強化）

1　G-SIBsの選定

　G-SIBsは、5つの指標によるアプローチにて採用される。5つの指標（グローバルな（国境を越えた）活動、規模、相互関連性、代替可能性の欠如、複雑性）に関してはウェイトづけがなされており、スコア×ウェイトにて各金融機関のスコアを算出する。G-SIBsは毎年11月にFSBより公表される（図表4－19）。

　また、各国当局は、D-SIBs（国内のシステム上重要な銀行）を4つのリスク

図表4－19　G-SIBs選定要件　　　　　　　　　　　　　　　　　　　　（単位：％）

カテゴリー（ウェイト）	個別指標	指標ウェイト
国境を越えた活動（20％）	国境を越えた債権	10
	国境を越えた債務	10
規模（20％）	バーゼルⅢにおけるレバレッジ比率算定上の総エクスポージャー	20
相互関連性（20％）	金融システム内の資産	6.67
	金融システム内の負債	6.67
	ホールセール調達比率	6.67
代替可能性の欠如（20％）	カストディ資産残高	6.67
	支払システムを通じて清算・決済される支払額	6.67
	債券・資本市場における引受額	6.67
複雑性（20％）	店頭デリバティブ想定元本	6.67
	レベル3資産残高	6.67
	トレーディング勘定および売却可能証券残高	6.67

（参考）　バーゼル委員会、グローバルなシステム上重要な銀行（G-SIBs）の選定指標に係るインストラクション（Instructions for the end-2013 data collection exercise of the Macroprudential Supervision Group）。

要因としての指標である規模、相互関連性、代替可能性の欠如、複雑性に基づき選定する。

(1) 追加資本要件：G-SIBsサーチャージ（高い損失吸収力の要件設定）

G-SIBsに認定された銀行は、資本サーチャージとして普通株等TierⅠで1.0～2.5％上乗せが必要になる。ほかにも別途、純損失吸収力（Total Loss-Absorbing Capacity、以下「TLAC」という）の維持（リスクアセット対比で16～18％）が追加される。

(2) 円滑な破綻処理（金融システムへの影響を抑制）

G-SIFIsは、納税者ではなく、秩序ある破綻処理ができるようその枠組みの設計を目的としたRRP（Recovery and Resolution Plan）[3]の策定、破綻処理のしやすさの評価（Resolvability Assessments）、危機管理グループの設置（CMG：Crisis Management Group）を求められることとなった。

金融危機では、政府が公的資金を投じて救済するというベイルアウト方式がとられ、納税者の怒りを買うことになった。これを受け、本来の銀行の債権者である銀行が発行している劣後債の保有者に損失を負担させる、ベイルインという方式が導入されることになった。ベイルイン方式には、以下二通り存在する。

① Going Concern（事業継続を前提とする）……一定の条件に抵触した場合には、ヘアカットまたは普通株式への転換をする。
② Gone Concern……PON（Point Of Non-viability）（実質的な破綻状態）において、ヘアカットまたは普通株式への転換をすること。この発行条件を「PON条項」と呼び、その他TierⅠの優先株以外の高い損失吸収力を有す

図表4－20 円滑な破綻処理（金融システムへの影響を抑制）

金融機関の実効的な破綻処理のための枠組みの主要な特性
・各国の破綻処理制度の改善（各国当局が有すべき破綻処理の権限を整理） ・G-SIFIs対象各社ごとに再建・破綻処理計画（RRP：Recovery and Resolution Plan）を策定 ・G-SIFIs対象各社ごとに破綻処理のしやすさを評価（Resolvability Assessments） ・G-SIFIs対象各社ごとに危機管理グループ（CMG：Crisis Management Group）を設置 ・破綻処理コストの負担方式としてベイルイン（債務者に負担を負わせる方式）を提唱

（参考） FSB資料に基づき作成。

---

[3] RRPはRCP（Recovery Plan）とRSP（Resolution Plan）で構成される。RCPは破綻処理が開始される前の段階で金融機関の回復を目指すもの。RSPは金融システムを保護する一方で、納税者の損失発生回避をしながら金融機関の破綻処理を行う指針。

る資本性商品には、①②双方のベイルインが発行条件に定められていなければならない。そしてTierⅠの優先株、TierⅡには②のベイルインが発行条件に定められていなければならない。

そのほかにもFSBでは、金融危機時にデリバティブが早期解約され、空いた穴の影響が派生し、被害が広がったことから、早期解約権行使の一時停止を定めるよう準備している。これを受け、各国当局やISDAはISDAマスター契約のプロトコルを策定し、すでに主要なグローバルバンクはこのプロトコルの採用に合意している。

日本では、2013年に預金保険法が改正され、預金保険対象の金融機関以外（保険会社、金融商品取引業者、金融持株会社等）に対しても金融機関の秩序ある処理（"resolution"）の枠組みの整備を求めることとなった。これにより預金保険対象の金融機関以外にも公的資金やベイルイン（Gone Concernベース）が求められることになった。なお、この"resolution"の実施可否を判断する際は内閣総理大臣の認定が必要となった。

2　TLAC（Total Loss-Absorbing Capacity）

2010年よりFSBによってG-SIBsに求める「円滑な破綻処理」施策の１つとして、G-SIBsが確保すべき「破綻時の損失吸収力」が検討されてきた。これはG-SIBsの破綻時に株主に加え、株主と債権者の両者により損失を負担させることを目的とすることである。

2015年11月、FSBは「グローバルなシステム上重要な銀行の総損失吸収力（TLAC）に係る最終的な基準」を公表した。これは金融機関の破綻時に、元本の消滅または株式転換により損失を吸収できる負債等から構成されるTLACについて、G-SIBsが保有すべき水準を設定する規程である。

(1)　TLAC適格債務

TLACには、バーゼルⅢ適格の自己資本を充てることが認められている。ただし、普通株式等TierⅠ（CET 1）以外の自己資本は破綻処理エンティ

ティ[4]（日本の場合持株となる可能性が高い）が発行したものである必要がある。なお、預金保険対象預金、デリバティブから生じる負債、デリバティブを組み込んだ仕組債などは除外となる（以下「除外債務」という）。

TLACの適格債務となるには以下の条件が課せられる。
・破綻処理エンティティが発行・維持したものであること
・グループ内部から調達したものでないこと
・債権の優先順位が除外債務より劣後すること（劣後要件の実現方法は複数存在）
・無担保であること
・残存期間が1年以上あること

(2) TLAC所要水準

G-SIBsには連結ベース（バーゼル規制資本＋TLAC適格債務等の合計）RWA（Risk-Weighted Asset）比16～20％以上の水準を段階的に実現することが求められている[5]。

また、バーゼルⅢのレバレッジ比率の分母対比では、第1段階は6％、第2段階は6.75％が求められた。

邦銀においては、預金保険制度の強靭性が勘案され、RWA比で2.5％またはそれ以上を算入可能としている（図表4－21）。

---

4 破綻処理エンティティとは、資産移転、債務削減等の破綻処理手段が適用されるエンティティを指し、日本の場合持株が当たる。
5 2019年1月の第1段階に16％、2022年1月の第2段階に18％、中国等新興国のG-SIBsは遅くとも第1段階が2025年1月以降、第2段階が2028年1月以降とされた。

図表4−21　TLAC所要水準概要

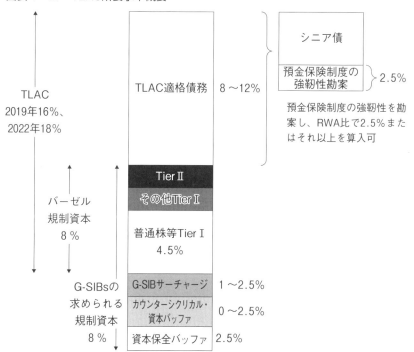

（参考）　FSB文書「Principles on Loss-absorbing and Recapitalisation Capacity of G-SIBs in Resolution Total Loss-absorbing Capacity（TLAC）Term Sheet」に基づき作成。

3　監督強化（連鎖破綻を回避するコアな金融インフラの強化）

(1)　Risk Data Aggregation（RDA）（実効的なリスクデータ集計とリスク報告に関する諸原則）

2013年1月にバーゼル委員会は、「実効的なリスクデータ集計とリスク報告に関する諸原則」（BCBS239）の最終版を公表した（図表4-22）。これによりリスクデータ、経営管理等の内部データの集計・報告について、「網羅

図表4－22　実効的なリスクデータ集計とリスク報告に関する諸原則

原則	内容
原則1 ガバナンス	銀行のリスクデータ集計能力とリスク報告実務は、バーゼル委員会によって確立されたその他の原則やガイダンスと整合性のとれた、強力なガバナンスの傘下に置かれなければならない。
原則2 データ構造とITインフラ	銀行は平常時のみならず、ストレス時や危機発生時においても他の諸原則を充足しつつ、リスクデータ集計とリスク報告実務を十分にサポートするデータ構造とITインフラをデザインし、構築し、維持しなければならない。
原則3 正確性と統合性	銀行は平常時およびストレス・危機時における報告の正確性に関する要求を満たすため、正確で信頼性の高いリスクデータを生成できなければならない。エラーの確率を最小限に抑えるため、データは大部分が自動化された基盤のうえで集計されなければならない。
原則4 完全性	銀行は、自行グループにわたるすべての重要なリスクデータを捕捉し、統合しなければならない。データは問題となっているリスクに応じて、ビジネスラインごと、リーガル・エンティティごと、アセットタイプごと、業種ごと、地域ごとなど、リスク・エクスポージャー、集中状況、新たに発生しつつあるリスクを特定できるようなグルーピングにて入手できるようにしなければならない。
原則5 適時性	銀行は正確性、統合性、完全性、適合性の諸原則を満たしつつ、リスクデータの合計と現在までの集計をタイムリーに生成できなければならない。具体的なタイミングは、計測されるリスクの性質や潜在的なボラティリティ、銀行の全体リスクプロファイルに対する重大性に依存して決められる。また、具体的なタイミングはストレス／危機時の両方において、銀行の性質と全体的なリスクプロファイルに基づき、銀行固有のリスク管理報告の頻度要件にも依存する。
原則6 適合性	銀行は幅広い範囲のリスク管理報告の一時的な要請に応じて、リスクデータ集計を生成しなければならない。それらの要請とはストレス／危機時の状況におけるもの、内部的なニーズ変化によるもの、当局からの問合せに対応するものなどが含まれる。
原則7 正確性	リスク管理報告は正確かつ詳細に統合リスクデータを伝え、正確にリスクを反映するものでなくてはならない。レポートは照合および検証されなければならない。

原則8 包括性	リスク管理報告は組織内のすべての重要なリスク分野を網羅しなくてはならない。報告の深さと範囲は、それを受け取る側の要請のみならず、銀行の業務のサイズや複雑さ、リスクプロファイルと整合的でなければならない。
原則9 明瞭性と有益性	リスク管理報告は明瞭かつ端的に情報を伝達するものでなければならない。報告は容易に理解できるものでなければならない。一方で、十分な情報に基づいた経営判断を促すべく、十分に包括的でなければならない。報告は受領者のニーズに即して、有益な情報を含まなければならない。
原則10 頻度	取締役会と経営上層部（もしくは他の受領者）はリスク管理報告を生成し、提出する頻度を設定しなければならない。頻度要件は、健全なリスク管理と銀行全体の効果的／効率的な経営判断に資するうえでの当該報告の重要性とともに、受領者のニーズ、報告されるリスクの性質、リスクが変化するスピードを反映しなくてはならない。報告頻度はストレス・危機時には増加されるべきである。
原則11 提出	リスク管理報告は守秘義務を確保しつつ、関連する当事者に提出されなければならない。
原則12 レビュー	監督当局は銀行の上記11原則の順守状況を定期的にレビューし、評価しなければならない。
原則13 是正措置と監督手法	監督当局は、銀行がリスクデータ集計能力とリスク報告実務における不備に取り組む場合、効果的かつタイムリーに是正措置を要求すべく、適切な手法とリソースをもち、使用すべきである。監督当局は第2の柱を含む一定範囲のツールを使える能力をもつべきである。
原則14 監督当局間の協力	監督当局は諸原則の監督とレビュー、是正措置の実施に関して、関連する他の法域の監督当局と協力すべきである。

性・包括性」と「適時性・適応性」の両立を担保した高品質かつ正確なデータ集計を要求されることになった。原則1～14につき、2013年より各国当局と経営上層部との協議が開始され、2016年までに適用することが求められている。なお、D-SIBs（国内のシステム上重要な銀行）についても、認定から3年後までの遵守が求められている。日本では、2014年1月に主要行等向け総

合的な監督指針の「Ⅲ　主要行等監督上の評価項目」におけるリスク管理の項目で、上記諸原則に関する事項が追加された。監督項目については当該諸原則で示されている内容をカバーし、ITインフラやプロセス、態勢の整備・改善に向けた取組みを進めることとしている。

(2) FSBデータギャップ対応

金融危機時においては、監督当局が利用するデータにギャップがあったことを受け、FSBがシステミックリスク回避のための評価・特定に必要となるデータ整備を行うことを目指すこととなった。特に大手金融機関の取引情報がとれなかったことがリスク管理の手遅れにつながったと問題視された。2011年10月、FSBは、市中協議文書「金融上の連関性の把握：グローバルにシステム上重要な銀行に対する共通のデータテンプレート」を公表した（図表4－23）。

G-SIBsは、FSBが提供する上記テンプレートに沿い段階的に報告することが求められた。

・フェーズ1（Existing data）……G-SIBsの最大カウンターパーティ、主要なリスクファクター（カウンターパーティの国・セクター等）へのエクスポージャー　2013年3月開始。
・フェーズ2（Funding & greater granularity）……G-SIBsの各金融機関への債務についての情報（最大の資金供給者への集中度合い、主な資金調達手段について評価することが目的）　2015年に開始。
・フェーズ3（Full template）……国・セクター・金融商品・通貨・満期によって分類された粒度が高く比較可能なバランスシートのデータ　共通データテンプレートを2015年に最終化し、2016年8月から定期的な報告を開始。

(3) LEI（グローバル取引主体識別子）

2012年6月、FSBは「金融市場のためのグローバルなLEI」を公表し、金融取引の実態把握を目的としたLEI（グローバル取引主体識別子）という、グ

図表4-23 FSBデータギャップに関するテンプレート

データ類型	データの概要	頻度
Institution to institution（対金融機関取引）	・カウンターパーティ・エクスポージャー（連結） ・（上位50先／8分類）	週次あるいは月次（3日以内に報告）
	・資金調達先（連結） ・（上位50先／調達手段／残存期間）	週次あるいは月次（3日以内に報告）
Institution to Aggregate（当該金融機関の国・セクター等への依存度を示すデータ）	・カウンターパーティ・エクスポージャー（連結） ・（国／セクター／金融商品／通貨／満期等）	四半期（4週間以内に報告）
	・資金調達先（連結） ・（金融商品／通貨／満期等）	四半期（4週間以内に報告）
構造的かつシステム上の重要性	・システム上の重要性に関する評価指標	年次あるいは四半期ごと
	・強靭性に関する指標 ・（収益、延滞、RWA、TierⅠ資本等）	年次あるいは四半期ごと
	・グループの組織体制に関する指標	年次
受動的データとアドホックデータ	・受動的データとは、前述の定期報告データの報告頻度や粒度を高めるもの	最低年1回、手順チェックを実施
	・アドホックデータとは、定期報告の枠組みに含まれないデータを指す	

（参考）FSB文書「Understanding Financial Linkages：A Common Data Template for Global Systemically Important Banks」に基づき作成。

ローバルに法人企業を識別できるIDの導入が方向づけられた。2013年にLEIの規制監視委員会（ROC：Regulatory Oversight Committee）が設立され、2014年にはLEIの情報の管理等に関する基準を管理する機関として中央運営機関（COU：Central Operating Unit）が設置された。

① LEIの特徴
・ISO17442で定義されている金融取引主体を特定するための識別コード。
・欧米ではすでに、店頭デリバティブ取引情報の規制当局への報告で、使用

が義務づけられている。
- 日本ではJPX（日本取引所グループ）がLEI指定機関としてサービスを提供している。
② LEIを付与する対象
- 金融商品の取引を行う当事者（法人、ファンド等）が対象、取引当事者ごとに指定される。
- 自然人は対象外。

G-SIIs（システム上重要なグローバル保険会社）とは

　2013年7月、保険監督者国際機構（IAIS：International Association of Insurance Supervisors）はシステム上重要なグローバル保険会社（G-SIIs：Global Systemically Important Insures）の選定基準を策定し、FSBに承認された。

　IAISは、その後2015年11月、選定基準の改定案、およびG-SIIs選定等

図表4-24　G-SIIs選定要件
【指標ベースの評価アプローチの概要】　　　　　　　　　　　　　　　　（単位：％）

カテゴリー（ウェイト）	個別指標	指標ウェイト
規模（5～10％）	総資産、総収入	各2.5～5
グローバル業務（5～10％）	母国外で得た収入、事業を行う国の数	各2.5～5
相互関連性（30～40％）	金融内資産、金融内負債、再保険、デリバティブ、ターンオーバー、レベル3資産	6.7～40
非伝統的・非保険業務（40～50％）	非保険契約者負債・非保険収入、デリバティブ取引、短期資金調達、金融保証、変額年金保険の最低補償、負債流動性	7.5～45
代替可能性（5～10％）	特殊なビジネスラインからの保険料	5～10

（参考）　IAIS市中協議文書に基づき作成。

にかかわる重要な概念である非伝統的保険・非保険（Non-Traditional Non-Insurance：NTNI）活動・商品に関する市中協議文書を公表した。G-SIIsに関するシステム上重要な評価方法として、5つの指標によるアプローチ方法を採用している。5つの指標に関してウェイトづけがなされており、スコア×ウェイトによる各金融機関のスコアを算出する方式となっている。

第 3 節

透明性・安定性の向上を目的とする規制

1 店頭デリバティブ規制

　金融危機時に、店頭デリバティブ取引を行っていた金融機関の破綻が他の金融機関に派生し、被害が拡大したことを受け、2009年9月のピッツバーグサミットにて、これまで相対で取引されていた店頭デリバティブ取引は、①取引所または電子取引基盤にて取引され、②中央清算機関（CCP）を通じて決済され、さらに③取引情報蓄積機関に報告されることが決定された。

　2011年11月のカンヌサミットでは、上記以外の中央清算されない店頭デリバティブ取引については証拠金規制を適用することが合意された。この規制は、通称、証拠金規制（マージン規制）と呼ばれており、2013年9月バーゼル委員会と証券監督者国際機構（IOSCO）が「中央清算されないデリバティブ取引に係る証拠金規制」の最終枠組みを公表したが、その後2015年3月、適用期限が2016年9月に延長された。

　米国では、2013年より適用が開始されており、欧州市場インフラ規則（EMIR）では、清算集中規制についてフェーズ1が2016年6月、その後フェーズ2が12月、フェーズ3が2017年6月、フェーズ4が2018年12月となる。

　国内では、金融庁が2016年1月、上記バーゼル委員会と証券監督者国際機構（IOSCO）とで合意した枠組みを国内規制とするために第二次証拠金規制（案）[6]を公表した。

　本規制の変動証拠金については、取引される想定元本の規模に応じて段階

---

[6] 第二次証拠金規制（案）は、2014年7月に公表した第一次証拠金規制案に対するコメントと2015年3月の導入時期延期を受けて取りまとめられた。

図表 4 −25　証拠金規制施行・適用予定

施行適用期日	変動	当初
2016年 9 月 1 日	420兆円超（注）	420兆円超
2017年 3 月 1 日	420兆円以下	―
2017年 9 月 1 日	―	315兆円
2018年 9 月 1 日	―	210兆円
2019年 9 月 1 日	―	105兆円
2020年 9 月 1 日	―	1.1兆円

(注)　グループ内の金融機関について、店頭デリバティブの想定元本が3,000億円未満の金融機関の監督指針の適用は2017年 3 月 1 日。

導入することが提案されている（変動証拠金は2016年 9 月から2017年 3 月にかけて導入、当初証拠金は2016年 9 月から2020年 9 月にかけて導入。図表 4 −25）。

中央清算されない店頭デリバティブ取引には、適用が免除される以下の取引が存在する（図表 4 −26）。

・対象取引は中央清算されない店頭デリバティブ取引であるが、当初証拠金に係る規制に関しては「現物決済型の外為フォワードおよびスワップ、通貨スワップの元本交換に付随する現物決済型の外為取引」が除外。
・取引当事者の一方が「金融商品取引業者等」に該当しない場合、あるいは信託勘定で経理される取引、同一グループ内の取引、取引当事者の一方もしくは双方における店頭デリバティブ取引の想定元本額が3,000億円（月平均）を下回る場合は適用外。
・当初証拠金に関する規制は、取引当事者の一方もしくは双方における非清算店頭デリバティブ取引の想定元本額（連結ベース）が 1 兆1,000億円（月平均）を下回る場合は適用外。
・一定のクロスボーダー取引には適用されない。

変動証拠金については、取引の時価変動に応じて日次で授受することとされている。ただし最低引渡額（MTA：Minimum Transfer Amounts、証拠金の額がそれ以下であれば証拠金の預託等を要求しない額）の設定が7,000万円を上

図表4－26　店頭デリバティブ規制概要

規制項目	対象取引	対象業者	施行日
取引情報を報告すること	すべてのデリバティブ取引	金融商品取引業者と登録金融機関	施行ずみ 2012年11月
中央清算機関（CCP）を通じて決済すること 国内の場合、日本証券クリアリング機構（JSCC）	・iTraxx Japanを対象とするインデックスCDS ・円金利スワップ	金融商品取引業者と登録金融機関 →順次適用範囲を広げる。保険会社は2016年12月1日から義務化 (注)　適用免除条件あり	施行ずみ 2012年11月
取引所または電子取引基盤に決済すること			施行ずみ 2015年9月
中央清算されない取引は証拠金規制を導入すること	中央清算されないすべてのデリバティブ取引が対象 (注)　適用免除条件あり		2016年9月から段階適用予定

（注）・当初証拠金に係る規制に関しては「現物決済型の外為フォワードおよびスワップ、通貨スワップの元本交換に付随する現物決済型の外為取引」が除外。
　　　・取引当事者の一方が「金融商品取引業者等」に該当しない場合、あるいは信託勘定で経理される取引、同一グループ内の取引、取引当事者の一方もしくは双方における店頭デリバティブ取引の想定元本額が3,000億円（月平均）を下回る場合は適用外。
　　　・当初証拠金に関する規制は、取引当事者の一方もしくは双方における非清算店頭デリバティブ取引の想定元本額（連結ベース）が1兆1,000億円（月平均）を下回る場合は適用外。
　　　・一定のクロスボーダー取引には適用されない。
（参考）　金融庁資料に基づき作成。

限として認められている。

　当初証拠金については、潜在的損失等見積額としてデリバティブ取引相手がデフォルトした場合に潜在的損失をカバーできる金額の見積りを指す。当初証拠金は"標準的方式"または"内部モデル手法"（"定量的計算モデル"ともいう）のいずれかで算出する。また当初証拠金の授受はグロスベースで行うこと、担保資産を再担保や貸付することは原則的に禁止されている。当初証拠金についても最低引渡額（7,000万円上限）やスレッショルド（信用極

度枠) が認められている。

2　シャドーバンキング規制 (最終化待ち)

　シャドーバンキングとは、FSBにより「通常の銀行システム外の主体または活動による仲介システム」と定義されている (図表4－27)。金融危機後、規制改革は、銀行を対象としたものから進められてきたが、銀行への取締りを厳しくすればするほどシャドーバンキングへシフトし規制を回避しようとする流れが生まれるおそれがあり、事実、金融危機後、ヘッジファンドやマネーマーケットなどのシャドーバンキングの規模は緩やかに拡大している。そこでFSBが2011年10月の報告書「シャドーバンキング：規制と監督の強化」において提言を公表し、5つの要対応項目をあげ、ワークストリーム (WS：作業部会) を立ち上げて規制上の対応を検討することになった (図表4－28)。

　2015年12月、バーゼル委員会は、市中協議文書「ステップイン・リスクの特定と評価」を公表した。ステップイン・リスクとは銀行が、契約上の義務を超えて、ストレス時にシャドーバンク等の事業体を支援せざるをえなくな

図表4－27　シャドーバンキングの定義

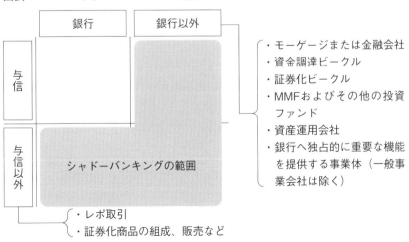

図表4-28 シャドーバンキング規制にかかわる国際的な議論の枠組み

規制類型	WS	目的	直近の提言事項	
銀行とシャドーバンキングエンティティとの関係に対する規制	1	銀行のシャドーバンキングへの関与(シャドーバンキング向けエクスポージャー)の拡大等がもたらすリスクの抑制	・ファンド向け出資の自己資本規制上の取扱い ・大口与信規制対応	BCBS最終規則文書公表 ・銀行の「ファンド向け出資(2013年12月)や大口エクスポージャーに関する規制文書(2014年4月)
マネーマーケットファンド(MMF)に関する規制	2	MMFの大量解約によって生じうるCPやレポ市場の流動性逼迫の抑制	・基準価格を算出する際に、固定的基準価額方式でなく、変動基準価額方式を採用(組み込まれた証券を市場価格などの公正な価格で評価すること) ・解約リスクを抑制するための措置を講ずること	2012年10月IOSCO最終報告書公表 ・MMFに関するシステミックリスクを削減するための政策措置を提言
その他シャドーバンキングエンティティの規制	3	MMF以外の「その他シャドーバンキング主体」に特有のリスクへの対応	MMF以外の「その他シャドーバンキング主体」に特有のリスクの査定(データ収集・モニタリング等)と政策措置	2013年8月FSB最終報告書 ・MMF以外の多様なシャドーバンキング主体のリスク把握のための政策措置を提言
証券化の規制	4	証券化商品の組成による不適切なリスク移転の防止等	・リスク・リテンションの導入(証券化商品組成者に対するインセンティブづけ) ・情報開示等を提言	2012年11月IOSCO最終報告書
証券貸借およびレポの規制	5	レポ取引等に付随するシステミックリスクの抑制	・ヘアカット率を算出する際の定性的な基準の設定 ・銀行等からノンバンクへ資金供給する際の最低ヘアカット率の導入	2014年10月FSB報告書公表 ・レポや証券貸借から生じるシステミックリスク抑制の政策措置を提言

(注) MMF以外の点に関しては、FSBとIOSCOはNBNI G-SIFIsの検討とあわせて規制検討を実施。
(参考) 日本銀行資料に基づき作成。

るリスクを指す。金融危機時に、銀行が契約上の義務を超え、コンデュイット、ストラクチャード・インベストメント・ビークル（SIV）、MMF等を支援する事例が欧米で多くみられたという。これらの事業体は、銀行との資本関係もなく、会計上の連結対象でもなかったが、最終的に銀行のバランスシートに吸収された。この経験を経てバーゼル委員会では、ステップイン・リスクを特定する指標とリスク評価をするための２つのアプローチを提示した。１つはあらかじめ連結対象としてバランスシートに組み込むというアプローチであり、もう１つは、当該事業体の総資産に一定の掛け目（Conversion rate）を乗じて、信用リスクのエクスポージャーを算出し、自己資本比率計算の分母に含めるという資本賦課アプローチである。

　主な指標は、以下のとおり。
・スポンサー関係（流動性枠等の信用供与、意思決定権限）
・重要な影響力
・外部格付への支援の織り込み
・独占的に重要な機能を提供
　補助的指標は以下のとおり。
・ブランドの使用
・投資家と銀行の顧客の重複
・銀行への経済的依存（ストレス時に銀行以外からのサポートが想定されるか）
・過半のリスク・リワードの有無
・資金調達の依存度等

　なお、日本では金融商品取引法第39条（損失補てん等の禁止）によってステップインが禁止される可能性があるため、その場合ステップイン・リスクが消滅しているとみなされるかもしれない。またアセットマネジメントやファンドについては市場への影響等を考慮し、慎重な取扱いが必要との認識をバーゼル委員会はもっている。

第 4 節
その他諸外国の規制
（ボルカールール、外国銀行規制など）

1 米国金融規制（ドッド・フランク法）

　米国にて金融危機後2010年 7 月に米国の金融規制改革に関する「ドッド・フランクウォール街改革及び投資者保護法（"Dodd-Frank Wall Street Reform and Consumer Protection Act"）」（以下「ドッド・フランク法」という）が成立した。本規制の主なポイントは、以下のとおりである。
① 　システミックリスク・レギュレーターの設置……「金融安定監督カウンシル」を設置し、FRBの監督下に置かれるシステム上重要な「ノンバンク金融会社」を特定。FRB財務長官を議長とする。
② 　Too Big To Failを終わらせるための諸施策……SIFIsへの自己資本、レバレッジ、流動性、リスク管理等の導入、破綻処理計画の策定、預金保険公社（FDIC：Federal Deposit Insurance Corporation）による秩序だった清算手続の導入、ボルカールールの採用。
③ 　店頭デリバティブの透明性の強化……証券取引委員会（SEC）および商品先物取引委員会（CFTC）による店頭デリバティブの規制化、店頭デリバティブ取引の中央清算機関集中、取引報告義務、中央清算しないデリバティブ取引に対するマージン規制、銀行本体からのスワップ業務の分離（スワップ・プッシュアウト）。
④ 　ヘッジファンド規制……証券取引委員会（SEC）へヘッジファンドの投資顧問登録、取引およびポートフォリオに関する情報提供要求。
⑤ 　格付機関規制……格付機関に対するガバナンスの改善、情報開示要求、格付機関の法的責任の強化。
⑥ 　証券化に関する規制……定量保有義務（証券化商品の売り手に対する最低

図表4－29　ボルカールール概要

対象	① 預金保険の対象となる預金の取扱金融機関（insured depository institution） ② 上記①を支配する会社 ③ 1978年国際銀行法（International Banking Act of 1978）8条によって「銀行持株会社」として取り扱われる会社（※） ④ これらの会社の子会社・関連会社（affiliate or subsidiary） （※）米国内に支店や代理店を有する米国外の銀行グループも対象	
規制内容	自己勘定取引の禁止	トレーディング勘定のために、株式、債券、オプション、コモディティ、デリバティブ、その他の金融商品の購入、売却または取得、処分を禁止。 （例外） ・トレーダーが自己勘定取引に対する報酬というかたちで支払を受けないことを条件に、銀行のマーケットメーキング（値付け業務）、引受業務 ・顧客のリスク回避のためのヘッジ取引 ・米国の国債や政府機関債、地方債のほか、外国銀行の在米拠点における外国国債の債券取引
	「ヘッジファンド、プライベートエクイティファンド」に対する投資	銀行が個々のヘッジファンドやプライベートエクイティファンドの総資産の3％以上の出資を行うことを禁止 （適用除外とされたファンドの一部） 外国公募ファンド 完全子会社 ジョイント・ベンチャー 買収ビークル 外国年金・退職ファンド 保険会社の分離勘定 銀行保有の生命保険 ローン証券化等

5％の信用リスクの保持）、原資産の開示。

⑦ 役員報酬・コーポレートガバナンスの改善……役員報酬について拘束力のない株主投票の導入、インセンティブ報酬規制、独立した報酬委員会の

設置。

⑧ 消費者や投資家の保護……金融分野の消費者保護の仕組みを一元化し、FRBに「消費者金融保護局」を設置。

2013年12月、ドッド・フランク法の中核をなすボルカールール619条の細則が発表され、FRB、FDIC、証券取引委員会（SEC）、商品先物取引委員会（CFTC）、通貨監督庁（OCC）にて承認された。

ボルカールールとは、銀行による自己勘定取引を制限し、デリバティブやファンド、商品先物の取引の規制、金融機関の大規模合併の禁止等を規定している（図表4－29）。

最終ルールは、2014年4月1日に施行され、2015年7月より適用されている。

2　外国銀行規制（ドッド・フランク法165条）

2014年2月、FRBはドッド・フランク法165条の米国内外の外国銀行（FBO：Foreign Banking Organization）に対する規制・監督ルールを公表した。米国内非支店資産500億ドル以上の外国銀行は、米国会社を統括する中間持株会社（米国IHC）を設立し、米国の持株会社と同等の自己資本要件（自己資本の充足、自己資本ストレステストの実施、資本計画の策定）、流動性要件（流動性管理、流動性ストレステストの実施、流動性バッファの保持等）を求めることとした。本規制は2016年7月より適用されている（図表4－30）。

図表4-30　金融規制改革の概要（各国規制）

国	規制
米国	・ドッド・フランク法：ボルカールール ・ドッド・フランク法：健全性（プルデンシャル）規制 ・ドッド・フランク法：外国金融機関（FBOs）規制 ・ドッド・フランク法：インセンティブ報酬規制 ・FATCA（外国口座税務コンプライアンス法） ・ドッド・フランク法：破綻処理制度（RRP） ・ドッド・フランク法：店頭デリバティブ規制 ・ドッド・フランク法：外国送金に関するルール
欧州	・EMIR（デリバティブ規制） ・空売り規制 ・AIFMD（オルタナティブ投資ファンド指令） ・信用格付規制 ・CRD（資本要求指令） ・CRR（資本要求規制） ・金融取引課税 ・MiFID（金融商品市場指令） ・UCITS（譲渡可能証券の集団投資事業指令） ・リーカネンレポート（銀行業務分離） ・ベンチマーク算定プロセスの原則 ・個人情報データ保護規制
イギリス	・リテールリングフェンス（銀行業務分離） ・LIBOR改革
香港	・店頭デリバティブ規制
シンガポール	・店頭デリバティブ規制

第5章
市場系パッケージシステムを取り巻く環境の未来予想

本章では、金融危機を経て順次整備されている各種規制や政府が打ち出した方針等が、金融機関を取り巻く環境に今後どういった影響を及ぼす可能性があるかについて予想し、さらにそのなかで市場系パッケージもしくはその周辺システムでの対応が求められる機能について解説する。

第1節 ビジネス変化予測（概要）

　自己資本比率の強化を目的としたバーゼルⅢの各種規制（図表5−1左上）は、規制対応が求められる金融機関に対し、資本コスト増加、商品のシンプル化、リスク管理の複雑化といった課題を与え、今後数年の間にこれまでの金融機関の行動を大きく変化させると思われる（すでに一部変化が起きている）。たとえば、これまで業界をリードしてきた大手金融機関は、資本コストを圧縮するために、資本をより必要としないビジネスへ転換し、自己勘定取引業務、マーケットメイク業務、クリアリング業務などを敬遠するようになると思われる。その結果、市場の取引ボリュームが減ることでマーケットの厚みがなくなり、プライスの動きが不安定になることが想定される（図表5−1右上）。一方、これまでマーケットをリードしてきたメガバンクや大手証券会社のかわりにバイサイドの企業が台頭してくる可能性がある。また、かつてカウンターパーティリスクをCVAリスクとしてプライスに加味したように、金融機関に重くのしかかる資本コスト負荷は、取引手数料等にのせられ、そういった側面からも市場取引ボリュームの減少が懸念される。

　自己資本比率規制以外に影響が大きい規制としては、店頭デリバティブ規制やカウンターパーティリスク管理規制（図表5−1左上）があげられる。店頭デリバティブ規制によりスワップ等中央清算される取引が増加し、これまでの市場系バック業務はより標準化されるとともに高度化されていくと思われる。商品もCDS、金利スワップにとどまらず、通貨スワップやオプショ

ンに広がる可能性もある。そしてバック業務の高度化のためにシステム・人材に投資する企業もあれば、高負荷な業務を外部へ切り出すという選択（アウトソース）をする企業も増えると思われる。

RDAやデータギャップなどのリスク報告実務にかかわる規制（図表5－1左中央）は、他の規制とは異なるポジティブなインパクトを金融機関に与えるとみている。G-SIBsが本規制の対応をするために膨大な時間とコストを費やしたことには違いないが、この巨大なデータベースはデータマネジメントとセットで対応されているため、ゴミのようなデータではなく、鮮度のよい生きたデータである。さらにこのデータは、リスク管理と一体で運営される経営管理や、デジタルマーケティングのためのビッグデータ分析に活かすことができる。数年前と比較し、ビッグデータの統計解析や人工知能（以下「AI」という）の技術は飛躍的に進化したため、デジタルデータはビジネス戦略を推し進めるための"武器"になる。

アベノミクスによる成長戦略や日銀による金融緩和政策（図表5－1左下）は一部効果が出ている施策もあるが、マイナス金利は金融機関の成長を大きく鈍化させている。住宅ローンの借換えや不動産ビジネスの活性化という目先の変化はあるものの、欧州等に倣えば次は政府による債券購入が開始され、社債市場に影響が起きる可能性がある。

規制等ネガティブな印象のテーマが多いなか、コーポレートガバナンス向上に向けた取組み（コーポレートガバナンスコード・スチュワードシップコードの対応）（図表5－1左下）は日本の経営環境のみならず株式市場を活性化させるポジティブな規制といえる。資産運用規模が拡大することで恩恵を受けやすいバイサイドは、セルサイドと異なり収益の伸びが予想される。投資家からの即時取引の需要が増加する傾向にあり、バイサイドはこれまでのマーケットのメインプレーヤーにとってかわるかもしれない（図表5－1右下）。

技術革新（図表5－1中央下）については、FinTechがゲームのルールを変える（Fintech as a game changer）とばかりに世界は金融ビジネスをデジタル化しようとしている。その代表例が銀行間決済網を利用しない決済や銀行を利用せずに融資をするクラウドファンディングなどであるが、これらは

図表5-1 ビジネス変化予測関連図

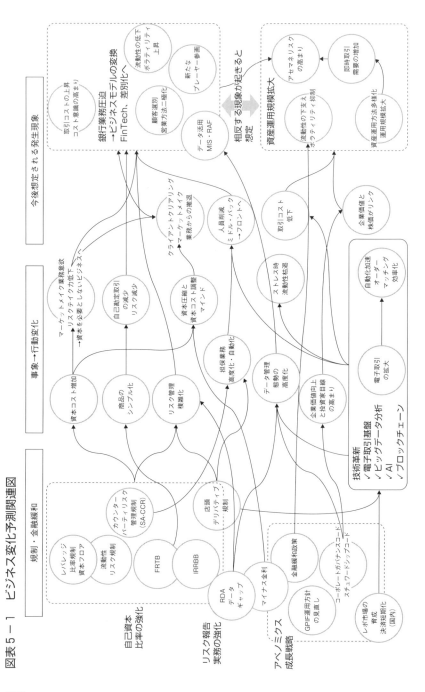

図表5-2 ビジネス変化予測関連図（システム影響付き）

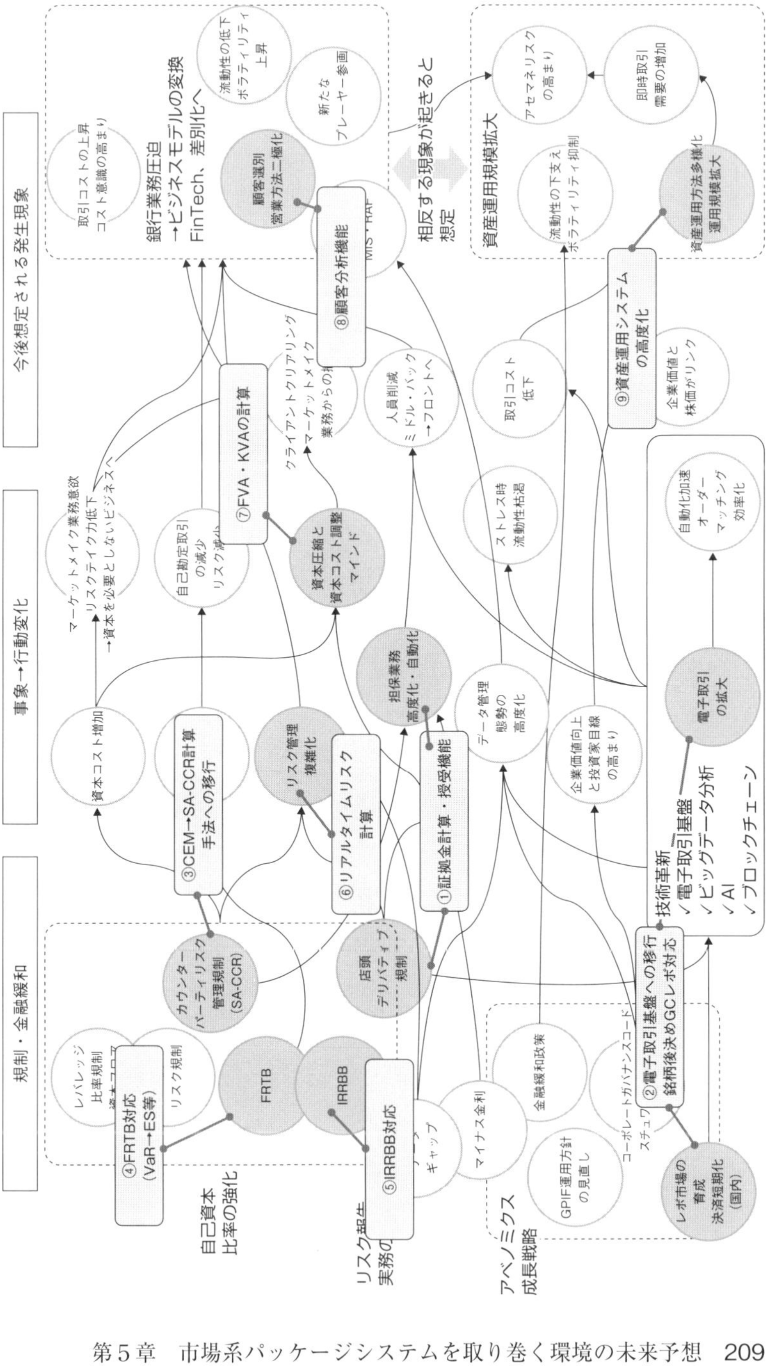

第5章 市場系パッケージシステムを取り巻く環境の未来予想

脱銀行を促進する流れであり、金融機関にとっては脅威でしかない。一方で、金融機関は規制対応で取扱いが加速する電子取引基盤の活用やビッグデータ分析とAIを活かした投資予測、取引の自動化といったことを検討し始めている。

　図表5－2では、このビジネス変化予測関連図（図表5－1）のうち、特に市場系パッケージおよび関連システムに影響があると思われるバルーンに対して網掛けし、コメントをつけている。

第 2 節

ビジネス変化予測（テーマ別）

本節では、ビジネス変化の予測をテーマ別に解説するとともに、さらにシステム影響が発生すると思われるテーマについては具体的にどういったシステム機能が求められるかを想定している。

 ビジネス変化

 システム変化

1　マーケットメイク・クリアリング業務からの撤退

 ビジネス変化

　レバレッジ比率規制における現行の暫定措置では、TierⅠにリスクウェイトを掛けないそのままのエクスポージャーで割った割合が3％以上となることが求められるため、金融機関は抱えている資産の想定元本（エクスポージャー）をできるだけ圧縮しようとする動きに出ると思われる。たとえば流動性の高い債券を担保にして現金を受け取る現担レポの保有を減らす可能性がある。また商品ではないが、クライアントクリアリング業務については2016年7月現在、BONY（the Bank Of New York）、State Street、RBS（Royal Bank of Scotland）、野村證券がすでにクライアントクリアリング業務からの撤退を表明している。またゴールドマン・サックスは、レバレッジ比率規制の影響を受け、クライアントクリアリングの手数料を上げるという。これは顧客から現金担保を受け取るクライアントクリアリング業務は、クライアントから預かる現金担保も、エクスポージャーに含まれてしまう可能性があるからだと思われる（規制の最終化待ち）。

マーケットメーカーは市場の流動性を供給するために欠かせない存在だが、規制の影響を受けクリアリング業務同様、欧州系の金融機関がプライマリーディーラーから撤退し、資本やバランスシートがふくらまない取引に移行してきている。このマーケットメーカーによるリスクテイク力の低下は、リスク許容に対するコスト意識の高まりにつながるため、結果的に取引コストが上がることを意味する。こういったマーケットメーカーの減少や取引コストの上昇により取引量が減ることが想定される。加えて取引量が枯渇し、マーケットに厚みがなくなると市場混乱時にポジションがクローズできなくなるおそれがあるため、市場のボラティリティが上昇し、マーケットの価格が乱高下するリスクが高まることになる。

マーケットメーカーとクリアリングブローカー

　マーケットメーカーとは、売値と買値のプライスを提示するブローカーを指す。バイサイドはマーケットメーカーと取引を行い、清算等についてクリアリングブローカーへ委託をする。クリアリングブローカーは清算会員の資格をもっており、顧客の委託に基づき清算取次を行う。通常マーケットメーカーとクリアリングブローカーは同一になることが多い。これはバイサイドからみた際のサービスを分断なく提供できることが差別化につながるからである（図表5－3）。

2　選別される顧客と新たなプレーヤー　ビジネス変化

　トレーディング業務におけるコスト意識の高まりは、収益性の高い顧客とそうでない顧客とを選別する傾向を加速させる。たとえば、収益性の高い大口顧客に対しては、レポートの提供やアドバイスが行われ、収益性の低い顧客に対しては、中小の金融機関もしくは金融機関以外が対応する、あるいは電子取引を利用してもらうといったことになると思われる。金融機関への規

図表5－3　マーケットメーカーとクリアリングブローカー

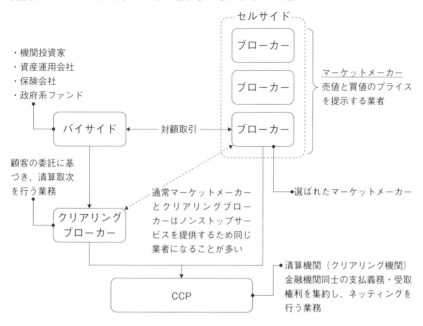

制が強まれば強まるほど、その業務は金融機関以外へシフトすることが予想される。ノンバンクであるにもかかわらず、欧州のLCHクリア（LCH Clearnet Ltd）に直接参加し、クライアントクリアリング業務に参入したCitadel証券がその先駆けである。Citadel証券は、スワップ電子取引（Swap Execution Facility）基盤上でのマーケット業務を開始し、取引数をあげ、その流れからクライアントクリアリング業務に参画した。Eurexはバイサイドが直接参加できる仕組み（クリアリングブローカーなしで直接CCP接続する仕組み）の検討を始めた。これはクライアントクリアリング業務を担う銀行が減ったからである。またスワップクリアリングチームをスピンアウトし、別会社を設立することを検討している金融機関も存在するという。UBSでは、エージェントモデルのビジネスを開始した。これは顧客からのオーダーを自らが受けるのではなく、他の顧客を紹介するという手数料ビジネスである。これによりバランスシートを増やさずに取次業務のみで収益を得ることができる。

シャドーバンキング規制は存在するものの、規制の影響を受けないノンバンクやバイサイドがかつての銀行が主とした業務に今後ますます参入し、新たなプレーヤーになる時代が来るかもしれない。

3　顧客分析機能（システム） システム変化

顧客を収益性によって選別するためには、顧客別収益管理機能や営業支援機能を強化し、顧客によって取引形態や提供サービスを変えていくことができるシステムが求められることになる。必ずしもこの機能は市場系システムでカバーするべき範囲ではないかもしれないが、顧客別収益・コストを算出する元データはいずれにしても市場系システムから受け取る必要がある。あるいはRDA等の規制対応ですでに構築した統合データベースを活かす手段もある。また後述する店頭デリバティブ規制で求められることになった取引報告の情報をうまく活用できれば、取引判断に活かすのみでなく、顧客の特性を分析し、潜在顧客を導出するといったAIを応用した機能も市場系の分野で活用できる可能性もある。

4　取組商品への影響──プレーン商品かエキゾチック商品 ビジネス変化

レバレッジ比率規制の対応が本格化すれば、資本を積む必要があるため、想定元本を増やすようなプレーンな商品への取組みを避けるようになる。たとえば国債やレポの保有は下がるだろう。一方、QIS（Quantitative Impact Study：定量的影響度調査）の結果では、FRTB（Fundamental Review of the Trading Book：トレーディング勘定の抜本的見直し）の導入により所要自己資本額は4～5倍になるともいわれている。2016年1月の「マーケット・リスクの最低所要自己資本」では、なんらかのオプショナルが存在する取引に対して追加資本賦課が求められることになった。これを受け、特にエキゾチックオプションに係る残余リスク（Residual Risk Add-on）が所要自己資本額を

押し上げる。つまりFRTB規制でエキゾチックな商品に対する追加資本がプレーンな商品よりも求められることになることを意味する。レバレッジ規制はプレーンな商品を避け、FRTBではエキゾチックな商品を避けるということは、結局トレーディング商品のいずれにも影響が出ることを意味し、結果、全体的にトレーディング商品の流動性は下がることになる。

　では、純粋な銀行業務である預金、融資はどうなるのだろうか。流動性規制（LCR）により銀行は、抱える預金に応じて適格流動資産をもたなければならなくなった。たとえば、事業法人からの預金の場合は流出率（掛け目）40％、金融機関からの預金は100％の流出率を見込むことになるため、流出率の高い預金を抱えれば抱えるほど、適格流動資産となる現金や国債を積まなければならない。一方、これによりバランスシートがふくらむと、レバレッジ比率規制では資本増強を求められることになる。加えて、適格流動資産である国債は銀行勘定の金利リスクにつながるが、IRRBBの規制によりアウトライヤーの規制を超えないように厳格に管理する必要がある。また、各行が抱える金利リスクは開示基準に沿って開示しなければならなくなった。国債の保有率がイギリスやドイツよりも高い邦銀の開示が対外的にどのように映り、どのように経営に影響するかはIRRBB適用後の2018年以降にみえてくると思われる。

　加えて、2016年1月に導入されたマイナス金利政策により、銀行が預金や国債を保持するメリットはさらに少なくなっている。一方、融資はマイナス金利の影響を受け、貸出金利が下がり、需要が伸びることが想定されるが、利鞘は少ない。バーゼル委員会では市中協議文書「信用リスクにかかる標準的手法の見直し」の最終化を進めており、内部格付手法に対しても標準的方式に基づく資本フロアの適用が提案されているため、貸出債権に対する資本コストの増大は避けられないと思われる。

　今後の中央銀行の金融政策次第ではあるが、規制対応による資本コストばかりを積み増すことが強いられている銀行の未来は、決して明るくはない。銀行には社会にお金を流通させるためだけの社会インフラ的役割のみが残されることになるかもしれず、そうなると銀行がすべて国有化されるという事

態になってもおかしくはない。

5　FRTB対応（システム） 🖥 システム変化

現在対応が求められている規制対応で、最もシステム影響が大きいのはFRTBではないかと思われる。また、システム対応のみならずトレーディングデスク等体制の見直しや内部モデルの承認を得るためのトレーディングデスク単位の検証プロセスの整備、モニタリング態勢の整備なども行う必要があるため、検証やモニタリングにかかわるシステム機能も準備する必要がある。

以下システム影響が発生する箇所について列挙する。

(1)　ESへの切替え

内部モデル方式については、VaRでの計測からESの計測に切り替える必要がある。

(2)　市場流動性を考慮した計測の適用

これまでは保有期間を10日間で計測していたが、流動性ホライズンの導入によりリスクファクター別に流動性ホライズン（5種類）を用い何度も計算を繰り返す必要がある。

(3)　デフォルトリスクの計測

ソブリン、株式、クレジット関連の商品を対象に信用VaRによる計測手法を確立させる必要がある。かつそれは銀行勘定の信用リスクの内部格付手法と整合をとっていかなければならない。

(4)　標準的方式による計測義務化

内部モデル方式を選択したとしても、標準的方式においても計測を行わなくてはならない。標準的方式は最終化していないが、複雑なモデルになるこ

とが想定されている。

6　IRRBB対応（システム）　システム変化

　IRRBB対応は、結果的に、1柱案と2柱案のうち、2柱案が採用されることになった。しかし、1柱案の標準的方式に基づく金利リスク量の計算結果を開示することが求められているため、1柱案による金利リスク量計測の手法をシステム化しておく必要がある。主だった必要機能としては、銀行勘定のポジションの振分け機能（標準的なポジション、標準化のむずかしいポジション等）、キャッシュフロー予測機能、最大損失発生シナリオを用いたリスク量計算機能となる。

7　電子取引基盤の普及　ビジネス変化

　店頭デリバティブ規制で定められた店頭デリバティブ取引を対象とした電子取引基盤の利用は、これまで為替や株式にとどまっていた電子取引基盤の普及スピードを間違いなく加速させる。すでに米国では、電子取引基盤上（SEF）でのスワップの取引が70％を超えたという。BloombergやTradewebなどがシェアを高めているが、日本企業の名前はまだ登場していない。国内の債券取引については、日本証券業協会（JSDA）が2017年度実現に向けて国債取引（アウトライト取引[1]）の約定から決済までの期間を2日から1日に短縮化する検討（T＋1）が進められている。この短縮化を実現するためには、事務も迅速化、効率化を図る必要があるため、それを実現するために債券取引の電子化の流れは加速的に進むと思われる。短縮化が進められるのは債券のアウトライト取引のみではなく、アウトライト取引の資金過不足を調整するためのGCレポ取引[2]のT＋0決済が必要となるため、レポ取引執行や

---

[1]　アウトライト取引とは、通常の債券売買取引を指し、買戻しや売戻しの条件をもたないもの。

図表5－4　決済短縮化（T＋1）移行のイメージ

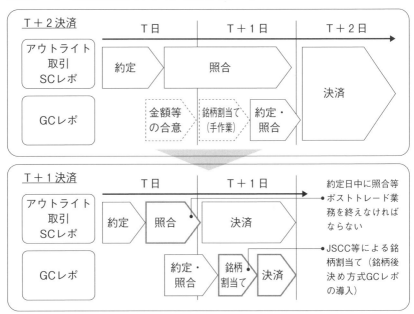

(参考)　日本証券業協会資料に基づき作成。

レポ取引に欠かせない担保管理の電子化も進むことになる（図表5－4）。

　ディーラーにとっても、電子取引基盤を利用することでクォートやヘッジを自動化することができるため、マーケットメイキングの効率性を高めコストを削減することができる。また顧客の反応やアクションについて、電子取引基盤を通してモニタリングすることができるようになる。結果、バイサイドにとっても執行から決済まで自動化されることで即時取引が可能となり、相対取引よりも取引コストが下がるというメリットがある。また、以前はプライマリーディーラー1社に担当を依頼していたものが、電子取引であれば複数の電子トレーディングシステムに分散することができる。

　一方、電子取引のデメリットは、市場にストレスがかかった際に、ディー

2　GCレポ取引（General Collateral）とは、資金の調達、運用を主目的とするレポ取引であり、主に証券会社など大手ディーラーや信託銀行が取り扱う。一方、SCレポ取引（Special Collateral）とは、債券の調達、運用を主目的とする取引を指す。

ラーが一斉にプライスをバックし、執行ができなくなるリスク、つまりストレス時の流動性の枯渇、ボラティリティの上昇を招くおそれがある点である。電子取引が浸透している株式や為替では、すでに不可解な変動が発生することがある。

8　電子取引への移行と銘柄後決めGCレポ対応（システム）　システム変化

　国債の決済短期化ルールが施行されるまでに、債券取引についても<u>電子取引への移行</u>がプロセス効率化のために求められることになる。そのため電子取引基盤と接続したシステムの構築、体制、プロセスともに整備しておく必要がある。レポ市場においては、銘柄後決めGCレポが導入されることになる。これは銘柄が決まっていない状態で取引指図を行い、決済直前に中央インフラとなる日本証券クリアリング機構（JSCC）が在庫銘柄から国債の割当てを行い決済する取引である。よって<u>銘柄が決まっていなくても取引執行ができる機能</u>が必要である。GCレポは、現在レポ取引で主流となっている現担レポ（現金担保付債券貸借取引）ではなく、新現先方式となるため、契約の整備や取引先との調整も必要になる。加えて、現在、最も大きなシェアを占める現担レポが完全になくなることはないと思われるため、システムでは新現先のための機能と現担レポの機能両方を備える必要が出てくる。ただし第3章で説明したとおり、新現先の機能をパッケージでは標準として備えているケースが多い。

9　証拠金規制対応とレポーティング分析機能（システム）　システム変化

(1)　証拠金規制

　多くの金融機関において、電子取引基盤での取引、CCP決済等のシステム

対応は完了していると思われるが、中央清算されない取引を対象とした証拠金規制への対応についてはまだ完了していない金融機関も存在する。ただ、証拠金規制は、中央清算されない取引についても、中央清算される場合と同様の機能として<u>拠出している証拠金計算や清算基金の最適化等の機能</u>が必要となるだけなので、中央清算される、されないの違いを意識せずにシステムを構築していれば大きな影響はないかもしれない。

　内部モデルを適用する銀行は、マージンコールの正確な計算や各種担保管理に係る業務（独立担保額、当初証拠金、変動証拠金の算出、報告等）を行う独立した組織の設置が義務化された。この組織では、これまでの担保管理業務以外にも正確なマージンコールの算出のためのデータの整合性の確保や、担保の再利用と提示した担保の見返りとして受け取った権利の状況の把握、担保資産の集中状況の把握等も行う。そしてマージンコールの頻度も現在よりも上がると思われる。以前までは担保管理というバックオフィスの機能には高度な計算機能は求められてこなかったが、先述したようにいくつかのベンダーはバイサイド向けにウェブベースでの担保管理システムの提供を始めており、今後、担保管理は可能な限り標準化され、自動化されることになるであろう。それだけ自社で開発するというよりも標準のパッケージを適用することに特に適した業務になるといえる。ただし担保計算を行うには、レート情報や取引明細情報を流し込む必要があるため、担保管理機能のみを別パッケージやアウトソースに切り出す場合であっても、フロントから登録した取引明細情報や情報ベンダーから配信されるレート情報をインターフェースし、担保管理パッケージで算出し、その結果を元に戻す仕組みが必要になる。

(2) 取引報告を利用した分析機能

　店頭デリバティブ規制では、取引情報を当局等（日本では当局か取引情報蓄積機関（TR）、米国ではSDR（Swap Data Repository））に報告するというルールが義務づけられ、すでに適用されている。ディーラー間取引の場合は、遅くとも15〜30分以内に報告せよと定められているのが米国（ドッド・フラン

ク法）であり、EUは取引締結後１営業日以内、日本はTRへの報告は取引成立から３営業日以内、金融庁への直接報告は翌週の３営業日以内と比較的長めである。米国においては、この<u>リアルタイムレポーティング</u>ともいえる、情報を分析する業者が登場し始めたようであり、日本においても電子取引が進めば、リアルタイムレポーティングが主流となる可能性がある。そういったときに備え、<u>収集した情報を分析し顧客に還元する、投資予測する機能</u>などがあればビジネスに活かすことができる。

10　担保管理の高度化　　ビジネス変化

　カウンターパーティリスク管理規制は、他規制同様、資本コストに多大な影響を与える。特にSA-CCRは現行のカレント・エクスポージャー方式（以下「CEM」という）よりも算出方法が複雑であり、加えてSA-CCRは2018年より導入されるレバレッジ比率の分母となるオフバランス（デリバティブ）のエクスポージャーの算出方法にも影響を及ぼすこととなる。日本では、CEMの利用が中心であり、無担保取引であってもクレジットコストを織り込む慣習ではないため、本規制の影響により資本コストが上昇する可能性が大きい。加えて、SA-CCRではエクスポージャーをフルヘッジする担保だったとしても、その効果は100％までは認められない。

　一方、カウンターパーティリスク管理規制や証拠金規制により店頭取引に係る担保取引のプロセスや仕組みは標準化され、電子化され、さらに近い将来には、自動化されると考えられる。それは人による作業が将来的に不要になることを意味する。

　東京金融取引所（TFX）は、地銀や生保などの金融機関のように担保事務に人やリソースを投下してこなかった企業をターゲットにした担保管理サービスの提供を検討し始めているという。このほかにも海外では、マージンコールのメッセージングシステムで有名なAcadiaSoft社やコンプレッション、ポートフォリオ照合サービスで有名なTriOptima社、およびEuroclear、DTCC、その他銀行13行と共同で担保管理プロセスのサポート

（証拠金の計算や照合）を行うシステムを開発するという。システムのみならず担保管理業務自体を請け負う企業が現れるかもしれず、担保管理システムや人を各企業が独自で保持・管理しなくてもよい時代が到来するかもしれない。

11　CEM→SA-CCR計算手法への移行（システム）

 システム変化

10にて解説したとおり、多くの金融機関がCEMを利用しているため、カウンターパーティリスクの計算手法（標準モデル方式）をシステムに組み込む、あるいは組み込まれたパッケージの導入のいずれかの対応が必要になる。CEMとは異なり、SA-CCRでは、<u>ネッティングアグリーメントごとに与信相当額を計算するロジック</u>が必要になる。またその計算結果はバッチ処理ではなく、リアルタイムに最新の証拠金やCSAの情報を取り込みネットし、所要資本をリクエストし、つど計算できる機能が求められる。資本コストは、すべての取引を合算しなければ意味がないともいえるが、今後は取引単位で資本コストを考慮し、取引執行する業務モデルへとシフトしていくことになると思われる。

12　相対取引からCCPへの移行、そしてCCPの競争激化

ビジネス変化

2013年より清算集中が義務づけられている米国では、ドル金利スワップ市場において金利スワップ清算取引所間の価格プライスに差が出るという現象が出ている。具体的には北米最大の金融と商品の取引所であるCME（シカゴ・マーカンタイル取引所）と世界最大の清算業務専業のLCHとの差である。これは各CCPに参加している参加者の業種の違いに起因している。CMEはバイサイドの参加者が多く、LCHはセルサイドの参加者が多い。CMEは、マージンが比較的安い点と金利スワップと先物とのクロスマージンサービス

の提供や適格担保要件が柔軟などの理由からバイサイドに好まれてきたが、バイサイドの取引相手となるディーラーは顧客取引についてはCMEを利用し、そのヘッジ取引をセルサイドと交わすのはLCHを利用するという使い方をしてきたため、CME側ではおのずと固定金利の支払、変動金利の受取りという取引に偏る傾向があり、それにより取引所より求められる証拠金も高くなっている。証拠金が高くなるとディーラーとしては顧客取引との価格を高く設定することになり、これを理由として取引所間にスプレッド差が生まれることになった。今後日本のJSCCと海外の取引所間でも同様の事象が発生することが想定される。

スプレッド差とは異なり、CCPは多くの参加者を取り込むために、サービスにも違いをつけ、差別化を図ろうとしている。LCHでは参加者にとって投下コストを抑えることができる先物とのクロスマージン制度[3]の適用や通貨オプションのコンプレッションなどを予定しており、JSCCも2015年9月よりクロスマージン制度を開始した。

CMEはリアルタイム決済サービスのベンチャー企業とタッグを組み、担保やスワップのリアルタイム決済サービスの提供を検討し始めた。これは参加者にとって銀行よりも便利であるだけでなく、リスクを減らすことにつながるため当初証拠金を減らすことにつながる。そのほかにも適格担保として多様な資産を認めるといったサービスもバイサイドにとっては魅力的である。特にコンプレッションによる想定元本の圧縮はレバレッジ規制を控える金融機関にとってかなり有益である。

数年前まで需要が危ぶまれていたCCP決済だが、欧州や日本では金融機関以外でも規制適用前に自主的に清算を始めるところが出始めている。相対よりCCPのほうが担保のコストが安く、ネッティングが進むといった利点がその理由のようだ。逆にサービスが充実していたとしてもスプレッド差によりバイサイドがCMEから離れる可能性もあり、すでにシンガポール取引所

---

3 クロスマージン制度とは、異なる商品（スワップと先物など）のポジションをあわせ、証拠金計算する制度。これにより両取引のリスクを相殺し、担保負担を減らすことができる。

(SGX) はほとんどの参加者がLCHでの清算を望むという理由でドル金利のクリアリングを一時休止した。

ただいずれにしても多くの規制が資本コストを積ませる流れになることを考慮すれば、相対からCCPへのシフトは間違いなく進むことになり、対象商品も金利スワップとクレジットデリバティブにとどまらなくなると思われる。

13　資本圧縮と資本コスト調整マインド

規制対応によって課せられる資本コストは、エクスポージャーを減らすことで抑えることができる。そのため先述したCCP決済、ポートフォリオコンプレッション、ネッティング、有担保化という手段が選択されやすくなるそのほかに注目されている手法が、図表5－5に示すXVAs（X-Valuation Adjustments）という評価調整の手法である。

特にFVA（Funding Valuation Adjustment）というファンディングコストを取引手数料やプライスに反映させる評価調整や、KVA（Capital Valuation Adjustment）という当該取引が満期までにかかる資本コストを算出し収支評価調整する手法が対象となる。

2007年以降インターバンク取引など信用リスクが高い金融機関が参加する市場であっても、デフォルトが懸念されるようになり、金融危機前と比較し資金調達にコストがかかるようになった。特に無担保もしくは不完全な担保のデリバティブ取引の時価評価を行う際には、取引先に対して資金調達にかかるコストを相手に転嫁するようになる。このような資金調達コストにかかるデリバティブ評価調整額をファンディングコスト調整としてFVAと呼ぶ。逆に完全に担保にてカバーされているデリバティブ取引については、OIS（Overnight Index Swap）レートを割引金利としてデリバティブ取引評価に利用する（これをOIS割引という）ようになった。しかしCVAやDVAは、カウンターパーティと価格合意しやすいが、FVAはプライシング方法が銀行独自のものになるため、一物一価の法則が成り立たなくなり、合意がむずかし

図表5-5　XVAsを加味したデリバティブ評価

```
デリバティブ価値＝ベース価値（完全担保価値、OIS割引価値）
　　　　　　　　－信用評価調整（CVA－DVA）
　　　　　　　　＋ファンディング評価調整（FVA＝FCA－FBA）
　　　　　　　　－その他の評価調整（資本評価調整KVA）など
```

ベース価値	カウンターパーティリスクがない、もしくは担保にて完全に保全されている状態のデリバティブ価値
CVA (Credit Valuation Adjustment)	相手方のデフォルトに伴う損失調整額
DVA (Debt Valuation Adjustment)	自らのデフォルトに伴う損失調整額
FCA (Funding Cost Adjustment)	ファンディングコストに伴う評価調整額
FBA (Funding Benefit Adjustment)	ファンディングベネフィットに伴う評価調整額
FVA (Funding Valuation Adjustment)	ファンディング評価調整額（FCA－FBA）
KVA (Capital Valuation Adjustment)	資本評価調整額

（参考）　日本銀行金融研究所「金融危機後のOTCデリバティブ価値評価～公正価値測定にかかる諸問題を中心に～」に基づき作成。

い。またFVAはDVAとダブルカウントになるという議論もあり、価格への反映がすぐに実務化される可能性は低い。しかし欧米主要金融機関の多くが評価手法は整っていないながらもFVAを財務報告にのせており、市場慣行になってきている。2015年8月には米国当局（OCC：Office of the Controller of the Currency）がFVAの計算方法についてヒアリングを行ったという。これは今後、FVA計算については評価手法やインプットとして使用するファンディングスプレッドの内容についてガイドラインが整備される可能性があることを示していると思われる。

　デリバティブ取引に内在するリスクをヘッジするために、デリバティブ取

引を行う際には、ヘッジ取引をあわせて行うが、規制対応ではこのヘッジ取引にも追加的な資本コストの積立が要求されるため、リスクヘッジできたとしてもコストは増える。そのためその資本をデリバティブ取引の資金調達に含めればFCA（Funding Cost Adjustment）を減らすことができるという発想がKVAである。KVAもFVA同様に銀行内部の事情（ポートフォリオ構成やファンディング戦略、対象となる規制など）によって異なるため対外的に理解を求めることはむずかしいものの、すでに評価や価格に含めている金融機関も存在し始めており、いずれは会計上の公正価値に含める時が訪れるかもしれない。

14　FVA・KVAの計算　システム変化

「13　資本圧縮と資本コスト調整マインド」で述べたように、ガイドラインとして定めたFVAとKVAの計算手法はまだ存在しないが、FVAについては欧米の金融機関では市場慣行として利用されており、数式も銀行独自ではあるが存在するため、システム構築を始めても遅くはない。KVAについても欧米主要金融機関では、社内システムは構築ずみと聞くが、FVAほどは多くないと推察される。しかし理論上の計算式はすでに示されているため、今後資本コストプライシングの実現に各金融機関が向かう可能性はきわめて高い。

15　リアルタイムリスク計算機能　システム変化

　FRTB等の規制対応を受け、各種リスクの計測手法は複雑になるとともにリアルタイムにその算出結果を求められることになると推察する（図表5－6）。

　特に、CVAリスク計測のシステム化については、すでに対応している金融機関とそうでない金融機関が存在すると思われる。というのもCVAの考え方自体は目新しいものではないため、外資系金融機関と取引しているグ

ローバルな大手金融機関では、以前からデリバティブの評価時にCVAを取り込み、かつカウンターパーティリスクをヘッジするためのCVAトレーディングデスクを置いている。一方、今回の規制に対応するために初めてCVAリスクの捕捉に取り組む金融機関にとっては、新たなシステム開発が求められることになりハードルが高い。

　CVAリスク捕捉についてなぜ日本においてこういった格差が生まれたかというと、米国では2006年に米国会計基準において、双方向CVAを公正価値測定に組み込むことが義務づけられていた。国際会計基準（IFRS）でも同様の方針であるが、日本の会計基準や税務では、CVAは公正価値評価に含めることを義務づけていない。しかし今後、会計上の公正価値評価に組み込まれるCVAと自己資本額を算出する際のCVAとを一致させる流れは必然的

図表5－6　リスク別計測手法

リスク		計測手法
信用リスク		・標準的方式または内部格付方式 ※ただし内部格付方式を選択したとしても、標準的方式に基づく資本フロアの適用が提案されているため計測が必要
市場リスク	マーケットリスク	・標準的方式または内部モデル方式 ※ただし内部モデル方式を選択したとしても、標準的手法に基づく資本フロアの適用が提案されているため計測が必要
	追加的デフォルトリスク（IDR）	・内部モデル方式（別途計測）
市場性信用リスク	カウンターパーティリスク	・標準的方式（SA-CCR）または内部モデル方式 ※ただし内部モデル方式を選択したとしても、標準的手法に基づく資本フロアの適用が提案されているため計測が必要
	CVAリスク	・標準的方式または内部モデル方式 マーケットリスクの枠組みと適合したモデル

（注）　※は2016年4月時点で最終化されていない手法を含む。
（参考）　バーゼル委員会の各種市中協議文書に基づき作成。

に到来するため、対応は避けられない。

　CVAの算出方法は最終化していないが、これまでのCVAの算出方法のハードルが高かったのは、CVAを算出する際には、カウンターパーティとの間の取引をすべてネット（相殺）し算出しなければならず、かつ顧客に応じて価格が異なっているからである。加えてCVAの評価ができないカウンターパーティの場合は価格の妥当性について理解してもらう必要があるという点も、CVA算出がこれまで日本になじまなかった理由として考えられる。

16　データ収集とコーポレートガバナンスへの活用

システム変化

　G-SIBs、D-SIBsでは、RDA（リスクデータ諸原則対応）（BCBS239）やデータギャップの規制対応のために、全社のリスクデータを即時提供できるデータウェアハウスを構築[4]した（もしくは構築中）。そしてこの規制の適用とともにスポットが当たり高度化につながったテーマが、カウンターパーティの一元管理やデータマネジメントなどである。今後この"データを中央集中させ鮮度のよい状態に保ち、経営に活かす"という流れはデータを活用したコーポレートガバナンスへつながっていくことが期待される。

(1)　カウンターパーティの一元管理

　カウンターパーティごとのエクスポージャー等の報告をするためには、カウンターパーティの一元管理が求められる。カウンターパーティは通常グループ企業であることが多いため、その頂点企業を把握しておく必要があり、こういった、カウンターパーティをグループ企業含め一元的に管理することを一般的に「名寄せ管理」と呼ぶ。たとえばA銀行のA支店、B支店がそれぞれ"いろは商事"と取引をしている場合には、A支店、B支店それぞれが別の顧客番号を振るのではなく、"いろは商事"が1つの企業体である

---

[4]　必ずしも1つのデータベースにすべてのデータが収集されているわけではなく、複合的なデータベースの組合せで実現するケースも存在する。

ことを認識している必要があり、これを"本人名寄せ"と呼ぶ。さらにB支店が"いろは商事子会社"と取引している場合には、その頂点企業が同じ"いろは商事"であることを認識している必要がある。これを"グループ名寄せ"と呼ぶ。さらにA銀行の連結企業であるA証券が"いろは商事""いろは商事子会社"と取引している場合にも、同様にA銀行グループとしての"本人名寄せ""グループ名寄せ"が実現できている必要がある（図表5－7）。

　このグループ会社を含めた名寄せ対応をRDAの整備とともにG-SIBs、D-SIBsは求められることになった。本人名寄せは、一意のコードをカウンターパーティ別に採番するという方法や、将来的にはFSBが公表しているLEIや日本でのマイナンバーが統一管理コードとして利用されることが期待されている（すでにLEIはグローバルでは利用されている）。一方、グループ名寄せは一意のコードをさらにまとめる必要があるため、グループ名寄せ専用のコードを採番するか、もしくはその階層情報をシステムで保持するという方法がある。いずれにしてもこの名寄せ整備作業は今後、G-SIBs、D-SIBsのみならずそれ以外の銀行、保険、ノンバンクにも対応が求められる事項になると思われるため、実現方法について検討しておく必要がある。G-SIBs、

図表5－7　名寄せ管理の考え方

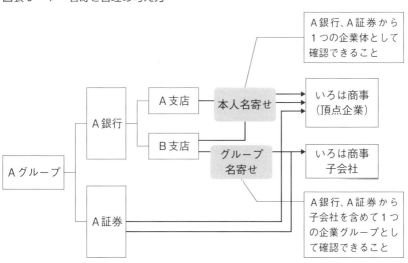

D-SIBsはすでに相応の体力と時間をかけ名寄せ対応を行っている。

さらに名寄せ整備は一度整備を終えれば終わりという作業ではない。なぜなら企業は生き物であり、常に合併、分割、吸収、倒産という変化が予想されるため定期的なモニタリングを行う必要がある。銀行にとって与信先であれば自己査定の対象になるが、与信先でもない企業のモニタリングはかなり負荷の高い業務になるため、カウンターパーティの属性管理を専門とする部署の立上げや属性管理、属性情報配信等をビジネスとする外部委託業者が将来現れるかもしれない。

また、「2　選別される顧客と新たなプレーヤー」「3　顧客分析機能（システム）」にて解説したとおり、市場業務においてもカウンターパーティ分析は個人、法人問わず主要なテーマである。特にグループ間でカウンターパーティを一元管理できるようにした意味合いはとても大きい。たとえば、グループ間で顧客情報を共有するには制約があるものの、顧客から承諾を得ることができれば、資産運用ビジネスにおいて銀行、証券、信託などがばらばらに営業をかけるのではなく、よりフィットした商品を最適なタイミングで提供することができるようになる。

(2) データマネジメントの整備

データは収集したとしても、その整合性を担保した鮮度を保持し続ける必要がある。そのため一般的にはDMBOK[5]等のフレームワークに沿ったデータマネジメントガバナンス態勢を構築し、不整合なデータ等が混じることがないよう日々の運用に定着させる必要がある。ただしDMBOKには広範な内容が記載されているため、これらすべてに対応するのではなく、金融機関にとって実現性のある機能を段階的に構築することが望ましい。DMBOKの特徴は、データマネジメント業務にシステムサイドの担当（テクニカルデータ

---

[5] 米国DAMAインターナショナルがデータマネジメントに関する知識体系を取りまとめたもの。DAMAでは、DMBOKを「データと情報資産の価値を獲得し、統制し、保護し、提供し、向上させるために行うポリシー、実践、およびプロジェクトを計画し、実行し、監視する活動」と定義。2006年に「DMBOK機能フレームワーク」が発行された。

スチュワードと呼ばれる）のみならず、業務側の責任者（ビジネスデータスチュワードと呼ばれる）を配置し、データマネジメントを単なるシステムサイドの課題でなく、ビジネスサイドの課題として位置づけている点である。

このように社内または関連企業を横断して収集したデータを重要な資産と位置づけ、ITとは別に管理するという意識から、データマネジメントの経営責任者としてCDO（チーフ・データ・オフィサー）を配置する企業が増えてきた。CDOはデータマネジメントといった"守り"のみでなく、デジタルマーケティングなど収集したデータを分析し、営業、マーケティング、事務等に活かしていく"攻め"の戦略の推進も担う。そしてこれらのデータはAIにて解析され、ビジネスに活かされていく。

(3) RDAからMIS、RAFへ発展

RDAでは、諸原則の論点を整理し、それを具体化するなかで金融機関にとって「重要なリスクデータ」を選定した。そしてそれら重要リスクデータにかかわる業務、組織、プロセス、データ、システムを分析し、統合データベースとして収集し即時に抽出できる仕組みを構築した。しかしそこで収集されたデータは、バーゼル対応含む規制や当局報告や開示対応等で求められていたリスク情報が中心である。

今後、収益や経費などのデータを加えていくことでRDAはMIS（Management Information System）へと進化させることができる。MISとは、経営層が各種管理業務や経営判断に資する情報を収集したシステムを指す。ただしその活用方法は、収集するデータにより経営層から部門、部、支店、担当とレイヤーを広げることが可能である。たとえばリスクデータの次に収益データ、経費データ、さらにコストを反映したリスク・リターンまでを把握できれば活用範囲はALM（Asset Liability Management）[6]、収益管理、後述するリスク・アペタイト・フレームワーク（RAF）にまで広げることができる。MISの設計に際しては利用するレイヤーごとに情報の利用用途を明確にし、

---

[6] ALMとは、一般的に金融機関にて行われている統合リスク管理を指し、資産と負債の価値変動により生じるリスクをバランスさせることを目的とする。

図表5−8　RDAからMIS、RAFへの発展イメージ

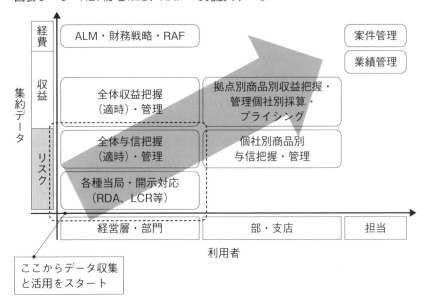

必要な情報を定義しなければならないため、データマネジメント同様段階的に成長させていく手法が望ましい（図表5−8）。

17　IT技術革新（AI、ビッグデータ分析、ブロックチェーン）

ビジネス変化

電子取引に加え、今後市場業務に影響を与える技術は、すでに他業種に影響を与えている技術と同様の「AI」「ビッグデータ分析」「ブロックチェーン」[7]になると思われる。

すでに何周目かのトレンドに突入している「AI」「ビッグデータ分析」については目新しくはないが、「ブロックチェーン」については、日本を含む多くの金融機関が、資金や有価証券の即時電子決済を可能にする技術として

7　ブロックチェーンとは、公開鍵による暗号化技術を使ったトランザクション履歴を管理する分散型帳簿管理技術を指す。

適用を検討している。そのメリットは決済の早期化による決済リスクの低減のみならず、ブロックチェーン技術がセキュリティ上堅牢であり、かつ低コストで実現できるからだという。

ブロックチェーンは管理サーバーなどが存在するわけではなく、取引ごと（ビットコインであれば、発掘されたビットコインごと）に取引データが取引対象の一部として管理される。そして、ブロックチェーンの更新にはP2P[8]ネットワークによる複数（多数）のコンピュータリソースによる承認が必要となっている。このような仕組みで取引の正当性を担保し、偽造や複製ができないように（できにくく）している。

2015年よりブロックチェーン技術を金融ビジネスに取り込もうとする動きが急速に進んだ。なかでも最大規模はブロックチェーンのベンチャーであるR3Cev社主導のプロジェクトであり、このプロジェクトには40行以上の国際大手金融機関が参加している。また、元JPモルガン出身のCEO率いるデジタルアセットホールディングス社のようにIBM、JPモルガン、CMEグループ、ゴールドマン・サックス等の銀行、証券、清算機構、証券保管振替機構等からの出資を受け、中央銀行を通さない株式、住宅ローン、融資、有価証券取引の即時決済ができる「分散型レッジャー」の仕組みを普及させようとしている企業も存在する。

ほかにもOverstock.com社、ナスダックもブロックチェーン技術による有価証券の取引管理を実現しようとしている。

国内では、金融IT関連企業への出資を認める銀行法改正案が提案されており、これが可決されるとブロックチェーン技術をもつIT企業との業務提携などが実現でき、銀行業務の範囲に広がりが出る。一方、金融庁は2016年2月にビットコインなどの仮想通貨を貨幣として認定し、資金決済法を見直す方針を示した。この法改正により、仮想通貨も法定通貨との交換に使える通貨として位置づけられるとともに、交換取引所は登録制となり、金融庁が監督官庁になる。2016年5月時点で仮想通貨の種類は700種類を超え、代表

---

8 P2Pとは、端末間を相互に接続しデータ授受する通信方式を指す。

的な仮想通貨であるビットコインの時価総額1兆円を超えた（注）。仮想通貨はFinTechの発展への期待もあるが、一方でマネーローンダリングなどに利用される危険もあり、監督されるべき存在として認識されたといえる。

（注）　Crypto-Currency Market Capitalizations.
　　　仮想通貨別に時価総額や単価、流通量などを比較することができるサイト。
　　　http://coinmarketcap.com/

　AIに関しては、機械学習からさらに発展したディープラーニング（深層学習：Deep Learning）が主になっていくといわれ、今後投資の新たな潮流になると思われる。機械学習では、機械的に大量データの分析をさせ特徴を出すという行為までで、さらに精度を高めるには、人間が不要なデータの削除やパラメーターの変更などを行う必要があったが、ディープラーニング技術ではコンピュータが最適化をしてくれる。これは脳の仕組みを模した「ニューラルネットワーク」を多層に積み重ねることで、入力層と出力層の間の隠れた層＝データに隠れた本当の意味まで理解できるようになるからだという。ディープラーニングAI技術は自然言語処理、画像、音声認識などあらゆる領域で実用化されつつあるが、トレーディングの分野でもすでに利用が開始されている。

　2015年3月、世界最大のヘッジファンド運用会社であるブリッジ・ウォーター・アソシエイツ社は、過去のデータや統計データを利用したトレーディングアルゴリズムを開発するAIチームを発足させると発表している。事実、ブリッジ・ウォーター・アソシエイツ社では2015年、人間が見落としていた国債の購入や原油急落の好機をとらえ利益をあげていたという。その他大手アセットマネジメント企業でも大学や研究所と連携し、トレーディング技術への実現化を検討している。国内では、2016年4月、野村證券が市場予測を行い参考となる相場を提示する機関投資家向けシステムを開発したと発表した。AIは、まずは取引をするための予測値を補完情報として提供するところから始まるだろう。人間よりもコンピュータのほうが大量のデータであるニュースやプレスリリースや決算資料を分析し、それに基づく投資予測情報を提供することに秀でている。その次にAI技術の利用はミドル、バック業

務の自動化につながるはずである。フロント業務である取引執行の自動化まではもう少し時間がかかるかもしれない。しかしAI技術が利用される流れは間違いなく訪れる。少し本論と外れるが、AIがさらに高度なAIを開発し続け、2045年にはシンギュラリティ（技術的特異点）といわれる人間を超える地点に到達するといわれている。ただ2045年を待たずとも、現在人間が行っている特に労働集約的な業務から順にコンピュータに置き換わる革命はいつ起きてもおかしくはない。

Wisdom of Crowdsの不思議

「Wisdom of Crowds」[9]という学説がある。"一定の条件を満たした群集の知は、1人の個人よりも常に勝る"という学説である。一定の条件というのは、その群集には多様性や分散性や独立性や一定のボリュームが必要ということである。つまり、一握りのエリート集団よりも、飛びぬけて優秀ではないが、ボリュームがあり、多様性があり、分散されていて、独立した群集のほうが、群集としてのパフォーマンスが増すことを意味している。しかも常に群集のほうが正しいというところがおもしろい。どんな決断も判断も群衆のほうが勝るという。

近年、クラウドソーシングやオープンイノベーションといった言葉が利用されるようになり、「Wisdom of Crowds」のことを思い出さずにはいられない。クラウドソーシングとは、不特定多数の群集による寄付やアイデア、ビジネス、デザインなどを収集するプロセスを指すが、単に遠隔地の人も作業に参加できるというメリットのみではなく、「Wisdom of Crowds」によれば、クラウドソーシングしなければ生まれない知恵（Wisdom）が存在するということである。オープンイノベーションは、自社のみでなく、他企業や大学政府と技術やアイデアやサー

---

[9] James Surowiecki, The Wisdom of Crowds：Why the Many Are Smarter Than the Few and How Collective Wisdom Shapes Business, Economies, Societies and Nations, 2004.

ビスを持ち寄り、コラボレーションしてさらなる発明をするというイノベーションの方法論を指す。今後、IT技術やそしてそれらを利用する金融機関は、群集の知を信じ、自社のみでなく他者と組み合わせる「オープンイノベーション」を利用しなければ生き残れない時代になると思われる。

18　資本毀損が社債市場に与える影響 ビジネス変化

　2015年12月の欧州の金融機関の決算発表では、最終損益の赤字や減益が発表された。金融規制に対応するための合理化や不良債権処理が収益を圧迫し、資本を毀損することになるのではという懸念が日本でも広がっている。米国と比較し、欧州は規制対応が遅れてきたことが原因としても考えられるが、日本よりも先立ってマイナス金利を導入し、金融緩和を進めてきているため、日本もその後追いをしているともいえる。

　この自己資本毀損の懸念は、欧州の大手銀行が資本増強のために発行している偶発転換社債（CoCo債[10]：Contingent Convertible Bonds）のリスクに直結する。つまり破綻まではしないが、社債権者が損失を引き受けるベイルインは社債市場に影響を与えることになるといえる。

　国内においても2016年2月に三菱UFJフィナンシャル・グループが「TLAC債」と呼ばれる新型社債を発行することを発表した。そして他メガバンクも追随する動きとなっている。一方、TLAC適格債務になれる可能性のあるシニア債とは、元利金の支払が優先的に受け取れる最も安全な債券だが、TLACに組み込まれるということは経営危機時に利用されるリスクが内在するということになるため、利回りの上昇が予想される。欧州では、持株会社

10　CoCo債とは、金融機関が発行する新型証券のこと。自己資本比率があらかじめ定めた水準を下回った際に決められた価格または時価で株式に転換される。シニア債とは弁済順位が異なり最も弁済順位が低い。また償還期限もシニア債は5年から10年で満期を迎えるが、CoCo債は永久債であり、起債日から通常5年は繰上償還をすることができない。クーポン支払もシニア債は必須だが、CoCo債は必須ではない。

発行のTLAC債を増やす、すでに発行したシニア債をTLACに組み込めるようにするという動きが出ている。

　一方で、金融機関が安定性を目指し、資本や流動性を積むということは収益性が落ちるということを意味し、これはそのまま社債の価値を落とす（＝クレジットスプレッドの上昇）ことにつながる。つまり銀行のシニア債保持者は、破綻リスクがないにもかかわらず、シニア債の価値が落ち、銀行の損失を被ることになるので、社債市場としてはボラティリティが高まることになる。

19　資産運用規模の拡大によりもたらされるバイサイドへの明るい未来と迫るリスク　ビジネス変化

　次にセルサイドからバイサイドのほうに視点を移してみる。金融機関、特にSIFIsには厳しい規制対応による業務制限が強いられているが、資産運用業務については、少し様相が異なる。

　金融危機以前より債券発行市場は、政府の金融緩和の取組みにより拡大しており、インフレ抑制を目的とした金融引締政策により債券の利回りは低下し、債券価格は上昇してきた。今後はマイナス金利の導入でますます運用利回りは下がるため、より高いリターンを求める投資家は、債券投資を国債からほかのアセットに分散化するようになるだろう。すでに資産運用業務では、以前は個人から資金を集め運用するミューチュアルファンドが主流だったが、この10年近くでヘッジファンドやプライベートエクイティファンドやソブリン・ウェルスファンドの運用規模が拡大してきており、投資家も投資商品も多様化してきている。

　130兆円近い運用資産規模を保持する年金積立金管理運用独立行政法人（GPIF）は、米国社会保障年金信託基金に次いで世界第２位の規模であり、世界最大の機関投資家と呼ばれている。そのGPIFが、2014年10月に基本ポートフォリオ構成を見直し、従来の国内債券（国債、地方債、財投債）主体の運用から、国内株式、海外債券、海外株式への比重を50％まで高める方針に

転換した。海外の年金基金も、各国ソブリン債の低金利を受けポートフォリオの大部分を株式に集中させており、オルタナティブ投資を含めた分散投資に移ってきている。先述したようにマーケットメーカーは撤退しつつあるにもかかわらず、電子基盤などによる即時取引を求める巨大機関投資家にとっては、流動性を担保するマーケットメーカーの需要が求められている。仮にこれら資産運用業者による寡占化が進むと、彼らのポートフォリオ配分が、市場の流動性に影響を与える世の中になっていくこととなる。

20　アセットマネジメントリスクの高まり

　アセットマネジメントビジネスの規模は拡大し、堅調な状況ではあるが、債券市場については、発行市場の拡大には相反するかたちでセカンダリーマーケットの流動性は枯渇する傾向にある。そして流動性が乏しいマーケット状態においては突然、投資家が資金を引き揚げようとする事態の発生が想定され、その解約要求に答えられなくなるというリスクの発生が想定される。こういった構造的な脆弱性が存在するアセットマネジメント業務については、今後当局が監視を強め、監査の強化、レポート報告、シナリオ分析・ストレステストの実施を求めていくことになると思われる。特に透明性を促すためのデータ開示については、シャドーバンク規制を受け、資産運用業者にも適用されつつあるが、まだ市場はベールに包まれており、システミックリスクの影響を把握できるまでには至っていない。特に潜在的にリスクがあると思われるのは、実態把握に足りるデータが不十分であるということのみならず、他企業との関連性がみえない点である。ビジネス自体が堅調な現在の段階からデータ整備、収集、分析の仕組みやリスク管理高度化の取組みを始めたほうがよいと思われる。

NBNI G-SIFIs（銀行・保険会社以外のシステム上重要な金融機関）とは

　2015年3月にFSBと証券監督者国際機構（IOSCO）は、NBNI G-SIFIs

選定に関する第二次市中協議文書を公表した。選定にあたっては、①規模、②相互関連性、③代替可能性、④複雑性、⑤グローバル事業（法域を超える事業）という共通の基準を設定したうえで、ノンバンク金融エンティティのセクターごとに詳細な指標を設ける。ノンバンク金融エンティティのセクターとは、(1)ファイナンス会社、(2)市場仲介業者、(3)投資ファンド（伝統的な投資ファンド）、(4)投資ファンド（ヘッジファンド等の私募ファンド）、(5)資産運用業者といったセクターを指し、これらセクター別にシステム上の重要性を判断するための指標を提案している。ただし当該ノンバンク金融エンティティが親銀行や親保険会社を対象とするプルーデンス連結規制・監督の範囲に含まれる場合はNBNI G-SIFIsの対象から外れる。なお、NBNI G-SIFIsの詳細については2016年5月現在確定に至っていない事項が多い。

21 資産運用システムの高度化　システム変化

　市場系パッケージはこれまでセルサイドが必要とする機能を中心に発展してきたが、「19 資産運用規模の拡大によりもたらされるバイサイドへの明るい未来と迫るリスク」で解説したように、バイサイドのビジネスが伸びてくるとともにバイサイドが必要とする機能の充実がパッケージに求められる時代にシフトしてくる（もともとバイサイド向けのパッケージもいくつか存在する）。市場系パッケージというと、同じ機能を備えているように思われるが、セルサイドとバイサイドが必要とする機能は大きく異なってくる（第3章で示した市場系業務・システムの説明はセルサイド中心）。主には以下のような機能が資産運用のフロント業務においては重要である。

○ポートフォリオ管理機能
　・ポートフォリオ相関分析機能
　・ポートフォリオシナリオ分析機能
　・アセットアロケーション分析機能

・最適化機能
○インデックス管理
　・ベンチマーク比較機能
　　・ポートフォリオとベンチマークのデュレーションを、各種区分ごとに比較。
　　・ポートフォリオとベンチマークのパフォーマンスおよび、パフォーマンスの内訳を比較。
　　・ポートフォリオとベンチマークのパフォーマンスを比較し、リスク寄与度、要因を分解する機能。
○パフォーマンス要因分析機能
○リスク寄与度分析機能
○キーレートデュレーション機能
　・年限別のキーレートデュレーションの算出。
○資産連動性管理機能
　・同一資産間（銘柄単位）の連動性を示す指標（スプレッド含む）の算出。
　また、今後発生すると説明したアセットマネジメントリスクとして留意すべきは、資金調達をいつでもできるようにしておくことであるから流動性リスク分析機能についても必要性が高まると思われる。

22　株式市場への影響　ビジネス変化

　株式市場に影響を与えるテーマとして注目されているのは、第二次安倍内閣の経済政策（アベノミクス）の「第3の矢」である成長戦略にて掲げられた「スチュワードシップコード」と「コーポレートガバナンスコード」である（図表5−9）。コーポレートガバナンスコードは、上場企業がコーポレートガバナンスを強化し株主と経営者の関係を有効に機能させ、企業価値を向上させるための指針を指し、2015年6月に金融庁、東京証券取引所によりすべての上場企業は、各原則への遵守状況の開示が義務づけられた。
　スチュワードシップコードは、株主（機関投資家など）が出資先の企業と

図表5-9 スチュワードシップコードとコーポレートガバナンスコード

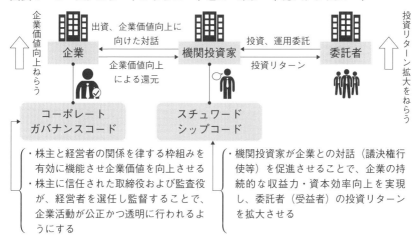

の対話等を通じて企業価値を向上させるための指針であり、2014年2月金融庁により「責任ある投資家の諸原則」が「日本版スチュワードシップコード」として公表された。公表後、130社近い機関投資家（信託銀行、投信・投資顧問、生損保）はスチュワードシップコードの受入れを表明しており、今後、ROE改善について投資先企業に求めていくこととなる。

両コードはともに各原則に対して、Comply or Explain（遵守しないのであれば理由を説明）を求めている点とプリンシプルベース（詳細な規定が存在しない原則主義）である点が特徴である。2015年12月までにコーポレートガバナンス報告書を開示した東証・名証上場企業のうち、すべての原則を「遵守」（コンプライ）とした企業は、開示を行った1,902社のうち211社と11.06％にとどまっているが、投資家および世間のコーポレートガバナンスへの関心は高まっており、企業は今後継続してガバナンス向上への取組みを求められる状況にある。

ROE向上に向けた動きはほかにもある。2014年1月より東京証券取引所が取り入れた株価指数JPX日経400の採用銘柄は、企業価値の順位がつけられることから「企業の通信簿」といわれ注目度が高い。銘柄選定にはROEやガバナンスへの取組みを判断材料としている。つまり、この指数に組み込

まれるということは、企業価値を高めている企業の証しであり、株の保有ニーズが高まることが予想される。2014年8月に経済産業省にて公表された「伊藤レポート」では、8％を上回るROEが最低限必要であると言及しており、「日本型ROE経営」の必要性について報告している。また先述したように日本最大級の機関投資家である年金積立金管理運用独立行政法人（GPIF）は、ポートフォリオの構成を見直し、国内株式構成比率を高めたが、資産運用のベンチマークにJPX日経400を採用しており、エンゲージメントファンド、友好的アクティビスト[11]といわれる外資系運用会社を積極的に採用し、「もの言う投資家」を支える働きを行っている。

　第1章で触れたようにコーポレートガバナンスは、歴史的には"企業不祥事の防止"という意味合いが強かったが、近年は"中長期的な企業価値の向上"に主眼が置かれ、足腰の強い経営を継続的につくりあげていくための目的も含まれるようになった。さらにこのコーポレートガバナンスコードとスチュワードシップコードの対応は、企業、個人投資家ともに、手元資金を運用せずに貯蓄に回し市場が活性化していないという状況を改善し、企業価値を高めようとしている成長企業へ投資を振り向けることもねらいに含まれているように思われる。今後、この動きは株式のみならずETFや投信の残高増加にもつながることが期待される。

23　銀行のコーポレートガバナンスとRAF

　FSBが2013年7月に「リスクアペタイト枠組みに係る原則（市中協議文書）」、11月に「実効的なリスクアペタイト枠組みに係る原則」を公表した（図表5-10）。リスクアペタイト（以下「RA」という）とは、銀行が経営上とるべきリスクを指し、リスクアペタイトフレームワーク（以下「RAF」という）はRAを決定し、管理する枠組みを指す。具体的には、銀行が毎年予

11　株式を保有するのみならず、企業価値を高めるための提言・交渉等を積極的に行う投資家。

算計画を策定する際に収支計画を立てているが、そこにリスクの概念を盛り込み、今年はこれだけのリスクをとり、これだけの収益をあげるというよう

図表5-10 「実効的なリスクアペタイト枠組みに係る原則」における主な項目

項目	主な内容
実効的なRAFの構築	・組織内においてRAFを伝達するプロセスの確立。 ・RAの組織内での浸透・理解。 ・RAのリスク文化への浸透。 ・過剰なリスクテイクに対するブレーキ機能。 ・リスク管理部門や内部監査部門の牽制機能。 ・市場環境変化へ適用していること。 ・市中協議文書に示された原則との一貫性保持。
RAステートメントの作成	・中長期戦略や経営計画と関連していること。 ・中長期戦略や経営計画を達成するうえで許容するリスク量の設定。 ・全体的なリスク許容量、リスク許容範囲、リスクプロファイルに基づく、個々のリスクと全体のリスクの最大値の設定等。 ・リスク許容量を超える可能性があるイベントを見据えるためのシナリオ分析やストレステストの活用。
リスクリミット	・リスク許容度の範囲内でのリスクテイク水準の設定。 ・事業部門や関連するリーガル・エンティティ単位で設定し、収益・資本・流動性、あるいはその他成長性やボラティリティ等の関連指標での明示。 ・複雑すぎる、あいまいすぎるといった主観的な水準でないこと。 ・定期的にモニタリングする。
役割と責任	・取締役会、CEO、CRO、CFO、事業部門等のトップ、内部監査部門により管理されること。 ・取締役会がRAFを確立し、CEO、CRO、CFOと協働し、リスクアペタイトステートメントを策定し、承認する。 ・CEO、CRO、CFOは、事業部門やリーガル・エンティティが従うべき目標やリスクリミット等の制約条件を落とし込む。 ・内部監査部門はRAFを独立的に評価する。

(参考) FSB市中協議文書「実効的なリスク・アペタイト・フレームワークの諸原則」に基づき作成。

に収益とリスクを一体運営する経営方法を指す。日本国内でコーポレートガバナンスコードが適用された1カ月後、2015年7月バーゼル委員会は、市中協議文書「銀行のためのコーポレートガバナンス諸原則」を公表した。本文書は2010年10月に公表された「コーポレートガバナンスを強化するための諸原則」の改訂版であった。「銀行のためのコーポレートガバナンス諸原則」が事業会社向けの原則と異なるのは、銀行向けにはリスクガバナンスがコーポレートガバナンスの一部として盛り込まれた点である。リスクガバナンスでは、取締役と経営陣が、銀行の戦略やリスクに対するアプローチやリスクを策定し、それらが遵守されていることをモニタリングできる実効的な枠組みを指す。この市中協議文書を受けRAFは経営管理に組み込まれるべき重要要素となった。

　もともとRAFは、金融危機後に諸外国の金融機関が独自に作成し継続的な改善を繰り返し、つくりあげた経営管理のフレームワークであるため、5年近く運用している外資系金融機関も存在する。国内では2013年9月に金融検査項目の見直しがなされ、モニタリング項目に追加されたが、本格的にRAFを活かした経営を進めるにはもう少し時間がかかるだろう。「16　データ収集とコーポレートガバナンスへの活用　(3)　RDAからMIS、RAFへ発展」にて先述したように、RDA（リスクデータ諸原則対応）(BCBS239)対応にて構築したデータベースをさらに、発展させデータ領域を広げ、MIS、RAFにつなげていくのが効率的な進め方といえる（図表5－8）。

Appendix

市場系パッケージシステムを導入した7人のプロ

1990年以降を対象として、大手銀行、証券会社、商社にて市場系パッケージの選定、導入を責任ある立場でリードした7名の方々に当時のプロジェクトの概要や苦労したポイント、成功要因、失敗要因、過去の教訓から得たこと等について筆者がインタビューを行った。

　業態の違いや導入したパッケージは異なるものの、それぞれの体験からは、多くの共通点がみえてきた。

1　数少ない成功プロジェクトの鍵は実機検証とリソース手当

　成功ケースとしてあげられるのは、大手銀行の九谷氏（仮称）のケースである。九谷氏は、筆者がインタビューを行った7人（図表参照）のなかで、

図表　市場系パッケージシステムを導入した7人のプロ

九谷氏	大手銀行2行にて3回以上の市場系パッケージシステムの導入や推進を経験し、いずれも無事成功させた市場系業務・システム両面に深く精通したプロ。
萩氏	大手商社にて国内外の大規模市場系システムの導入を経験。商社における市場系パッケージ導入のむずかしさについて熟知したリスク管理のプロ。
備前氏	大手銀行、大手証券会社において市場系にとどまらず多くの大規模システム開発案件をリードし、成功に導く。失敗プロジェクトから得た教訓が最も有益とのことで失敗談をあえて語ってくれたシステムマネジメントのプロ。
信楽氏	大手銀行の海外支店において、自らが築いた強いIT体制にて市場系パッケージの選定、導入を成功させた契約にいっさい妥協しないプロ。
有田氏・伊万里氏	大手銀行にて、当時まだ本邦での導入実績の少なかったパッケージをいち早く見つけ、優秀な人材を集め、強くリードし、成功に導いた業務・ITマネジメントのプロの2人。
益子氏	中規模証券会社のシステム部を歴任し、パッケージにかかわらず多くのシステム導入の成功、失敗経験を有する。証券会社ならではの慣習、文化について深く理解し現実路線を見失わないプロ。

（注）　名称はいずれも仮称。

3カ月程度の実機確認を経てパッケージ選定を行った唯一の人物だった。九谷氏が担当したプロジェクトは、それまで金利、為替、通貨オプションなどプロダクト別に存在していたパッケージをオールインワンタイプのパッケージ1つにまとめるという壮大なプロジェクトだった。

オールインワンタイプの5つのパッケージの候補を選び、さらにそこから2社に絞り、アウトスタンディング取引[1]を打ち込むなどして実機検証を行い、Fit&Gap[2]をした。導入までには2年程度かかったが、プロジェクトはほぼ成功した。このプロジェクトで特筆すべきは30人ものシステムユーザーがメンバーとしてかかわっており、うちユーザー部署より専任者が15名も担当していた点と副社長がプロジェクト体制の責任者に位置していたという点である。

九谷氏は、その後も類似の市場系パッケージのプロジェクトをいくつもリードしているが、いずれも予定どおりに導入を成功させており、期限を延長した経験はもっていない。先ほどのケースでは15名もの業務知見を備えたユーザーが体制に含まれていたが、その後転職した大手銀行では、手厚い体制とは真逆の業務知見や経験をほとんどもたないユーザーをシステム部がリードするという、過酷なプロジェクト体制だった。

九谷氏「このプロジェクトは先ほどのプロジェクトと異なり、要件を考えようとしない、新しいことをやりたくないという意向をもったユーザーが多く、システムの導入そのものを決断させるのに大変苦労しました」

九谷氏「そのわりにシステムが何でもやってくれるという考えと、円単位まで金額をあわせようという思考がシステム導入をむずかしくしていました」

加えて、ユーザー部だけが非協力的だったわけでなく、システム部にも

---

1 アウトスタンディング取引とは、約定されてからまだ終了期限を迎えていない取引を指す。
2 Fit&Gapとは、実現したいビジネスニーズがパッケージの機能に適合（フィット）、乖離（ギャップ）している割合を分析すること。

PM（プロジェクトマネージャー）クラスが足りておらず、要件を九谷氏自らが決定しなければならない弱小の体制だった。そこで九谷氏は、プロジェクト管理をコンサルタント業者に、業務支援を各担当システムのシステム構築業者（以下「SIer」という）に委託をするという方法を選択した。本来はユーザーが業務フローを描き、シナリオを描き、テストケースを導出しなければならないが、そういったテスト支援を外部に委託したのである。加えて、システムをリプレースする際には必ず発生する新旧システム間の計数の差異検証についても委託を決断した。計数の差異はパッケージ内部の算出ロジックの差異のみではなく、最終的に財務に影響を及ぼす会計計数の差異を検証した。

　本書はパッケージ選定を中心に解説を行っているため詳細は割愛するが、この会計計数差異の検証についてはシステムリプレース時に必ず行うことを推奨する。財務報告データに影響を及ぼす会計計数については、それがどういう理由によるものなのか、会計処理の見直しによるものなのか、システムのロジック差異によるものなのか、説明できなければならず、本来は財務部や会計監査が最終的に承認する必要があるが、この差異について整理をするという膨大な作業を滞りなく行うには相当量の時間と根気を要することになる。

(1) 実機検証のやり方にも工夫が必要

　では、実機検証によるFit&Gapを行えば、正しいパッケージを選択できるかといえば、そういうわけではないようである。大手銀行のシステム部門のみならず、証券会社のシステム部門の経験も保持する備前氏（仮称）は、かつて長期にわたってパッケージの選定を行ったが、設計フェーズで要件のもれが多く発見され、導入を途中で断念した経験をもっている。かなり多くのユーザーが関与し、機能検証をしたというが、備前氏はこの検証方法がまずかったと指摘する。

備前氏「ユーザーは比較する機能を列挙したリストを作成し、Fit&Gapを時
　　　　間をかけて行いました。しかし、どちらのパッケージの機能が優れて

いるかというパッケージ選定に重きが置かれ、機能比較のみに目を奪われてしまった結果、業務上必須の機能の洗い出しにもれが生じました。すなわち、ユーザー自らが当該パッケージを利用するという業務目線に立った比較を行わないと業務上重要な機能をもらしかねないということです。つまりFit&Gapでは実際の業務でシステムを使うという目線をもつことが重要ということです。

　また、機能比較はベンダーのデモやプレゼンで簡易にすませることも考えられますが、可能であれば、複数の業務シナリオを用意してユーザーが実際に打鍵して機能を確かめることが望ましいと思います」

備前氏「機能比較では業務上の重要度を付したうえで、業務上最低限必須な機能をあらかじめ炙り出して特定しておく等、メリハリをつけて比較すべきです」

備前氏「ユーザーは現システムの機能を新パッケージでも継続利用したいとの思いから、安易にカスタマイズを決める傾向があります。しかし、本来カスタマイズは追加経費がかかるうえに、パッケージの安定性を劣化させ、メンテナンスを困難にするリスクがあることも勘案し、カスタマイズは最小限にとどめることが望ましいと思います。パッケージに業務のやり方、すなわち身体をあわせるとの基本姿勢をユーザー部門の役員を含めプロジェクト関係者がコンセンサスとして共有することや、カスタマイズには当該役員の承認を必要とする等、安易なカスタマイズに走らないような枠組みをつくることが求められます。パッケージの購入は時間を買っていることと同義という認識をもって素に近いかたちで導入できたら理想です」

　大規模プロジェクトの失敗経験を経て、備前氏の頭のなかはとてもクリアに要点が整理されていた。

(2) 成熟したパッケージを選ぶメリット

　前職にて大手銀行のシステム部に所属し、海外拠点の市場系パッケージシ

ステムを多数導入した経験をもつ信楽氏は、パッケージの実機検証ではない別の成功要因を語ってくれた。

信楽氏がニューヨークで資金系バックシステムをスクラッチ開発（既存の製品や雛形を利用するのではなく、プログラミング言語を新規でコーディングし、システムを開発すること）ではなく、パッケージで実現したかったのは、本銀行の業務が業界で最先端であったため、最新の業務要件を自社から引き出すことはむずかしいと考えていたからだという。さらにバック業務の工数を減らす必要があったのでSTP化（ストレート・スルー・プロセッシング：人を介さず一連の事務を自動的に処理すること）が完全に実現できているパッケージを選択した。プロジェクト体制にユーザーは組み込んだが要件が過度にならないよう、システム部がリードし、要件のコントロールを行っていた。銀行側は日本人、パッケージベンダーサイドは米国人という組合せだった。メンバーはベンダー側に常駐をし、一緒になってプロジェクトを推進し、かなり高い品質のシステムを導入することができた。

その成功要因は、ベンダーと一緒になってフェイス・トゥー・フェイスで取り組んだ、システム部のグリップが利いていたということもあるが、いちばんは"成熟した品を選んだ"ことのようだ。信楽氏が選んだパッケージの導入社は、バックオフィスのアウトソーシング業務も行っていたため、業務を深く理解し最新の業務知見を備えていた。またベンダーの環境でパイロット環境を立ち上げ、日回しを行い続けたため、"常に総合テストを行っているような状態でバグ除去に役立った"という。本件は、バック業務のアウトソース自体を受けている、あるいはその業務自体を主とする企業（たとえば資産運用など）が構築しているパッケージは完成度が高いことを意味する。

2　パッケージの強み、弱みの理解

大手銀行システム部の有田氏（仮称）と伊万里氏（仮称）は、当時、日本での導入実績がほとんど存在しなかったパッケージをあえて選択するという挑戦をした。結果、2度にわたる稼働時期延期は余儀なくされたもののデリ

バティブ、為替領域をカバーしたオールインワンタイプのパッケージを3年で導入した。有田氏が業務側のプロジェクトマネージャー、伊万里氏がシステム側のプロジェクトマネージャーだった。あえて実績の少ないパッケージを選んだ理由は2つある。1つはデリバティブの特性をかんがみ柔軟性を確保したかった点（実績が少ないということはこれから一緒につくりあげることができる柔軟性をもったパッケージであることを意味する）、2つ目は投資対効果が見込まれた点である。選定フェーズでは複数社のデモを数カ月かけてチェックしたが、ベンダーはデモではよいことしかいわず、質問にも"問題ない"と答えることが多いため、より具体的な質問を重ね、ギャップの対応可否を見極めた。またプロジェクトを成功させるために能力の高い優秀な人材を集めることにも注力したという。

有田氏「標準パッケージには、日本固有の各種の機能（HRR（ヒストリカル・レート・ロールオーバー：過去の約定時のレートをロールオーバー（ポジションを繰り延べもち続ける）を行う際にそのまま利用し、ポジションの保有期日を延長すること））が機能装備されておらず、機能要件を一つ一つベンダーに説明し、標準機能として追加開発で対応していくという作業が必要になりました」

有田氏「要件定義の際に、サンプルとなる取引を提示し、進めていったのですが、結合テストのタイミングでバグが頻出しました。要件定義の際に、すべての取引パターンが提示できていなかったことが原因でした。その点については、「このくらいはベンダーも類推してテストしてもらえるだろう」と安易に考えていたので、われわれにも甘かったところがあるのかもしれません」

このプロジェクトのリカバリーのために、パッケージベンダーの開発（海外）拠点に社員を出張させ、障害対応をフェイス・トゥー・フェイスで推進。一時期、東京側での夜間の対応が続くこともありタフな状況もあったが、パッケージベンダーが開発拠点で修正したプログラムを、日本の日中にテストをするなど、時差を有効に利用した対応を行ったという。

有田氏と伊万里氏「先にも少し触れたとおり、このパッケージ導入にあたっ

ては日本固有の業務をいかにパッケージで実現するのかに大変苦労しました。為替取引では、「分割・前倒し・延長」といった機能、またデリバティブでは金利計算における「片端・両端」などの機能の開発について先方パッケージベンダーに要件を理解してもらい、その実装方法を検討・開発してもらうことに非常に時間を要することとなりました。ただ、このような苦労を経てパッケージベンダーとは、きわめて密なビジネスリレーション（意思疎通ができる関係）を構築することができ、新規導入後の保守やバージョンアップの案件などでも、導入時の教訓を活かした対応ができています」

　九谷氏は、市場系パッケージの強み、弱みを理解したうえで、プロジェクトが立ち上がる前に頭のなかであるべきシステム構成を描いていた。あるプロジェクトでは、第3章で解説したとおり、有価証券という日本独自の仕様をもつプロダクトについては、無理にカスタマイズを行わず、国内パッケージを選択した。また、海外のパッケージで有価証券を処理する場合でもAPIを利用し、簿価管理、決済処理、会計機能は外部でスクラッチ開発する構成とした。

九谷氏「日本版現担レポや国内債の日本独自の特殊計算や移動平均法による簿価管理、最近言葉も通じなくなってきた"分かち計算"、ヘッジ会計処理などはパッケージで対応できると思ってはいけないものです」

　信楽氏は、アクルーアル（会計発生高）を意識していた日本の固有要件は、パッケージにて対応しないと考えたほうがよいという。そのうえで時価会計処理に移行したいまでもアクルーアル（会計発生高）はしっかりと把握しておくべきだという。

信楽氏「パッケージのコアにかかわるモディフィケーションは避けなければならない。コアに手を入れだすと、バグが多発してしまう」

3　パッケージソリューションベンダーという存在

　備前氏は、パッケージのカバー範囲以前にベンダーの組織体制についてこ

のように発言している。

備前氏「先鋭的なソリューションをもつベンダーのなかには新興企業で会社の規模が大きくなく、業務面をしっかり理解した開発人材が少ないケースもみられます。この場合、ベンダーのもつ既存の顧客からの開発要請に加えて当社のプロジェクトを推進しなくてはならず、期待どおりにスキルのある人材が当社に割り当てられないこともありました」

備前氏「ベンダーには倒産リスク、それに伴う人材リスクがつきまといます。そしてシェアが低下したパッケージソリューションベンダーには人がやめるリスクがあることに留意が必要です」

備前氏「一方、一定のシェアがあり、デファクトスタンダードになっているベンダーは値段を引き上げる一方、多くの顧客からのニーズに対応するため、当方の希望するカスタマイズがタイムリーにできず自由度は減る傾向があります。また製造元が勝手に行うアップグレードに対する各顧客の負担も無視できないケースがあることは覚悟する必要がありましょう」

備前氏「広く利用されているパッケージにはノウハウが詰まっています」

信楽氏は、備前氏同様、「メンテナンスフェーズに入っているパッケージソフト（新規ユーザーがないパッケージ）は危険なことが多いように思う」とシェアが低下したパッケージのリスクについて触れていた。

パッケージソリューションベンダーとの付き合い方については、海外経験の長い信楽氏は契約についても徹底していて驚かされた。

信楽氏「米国は契約社会なので、ITに強い外部の弁護士を契約時に使うのが当たり前。何か起こったときに裁判で勝てるか勝てないかの観点で交渉してもらう。全ページにサインをするくらいシビアに確認する。また、ビジネス面での交渉も、代理人を立てて、条件交渉をさせていた」

ベンダー間ではなく、システム子会社との契約に気をつけるべきだと備前氏はいっていた。

Appendix　市場系パッケージシステムを導入した7人のプロ

備前氏「日本の金融機関はIT子会社に開発・運用を委託しているケースが大宗です。よって、契約は金融機関↔子会社↔ベンダーと締結することが多いですが、子会社↔ベンダー間は細かい条文まで詰めてきちんと締結しても、金融機関↔子会社間が同じグループ内ということで規程が甘くなっているケースがあります。たとえば障害が起きたとき、ベンダーから子会社が徴収した損害賠償金を金融機関が求償できない規程になっていることに気づき、修正したことがあります」

九谷氏は、ベンダーを選ぶ際にプリセールス段階での対話を重視している。

九谷氏「日本に一定規模の拠点を構えていること、アライアンスを組むSIerが存在すること、たしかにそれも大事ですが、最も重要なことは、こちらが伝えたいことをベンダー側が理解をしてくれていること。それを最も重視します」

4　銀行員とは異なる証券マンの特性とスピードが求められる証券取引システムの構築

　長年中堅規模の証券会社のシステム部を担当してきた益子氏（仮称）によると、証券会社は銀行と異なり、同業他社とのつながりが強く、ディーラー同士で、"どのパッケージの売込みがあった""どのパッケージが使いやすい"といった会話をする機会が多いという。また証券会社ではトップディーラーの移籍が頻繁に発生するため、前職で利用していたパッケージを移籍先でも使いたがる傾向があるという。

備前氏「中途採用ディーラーは収益を期待されて採用されているため、前職で使用していたパッケージを理不尽なスケジュール、コストのもとで導入しろと要求をしてくることがあります。IT部門としてはこれを鵜呑みにすることなく、当該ディーラーの要望を組織として裏付ける主体的な運営をすることも重要だと思います」

備前氏「ただし、これ（過去のパッケージを要求する傾向）は一概に悪いとは

いえず、前職でそのアプリケーションがワークしていたことがわかるので、導入の失敗率を減らせるとの見方もあります」

　益子氏や備前氏の話によると、銀行マンと証券マンでは、性格にも違いがあるようだ。伺った話をストレートに伝えると、特に株ディーラーは気性が荒く、ITサイドを単なる下働きのように考えている人たちが多いという。たしかに証券会社のパッケージ導入平均期間は1年未満と短く、備前氏は、以前「導入に1年もかかるようなシステムではなく、必要に応じて、入れたり出したりできる柔軟なシステム」をつくってほしいといわれたことがあるという。銀行のシステム導入の平均期間と比較すると随分気が短い。

　証券会社で現状お金をかけている機能は、HFT（ハイ・フリーケンシー・トレーディング）と呼ばれる、自動的に判断をして、高速で高頻度の発注ができる機能である。2010年に東京証券取引所がArrowhead（アローヘッド）を稼働させ、日本の株式市場は電子取引に大きくシフトし、売買注文をミリ秒単位で行えるようになった。米国ではすでに取引量の7割以上を電子取引が占めているといわれ、上場している取引所以外からも売買注文ができるため、株取引は取引所の場所に縛られない取引ができるようになった。

　備前氏は、証券会社のシステムで当然対応すべき領域としてHFTを位置づける。HFTで優位に立つために東証のデータセンターにできるだけ近いところにシステムを設置し、スピードを競っている先が多いという。なぜなら、自動発注判断をするマシンが東証と近ければ近いほど気配情報や注文送信にかかる時間を短縮できるからである。一方、フロント機能を差別化するためのプラスαの要件を求めると、スピードは途端に遅くなるため、パッケージはカスタマイズしないようにしなければならず、プラス要件をつければつけるほどレーテンシー（データ転送を要求してから結果が戻ってくるまでの遅延時間）に影響が出るそうだ。

　証券会社に限ったことではないが、研ぎ澄まされた先端技術をフロントに用い差別化を図る一方で、バック業務は標準化が進んでいる。

5　商社に市場系パッケージシステムを導入したケース

　市場系パッケージを1990年代から導入しているのは、銀行、証券会社だけではない。大手商社は、商品先物のプロダクトを取引管理、リスク管理するためにパッケージを導入している。萩氏（仮称）は、金融機関のシステム部の社員以上に多面的に市場系パッケージの導入がむずかしい理由について分析をされていた。

　1990年代半ばは、大手商社においてトレーダーの銅不正取引による巨額損失が起き、商社においても全社的に、職務分離、ガバナンスが重視されだした時期だったといい、商社における市場系パッケージの導入には大きく以下にあげる背景があったという。

① プロセスの観点
・相場商品について、商品横断で、統一のプロセスを策定したい。

② 市場リスクの観点
・商品によって、管理が異なっているものを統一化したい。
・同一商品であっても、拠点によって、管理が違っているものを統一化したい。
・グローバルエクスポージャーを適切に管理したい（例：グローバルでの銅の現在のポジションは？　他カテゴリ（金vs.為替）の合算リスクは？）。
・CEOがみるのは、１週間後など時間的なギャップが生まれているが、解消したい。

③ その他
・事務の効率化を図りたい（事務を統一化することにより、拠点別の人のアロケーションの簡易化にも寄与）。

　当初は、スクラッチ開発でシステムを構築していたが、2000年代に入り、２年内ぐらいの期間で市場系パッケージを導入することになったという。しかし萩氏は、当時を振り返り「商社において本当に商品の横串管理が必要だったのか」と疑問を投げかける。そもそも商社はリスクテイクしたディー

リング業務を主としているわけではないため、商品は、配分したリスク枠の範囲で商品本部が取引を行うこと、そしてそれらをモニタリングすることがより重要だと認識しているという。そのためにもオペレーショナルリスクを軽減するために、ワークフローやプロシージャーを管理することが肝要だと萩氏はいう。

萩氏「商社では、金融機関と異なり、現物にかかわる機能が求められるため、対象の商品はデリバティブと現物の特性のどちらに強いかによって、選定対象やカスタマイズ方針を見直す必要があります。たとえばエネルギーは現物の要素が強いが、ゴールドなどはデリバティブに近い特性をもっています」

具体的な現物とのかかわりという意味では、現物の移動に伴うオペレーション（通関用のインボイス作成や、食料品の場合サイロに落とす業務など）と在庫管理に関するプロセスが、通常金融機関を対象としたパッケージでは対応できていないことが多い。会計処理も移動平均法とはいえ在庫移動のたびに原価が変わるが、金融機関においてはそういった概念が存在しない。現物管理以外でいえば、外部帳票についても顧客にあわせてカスタマイズすることが外資系との差別化の源泉となるため、ユーザー側としては譲れないポイントであり、フォーマットの割切りができるフィールドにはなっていないという。

2年を予定していたパッケージ導入は、スケジュールを延期しつつ、結果的に2年以上をかけ完了したが、一部導入を断念した拠点も存在する。

萩氏が、導入時に特に苦労したと説明した点は3点であった。

① 追加開発に対する複雑性……アドオン開発[3]がパッケージとかなり密結合であり、両者の切り分けが不明瞭であった。そのため、保守、改修、バージョンアップの際に、苦労が多かった。また、日本特有の業務・取引に対してのカスタマイズを最初に導入した拠点で多く入れたため、他商品に展開しにくくなった。

---

3 アドオン開発とは、パッケージの標準機能で実現できない機能を追加で開発することや開発した拡張機能。

② 市場系システム特有のデータ移行のむずかしさ……差分が発生したときの要因特定がむずかしかった（ロジックによるものなのか、元データによるものなのか等）。そのため、並行稼働を行い不一致があるとストップしてやり直すという繰り返しになり、結果的に並行稼働を複数回実施することになった。これは、別商品への横展開にも多大なる影響を与えた。

③ リソース、体制面……トレーダーはシステム導入のプロジェクトに関与しないため、原則的に社員が担当することになり、十分なリソースを確保できなかった。

①の追加開発が複雑になるという苦労については、有田氏と伊万里氏が導入したパッケージでも同様のことが起きており、初期導入から数年後のバージョンアップの際に機能のデグレート調査に時間がかかり、初期導入時よりもコストがかかることになった。バージョンを何世代も飛ばしてバージョンアップする際には、カスタマイズしたことによるひずみがダイレクトに跳ね返ってくる。この影響範囲を初期導入時に予測することはむずかしい。

②のデータ移行については、計数差異分析にリソースを費やした九谷氏のケース以外はよく発生するトラブル事象でありながらも、事前に手を打っているプロジェクトはとても少ない。

6　ユーザーを巻き込む必要性

最後に全員がいちばんの成功要因として回答した体制面について整理する。

九谷氏は、30名もの専任ユーザーを体制に組み込み、副社長を責任者とした体制でプロジェクトを成功に導いた。おそらくこの体制は最も理想的だが、この体制を実現するためには、現業を抱えながらのシステム構築を経営サイドに理解してもらう必要がある。

有田氏と伊万里氏のケースは、もともと国内実績の少ないパッケージを選んだものの、伊万里氏がシステム、ユーザーともに優秀な人材を当時の上司に掛け合って連れてきたという。

伊万里氏「結局プロジェクトを成功させるのは、パッケージではなく人ですから、それだけは譲れませんでした」

　備前氏は、かなり多くのユーザーがかかわっていたものの、専任者が1人もいなかったプロジェクトは完遂に苦労するとの経験から、ユーザーの当事者意識の必要性を痛感していた。

備前氏「システム導入の目的について合意したうえで、システムとユーザーの役割を明確にし、ユーザーに責任意識をもたせる必要があります。ユーザー部門を仕切れる人がプロジェクトヘッドになり、システム部門はそのサポート役に回るくらいのほうが成功率が上がる傾向があります。概してシステム部門は業務もIT面も理解・鳥瞰できる位置づけにあるので、プロジェクトを主導する傾向がありますが、プロジェクトはユーザー部門主体で回せることが望ましいと思います」

　一方、信楽氏は、システムサイドがリードする体制がよいと主張する。

信楽氏「ボトムアップで要件を整理しだすと、失敗することになる。要件がまとまらずに、時間だけが過ぎていってしまう。バックオフィスでは、帳票などのみた目や項目のみえ方など、細かい要件が多い（特に、日本と韓国）。これらはシステムサイドで仕切り、説明し、納得してもらうしかない」

　加えて、信楽氏は当時と現在を比較し、システムサイド、業務サイドともに業務知識を理解できている人材が減ったと嘆いていた。特にTバー（仕訳形式）で会計要件を出せる人材がいないという。

信楽氏「昔は、現場（実業務）とシステム部との距離が近かったから、双方に業務知識が深かった。昨今では、要件出しはユーザー、情報システム部門はつくるだけというような厳格な分業体制が、双方の質を落としたように思える」

信楽氏「1990年代半ばにUATという方式が一般になり始め、2000年代の大規模なシステムトラブルにより、ITガバナンスへの意識が強くなり始めたことによる影響だろう」

7　PMOの必要性

　益子氏は、システム部とユーザーとベンダーが情報共有をきちんと行い、システム部はユーザーの要求をうまくコントロールすることが重要だという。その意味でスケジュールや役割分担や課題管理、関係者、役員へのレポーティングを行うPMOは必ず立てて進める必要があると、PMOの重要性について触れていた。実際に益子氏が経験したプロジェクトのなかでもPMOを置いたプロジェクトは問題なく稼働を迎えたという。

　商社の萩氏はPMOを委託していた業者のプロジェクト推進方法に疑問をもち、途中で業者変更を行った。それほどPMOの存在を重視していた。

　九谷氏のようにシステムサイドの人材が足りず、外部業者を利用してPMOや業務支援リソースを補てんするというやり方をとった事例も存在する。

　一方で益子氏は、組織限界論を語っている。

益子氏「うまくプロジェクトを推進するコツは、できる人をプロジェクトに組み込み、領域ごとに任せることですが、だめなときは人をすぐ変えることです。そして代替となる人がいないということは、それはそもそも組織限界だったということであり、もともと入れるべきシステムでなかったということを理解すべきです」

8　導入期間とコスト

　取材では、システムの導入期間やコストについても話を伺った。ただしそれぞれ導入したパッケージもカスタマイズ領域、対象商品も異なるためあくまで参考情報にすぎない。

　商品や対象領域が限られる場合（たとえばバック領域のみなど）には1年で導入が完了するというケースも存在したが、幅広い金融商品（為替、デリバティブ、債券等）でフロントからバックまでを網羅したシステムの場合、導

入期間は早くても1年〜1年半、平均では2〜3年を要していた。

　パッケージ導入コストは、カスタマイズ量にも応じるためさまざまであるが、イニシャルコストでは、部分的な領域であっても1億円以上といわれる。すべてのアセット商品を対象としたフロントからバックまでのフルパッケージであれば8億〜20億円が平均といえる。最もかかったというケースでは100億円以上というプロジェクトも存在した。

　以上のように多くのプロたちの経験を聞き、共通の法則もあれば、組織の成立ちや業種、背景によって異なる法則もあることがわかった。

おわりに

　「為替のシステムを止めたら、数分で数億円の損失が出てディーラーに怒鳴られるよ」

　社会人になり早々にインプットされた私の記憶です。1分1秒で数億円の利益や損失が発生する市場系業務とはなんて恐ろしく理解しがたい世界なのだろうと圧倒されました。そしてそれを支えるシステムをつくる人の重責とはどれほどのものだろうかと思いました。

　市場系パッケージシステムが生まれてから20年以上が経ちますが、いつの時代も市場系パッケージの導入には相応の苦労が伴うようです。私はその理由の1つが"知識の偏り"だと思います。市場系業務に携わるフロント、ミドル、バックオフィスの人々、市場系パッケージを導入する人々はそれぞれが自らの領域でスペシャリストですが、網羅的かつ横串を通し語れる人はあまりいません。フロント業務のみ、ミドル業務のみ、スワップのみ、債券のみと知識、経験が領域、プロダクトに偏っており、実務上はそれで問題ないかもしれません。ただシステムを導入する局面では、誤ったパッケージの選定、要件もれ、テストもれといったかたちでそのひずみが表面化し、プロジェクトが遅延します。しかも常にリソースが足りない業界であるため、一度でも遅延が発生すると、遅延解消が進まず、さらに遅延するという負の連鎖が起きます。私にとっても市場業務はハードルが高く、難解な世界ですし、いまでも勉強し続けないとわからなくなります。

　本書は、そんな多額の資金と人をつぎ込む市場系業務・システムの世界に少しでも光を差し込みたいと考え、これまでコンサルティング業務を通じてクライアントに伝えてきたことをかたちにしようと思い立ち、執筆したものです。過去に私が「不思議に思っていたこと」「知りたかったこと」をできるだけ網羅的に浅く広く、そしてできるだけわかりやすい言葉で伝えたつもりです。そんな知識ではありますが、日々市場系業務・システムに真面目に向き合い苦労されている方々に少しでも役立ててもらいたいと考えていま

す。

　本書の執筆にあたっては、多くの皆様に助けていただきました。川上慎太郎、宮口健太郎、田中博生、尾花恭介諸氏に調査、添削、補足説明、別紙作成にて協力いただきました。岩澤俊典、山田貴博、新井俊彦諸氏は書籍出版の趣旨を理解し、執筆の許可をくださいました。浜田陽二氏は、市場系業務・商品および各種規制等にかかわる資料の提供や執筆にあたってのアドバイスをくださり、また内容を確認いただきました。また、金融財政事情研究会の伊藤雄介氏は、出版の機会をくださり、瑣末な相談に親切に応じてくださいました。ほかにも忙しいなかインタビューに応じてくださった方々、協力くださった皆様にはこの場を借りて御礼申し上げたいと思います。本当にありがとうございました。心から感謝いたします。

　　2016年5月

　　　　　　　　　　　　　　　　　　　　　　　　　　島　友美

事項索引

[英字]

AI ·································· 232
AIG ································· 59
ALM（Asset Liability Management） ······················ 13
API ··································· 3
BCBS（Basel Committee on Banking Supervision） ····· 26
BCBS239 ························· 187
BPO型 ······························· 5
CCP（セントラル・カウンター・パーティ） ······················ 126
CDO（チーフ・データ・オフィサー） ······························ 231
CE（Current Exposure） ········· 117
CET1 ······························ 157
CLOB（Central Limit Order Book） ···························· 126
CME（シカゴマーカンタイル取引所） ···························· 133
CMG（Crisis Management Group） ·························· 184
Contingent Convertible Bonds（CoCo債） ······················ 236
CSA（Credit Support Annex） ··· 123
CSA方式による担保額 ············ 123
DMBOK ··························· 230
DTCC（米国証券振替機関） ····· 121
DVA ································ 170
ECB（欧州中央銀行） ·············· 66
EFSF（欧州金融安定基金） ········ 66
ES（Expected Shortfall） ········ 172
Eurex（ドイツ証券取引所グループのデリバティブ取引所） ······· 133
EVE（Economic Value of Equity） ······························ 179
FIX（Financial Information eXchange） ······················ 49, 138
Fix Trading Community ········ 138
FOMC ······························· 31
FpML（Financial products Markup Language） ········· 139
FRB（Federal Reserve Board） ································ 26, 29
FRBショック ······················· 29
FRTB（Fundamental Review of the Trading Book） ········· 168
FSBデータギャップ対応 ·········· 190
FVA（Funding Valuation Adjustment） ···················· 224
G30 ·································· 35
G30レポート ························ 35
GAO（米国会計検査院） ··········· 34
GCレポ ···························· 218
Going Concern ·················· 184
Gone Concern ··················· 184
G-SIBs ···························· 182
G-SIFIsサーチャージ ············· 160
G-SIIs（システム上重要なグローバル保険会社） ················ 192
HTML ······························· 47
IaaS型 ································ 5
ICEクリア（ICEグループの清算機関） ···························· 133
IFRS（国際財務報告基準） ········ 141
IMF（国際通貨基金） ··············· 66
ISO15022 ·························· 49
ISO20022 ···················· 49, 138
ISO（SWIFT Fin） ··············· 138
Java言語 ···························· 47

事項索引　265

KVA（Capital Valuation Adjustment）……………………… 224
LCHクリアネット（LCH Clearnet Ltd）………………………… 133
LCR ……………………………… 165
LEI（グローバル取引主体識別子）
 ………………………………… 190
LTCM …………………………… 39
Markit Wire …………………… 121
MIS（Management Information System）…………………… 231
NBNI G-SIFIs ………………… 238
NII（Net Interest Income）……… 179
NSFR …………………………… 166
NYSE Liffe（NYSE Euronextの子会社）……………………… 133
OIS（Overnight Index Swap）レート …………………………… 224
O／N …………………………… 15
OPEC（石油輸出国機構）………… 18
OTF（Organized Trading Facility）……………………………… 137
PaaS型 …………………………… 5
PFE（Potential Future Exposure）…………………………… 117
PFEアドオン …………………… 177
PFI依頼書 ……………………… 87
PMO（Project Management Office）…………………………… 108
PON条項 ………………………… 184
QCCP（Qualified Central Counter Party）………………… 171
RAF ……………………………… 242
RFI ……………………………… 85
RFP評価方法 …………………… 103
RFQ（Request For Quote）……… 126
Risk Data Aggregation（RDA）… 187
RRP（Recovery and Resolution Plan）…………………………… 184
SaaS型 …………………………… 5
SA-CCR ………………………… 177
SCレポ ………………………… 218
SDML …………………………… 47
SEF（Swap Execution Facility）… 137
SFT（Securities Financing Transaction）…………………… 171
SIer ……………………………… 81
SME ……………………………… 169
SOX法 …………………………… 53
SWIFT …………………………… 20
SWIFT FIN ……………………… 49
T＋0決済 ……………………… 217
TierⅡ ………………………… 158
TLAC（Total Loss-Absorbing Capacity）……………………… 185
TLAC債 ………………………… 236
TLAC所要水準 ………………… 186
TTM ……………………………… 145
VaR ……………………………… 49
W3C ……………………………… 47
XML ……………………………… 47
XVAs（X-Valuation Adjustments）
 ………………………………… 224

［あ］

アジア通貨危機 ………………… 39
足決め ………………………… 145
アセットマネジメントリスク …… 238
頭押さえ ……………………… 145
アラン・グリーンスパンFRB議長 …………………………… 25

［い］

異次元緩和 ……………………… 67
移動平均法 …………………… 147
伊藤レポート ………………… 242

イニシャル費用 …………………… 94
イラク攻撃（イラク戦争）………… 56

［う］
失われた20年 ……………………… 44
上乗せバッファ …………………… 159

［え］
エクスポージャー（Exposure） …… 123
円滑な破綻処理 …………………… 184
エンゲージメントファンド ……… 242
円転規制 …………………………… 27
円の国際化 ………………………… 46
エンロンの破綻 …………………… 53

［お］
大口エクスポージャー規制 ……… 180
大口信用供与等規制 ……………… 181
オープンイノベーション ………… 235
オプション取引 …………………… 24
オルタナティブ投資 ……………… 238
オンプレミス型 …………………… 5

［か］
会計ビッグバン …………………… 55
外為法の改正 ……………………… 46
カウンターシクリカル・資本バッファ …………………………… 159
カウンターパーティ信用リスク … 176
格付機関規制 ……………………… 200
カネボウの巨額粉飾決算 ………… 55
株価指数JPX日経400 ……………… 241
カレント・エクスポージャー …… 117
カレント・エクスポージャー方式 …………………………………… 117
為替介入 …………………………… 68
為替振当処理 ……………………… 142
カンヌサミット …………………… 62

元本の分割償還（アモチゼーション）………………………………… 146
ガンマ（Gamma）リスク ………… 116

［き］
期間収益アプローチ ……………… 179
期日の延長、前倒し ……………… 145
期待ショートフォール …………… 172
キャップ（Cap）…………………… 34
旧現先・現担レポ・新現先のスキーム比較 ……………………… 148
ギリシャ・ショック ……………… 64
ギリシャ危機 ……………………… 64
銀行勘定（バイキング勘定）…… 13
銀行勘定の金利リスク（IRRBB）…………………………………… 178
銀行のコーポレートガバナンス … 242
銀証連携 …………………………… 12
金融規制スケジュール …………… 155
金利オプション …………………… 34
金利更改日 ………………………… 121
金利スワップ ……………………… 32
金利スワップ特例 ………………… 142

［く］
偶発転換社債（CoCo債）………… 236
クーポン・ブレンディング ……… 131
クラウド …………………………… 63
クラウドソーシング ……………… 235
グラム・リーチ・ブライリー法 … 12
クリアリング業務 ………………… 212
繰延ヘッジ ………………………… 142
グループ名寄せ …………………… 229
クレジット・デフォルト・スワップ（CDS）………………………… 37
グローバル・クロッシング ……… 53
クロスマージン制度 ……………… 223

事項索引　267

[け]
経済価値アプローチ …………… 179
決済短縮化（T＋1）…………… 218
現担レポ取引市場 ……………… 44

[こ]
公共債ディーリング ……………… 27
コーポレートガバナンスコード … 240
コールドスタンバイ形式 ………… 94
国債の窓口販売 …………………… 27
コクド ……………………………… 55
5・10日決済 ……………………… 28
コモディティスワップ ………… 151
コンプレッション ……………… 130

[さ]
サーキット・ブレーカー制度 …… 25
サーベンス・オクスレー法 ……… 53
債券貸借料 ………………………… 45
再構築コスト（RC）…………… 177
最低受渡担保額（Minimum Transfer Amount）…………… 124
債務担保証券（CDO）…………… 57
先物取引 …………………………… 21
差入担保額（Delivery Amount）… 124
サブプライムローン ……………… 57

[し]
シェールガス革命 ………………… 69
直先スワップ取引 ………………… 27
自己資本比率 …………………… 157
自己資本比率算出に係る分子項目 ……………………………… 158
市場性与信枠（クレジットライン）……………………………… 117
実機検証 …………………………… 99
実効的なリスクデータ集計とリスク報告に関する諸原則 ……… 187

実需原則の撤廃 …………………… 27
資本フロア ……………………… 162
資本保全バッファ ……………… 159
シャドーバンキング規制 ……… 197
住宅担保ローン証券（MBS）…… 57
償却原価法 ……………………… 146
証券監督者国際機構（IOSCO）… 60
証券金融取引 …………………… 171
商品別利用プロトコル・メッセージ …………………………… 138
情報配信ベンダー ……………… 136
シンギュラリティ（技術的特異点）…………………………… 235
信用極度額（Threshold）……… 124
信用評価調整（CVA）………… 170

[す]
スクラッチ開発 …………………… 2
スチュワードシップコード …… 240
ストレスVaR ……………………… 63
スワップション ………………… 52
スワップ・データ・リポジトリ（SDR）…………………… 121

[せ]
制限事項 ………………………… 96
セータ（Theta）リスク ……… 117
セカンダリーマーケット ………… 12
セルサイド ………………………… 11
センシティビティー …………… 116
センシティビティー・アナリシス ……………………………… 116

[そ]
ソブリン・ウェルスファンド …… 237

[た]
大規模資産購入（LSAP）プログ

ラム ················· 66
ダイレクト・ディール ········· 120
担保管理 ·················· 123
担保金金利 ················· 45

[ち]
地政学リスク ··············· 56
中央清算機関（CCP） ········· 126

[つ]
通貨スワップ ··············· 32

[て]
ディープラーニング（深層学習） ··· 234
ディスクレーマー（免責事項） ······ 95
データフィード ············· 136
データマネジメント ··········· 230
適格中央清算機関 ············ 171
適格流動資産 ··············· 166
テクニカルデータスチュワード ··· 230
デジタルマーケティング ········ 231
デモ ····················· 82
デリバティブ：その実務と原則 ···· 35
デルタ（Delta）リスク ········ 116
電子取引執行基盤 ········ 126, 137
店頭デリバティブ規制 ········· 194

[と]
当初証拠金所要額（IM） ········ 127
通し物為替予約 ············· 145
特定取引勘定（トレーディング勘定） ·················· 13
独立担保額（Independent Amount） ················ 123
取引情報蓄積機関 ············ 121
トレーディングアルゴリズム ···· 234
トレーディング勘定の抜本的な見直し ·················· 168

[な]
内部モデル方式 ············· 173
名寄せ管理 ················ 228

[に]
日米円ドル委員会 ············· 26
日経リンク債 ··············· 51
日本証券業協会（JSDA） ······· 217
日本証券クリアリング機構（JSCC） ················ 126
日本版金融ビッグバン ········· 46

[ね]
年金積立金管理運用独立行政法人（GPIF） ················ 237

[は]
バーゼルⅠ ················· 36
バーゼルⅡ ················· 40
バーゼルⅢ ················· 60
バーゼル銀行監督委員会 ········ 26
バーナンキ ················· 44
バイサイド ················· 11
バック機能 ················ 134
バック部門 ················ 118
パッケージシステムベンダー ······ 7
パッケージのタイプ ············ 2
パリバ・ショック ············· 57

[ひ]
ビジネスデータスチュワード ····· 230
ビッグデータ分析 ············ 232
ピッツバーグサミットG20 ······· 60
ビットコイン ··············· 233
必要担保額（CSA）の算出 ······ 123
秘密保持契約（NDA） ·········· 82
標準方式 ················· 177

事項索引 269

[ふ]
フェデラルファンド金利 ………… 69
複合金融商品 ……………………… 142
双子の赤字 ………………………… 26
普通株式等TierⅠ ………………… 157
プライベートエクイティファンド
　…………………………………… 237
プライマリーマーケット ………… 12
ブラック・ショールズ・モデル … 20
ブラックマンデー ………………… 25
プリセールス ……………………… 83
プリンシプルベース ……………… 241
フルカバーパッケージ …………… 2
フロア（Floor）…………………… 34
ブローカー・スルー ……………… 120
プロクター・アンド・ギャンブル
　（P&G）………………………… 31
プログラムトレーディング ……… 24
ブロックチェーン ………………… 232
プロップトレーダー ……………… 11
フロント機能 ……………………… 134
フロント部門 ……………………… 114
分散型レッジャー ………………… 233

[へ]
ベア・スターンズ証券 …………… 58
ベアリングス事件 ………………… 44
ベアリング・ブラザーズ ………… 33
米国カリフォルニア州オレンジ郡
　…………………………………… 32
米国金融規制（ドッド・フランク
　法）……………………………… 200
ベイルイン方式 …………………… 184
ベガ（Vega）リスク …………… 117
ヘッジ会計 ………………………… 141
ヘッジ手段 ………………………… 141
ヘッジ対象 ………………………… 141
ヘッジファンド規制 ……………… 200

変動証拠金所要額（VM）……… 127
変動証拠金付利 …………………… 130

[ほ]
ポートフォリオインシュアランス
　…………………………………… 25
保険監督者国際機構（IAIS）…… 60
ポテンシャル・フューチャー・エ
　クスポージャー ………………… 117
ボルカー議長 ……………………… 26
ボルカールール …………………… 201
本人名寄せ ………………………… 228

[ま]
マーケットメーカー ……………… 212
マージンコール …………………… 148
マイナス金利政策 ………………… 70
前入／後入 ………………………… 146
マリオ・ドラギ …………………… 66

[み]
ミドル機能 ………………………… 134
ミドル部門 ………………………… 114
ミューチュアルファンド ………… 237

[む]
無担保コール ……………………… 145
無担保ローンコールレート ……… 67

[も]
持高規制 …………………………… 27

[や]
約定照合基盤 ……………………… 137

[ゆ]
友好的アクティビスト …………… 242
有担保コール ……………………… 145

[よ]
要求定義書 ………………………… 78
預金保険法 ………………………… 185
与信相当額（EAD） ……………… 117

[ら]
ライブドア・ショック …………… 55
ランニング費用 …………………… 95

[り]
リーマン・ショック ……………… 59
リスクアペタイト（RA） ………… 242
リバースフローター債 …………… 32
リファレンスチェック …………… 98
流動性ホライズン ………………… 171
量的緩和（QE1） ………………… 66
両端／片端 ………………………… 146

[れ]
レーガノミクス …………………… 26
レバレッジ比率 …………………… 160
レポ取引 …………………………… 45
レポレート ………………………… 45
連邦準備制度理事会 …………… 26, 29

[ろ]
ローリング決済方式 ……………… 28
ロシア危機 ………………………… 39
ロンドンG20 ……………………… 60

[わ]
ワールドコム ……………………… 53
ワシントンG20 …………………… 60

【巻末資料】 I　市場系システム商品別機能一覧（自己ポジション取引のケース）

項目			短期金融市場関連											
			日中コール	無担保コール（※）	有担保コール（※）	大口定期	オープン外貨預金	スワップ付外貨預金	CD新発	CD売買	CD現先	CP新発	CP売買	CP現先	金利先物	金利先物オプション	金利先物限月間
1. フロント部門																	
	① 約定管理																
		約定SLIP作成・約定入力															
		約定SLIP検印・フロント承認															
		訂正SLIP作成・約定修正入力															
		訂正SLIP検印・フロント承認															
		複合取引・同時発注等のSLIP・約定入力															
		内部取引識別機能															
		有価証券保有区分識別機能（勘定識別はブッキングコード等で識別）															
		ブローカー入力機能															
		ブローカー手数料その他手数料算出機能															
		各種手数料入力機能（※バックでの入力のケースあり）															
		簿価入力機能（バンキング勘定の有価証券、外貨建を含む）															
		償却減価算出機能（バンキング勘定の有価証券、外貨建を含む）															
		オプション権利行使入力															
		オプション権利行使フロントコンファーム															
		取引コピー入力機能															
	② 各種入力項目																
		取引紐付機能（ヘッジ取引、マッチング取引）															
		取引相手先特定機能（相手先入力、グルーピング入力、アサインメント対応）															
		ブック指定機能・勘定指定機能															
		Day Count/休日調整関連機能（A/360、A/365、Following、Modified Following等）															
		元本変動情報（アモチゼーション反映）															
		決済情報入力機能（取引所、クリアリング情報）															
	③ 付随情報機能																
		担保銘柄指定機能															
		コスト入力機能（CVA、ファンディング等）															
	④ ポジション・取引管理																
		取引抽出・照会機能（単体・ブック・商品別等）															
		オプション権利行使リスト通知機能															
		評価レート入力機能・照会機能															
		外部データ（格付情報等）取得機能															
		評価カーブ選択機能（リニア・スプライン等）															
		プライシング															
		プライシングモデル選択機能															
		Fixingレート入力機能・取得機能															
		ポジション残高算出機能															
		ポジション損益照会機能															
		ポートフォリオ指定・設定機能（ブック別損益・ポジション等）															
		各リスク指標算出機能（マチュリティー管理、デュレーション、Greeks等）															
		ファンディング関連マチュリティー管理機能															
		担保管理機能															
		合成ポートフォリオ管理機能															
		オプション権利行使日期日管理															
		取引満期日期日管理															
		マチュリティーラダー作成機能															
		取引利払日（中間利払いを含む）・元本一部償還等期日管理															
		手数料授受期日管理															
		担保授受期日管理															
		社債（CP、中長期債等）発行枠管理・残高管理機能（他社発行分）															
		社債（CP、中長期債等）発行枠管理・残高管理機能（自社発行分）															
		取引先別ポジション管理（照会）															
		取引先別クレジットライン管理（照会）															
		残高管理															
		在庫管理（ロケーション、移送等を含む）															
	⑤ シミュレーション機能																
		ダミー取引入力機能															
		各種アラーム管理															
		各種パフォーマンス管理															

272

※無担保コールはグループ内資金貸借を含む。有担保コールは日銀ロンバート借入れを含む

項目	短期金融市場関連												
	日中コール	無担保コール(※)	有担保コール(※)	大口定期	オープン外貨預金	スワップ付外貨預金	CD新発	CD売買	CD現先	CP新発	CP売買	CP現先	金利先物	金利先物オプション	金利先物限月間
2. バック部門（すべて本番環境）															
① 取引前作業															
銘柄登録															
顧客登録															
口座管理															
カレンダー情報															
契約管理（CSAを含む）															
② 約定管理															
約定承認															
約定修正承認															
約定コンファメーション・サイニング、契約書調印、約定照合															
オプション権利行使バックコンファーム															
決済指図・決済照合（新規分、担保授受を含む）															
残高照合															
③ 取引管理															
Fixing対象取引抽出機能															
Fixing入力機能															
Fixing入力コンファーム機能															
オプション権利行使日期日管理															
取引満期日期日管理															
取引利払日（中間利払いを含む）・元本一部償還等期日管理															
手数料授受期日管理															
担保授受期日管理															
内部取引識別機能															
有価証券保有区分識別機能															
決済指図・決済照合（既往分、担保授受を含む）															
残高照合															
請求書発行・管理															
④ その他管理															
会計・ポジションに関するリコンサイル															
⑤ 報告関連															
社内報告書作成機能															
対外報告書作成機能															

外国為替関連			債券関連											株式関連								デリバティブ取引 (金利系・クレジット系)				コモディティ取引			
スポット	フォワード	通貨オプション	通貨スワップ	債券売買	債券引受	債券現先	現物オプション	レポ(有担保)	レポ(無担保)	共通担保オペ	債券発行(自社分)	国債先物	国債先物限月間	国債先物オプション	現物売買	株式引受	レポ(有担保)	レポ(無担保)	信用取引	現物オプション	株式先物	株式先物オプション	スワップ	キャップ・フロア	スワップション	CDS	現物売買	先物	スワップ	オプション

項目	短期金融市場関連												
	日中コール	無担保コール (※)	有担保コール (※)	大口定期	オープン外貨預金	スワップ付外貨預金	CD新発	CD現先	CP新発	CP現先	金利先物	金利先物オプション	金利先物限月間
3．ミドル部門													
① 取引管理													
アラーム・リミット通知機能（ポジション）													
アラーム通知機能（クレジットラインオーバー・凍結等）													
内部取引識別機能													
有価証券保有区分識別機能													
オプション権利行使日通知機能													
オプション取引権利行使選択機能													
Fixing抽出機能、自動Fixing機能													
評価レート入力機能・取得機能													
外部データ（格付情報等）取得機能													
評価カーブ選択機能（リニア・スプライン等）													
プライシングモデル選択機能													
ポジション残高算出機能													
ポジション損益照会機能													
ポートフォリオ指定・設定機能（ブック別損益・ポジション等）													
各リスク指標算出機能（マチュリティー管理、デュレーション、Greeks等）													
ファンディング関連マチュリティー管理機能													
担保管理機能													
ヘッジ取引マッチング指定機能													
合成ポートフォリオ管理機能													
各取引照会・抽出機能（単体・ブック・商品別等）													
オプション権利行使期日管理													
取引満期日期日管理													
マチュリティーラダー作成機能													
取引利払日（中間利払いを含む）・元本一部償還等期日管理													
手数料授受期日管理													
担保授受期日管理													
社債（CP、中長期債等）発行枠管理・残高管理機能（他社発行分）													
社債（CP、中長期債等）発行枠管理・残高管理機能（自社発行分）													
取引先別ポジション管理（損益算出）													
取引先別クレジットライン管理（設定、凍結、残高管理等）													
② シミュレーション機能													
シナリオ入力機能（内生・外生）													
シナリオに基づく損益分析・リスク分析（クレジットラインを含む）													
評価レート入力機能													
評価カーブ選択機能													
プライシングモデル選択機能													
所要コスト変化（CVA、ファンディング等）													
ブック指定・商品指定機能													
③ 報告関連													
社内報告書作成機能													
対外報告書作成機能													

項目	短期金融市場関連													
	日中コール	無担保コール（※）	有担保コール（※）	大口定期	オープン外貨預金	スワップ付外貨預金	CD新発	CD売買	CD現先	CP新発	CP売買	CP現先	金利先物	金利先物オプション	金利先物限月間
4．その他システム面での各種機能															
各種データのInport機能															
各種データのExport機能															
会計仕訳データの生成・送信（会計データへの流れ込みの場合）															
経過利息・キャッシュフローデータの生成・送信（会計データへの流れ込みの場合）															
会計システムへの再送信機能（会計データへの流れ込みの場合）															

外国為替関連				債券関連											株式関連							デリバティブ取引 (金利系・クレジット系)				コモディティ取引			
スポット	フォワード	通貨オプション	通貨スワップ	現物売買	債券引受	債券現先	レポ（有担保）	レポ（無担保）	共通担保オペ	債券発行（自社分）	国債先物	国債先物オプション	国債先物限月間		現物売買	株式引受	レポ（有担保）	レポ（無担保）	信用取引	現物オプション	株式先物	株式先物オプション	スワップ	キャップ・フロア	スワップション	CDS	現物売買	先物	スワップ	オプション

Ⅱ 市場系システム商品別機能一覧（対顧客取引のケース）

項目			短期金融市場関連										
			大口定期	オープン外貨預金	スワップ付外貨預金	CD新発	CD売買	CD現先	CP新発	CP売買	CP現先	金利先物	金利先物オプション	金利先物限月間
1．フロント部門														
	① 約定管理													
		約定SLIP作成・約定入力												
		約定SLIP検印・フロント承認												
		訂正SLIP作成・約定修正入力												
		訂正SLIP検印・フロント承認												
		有価証券保有区分識別機能（勘定識別はブッキングコード等で識別）												
		各種手数料入力機能（※バックでの入力のケースあり）												
		償却減価算出機能（自社発行有価証券、外貨建てを含む）												
		オプション権利行使入力												
		オプション権利行使フロントコンファーム												
		仕切り値入力												
		取引コピー入力機能												
	② 各種入力項目													
		取引紐付機能（ヘッジ取引、マッチング取引）												
		取引相手先特定機能（相手先入力、グルーピング入力、アサインメント対応）												
		ブック指定機能・勘定指定機能												
		Day Count／休日調整関連機能（A/360, A/365, Following, Modified Following等）												
		元本変動情報（アモチゼーション反映）												
		決済情報入力機能（取引所、クリアリング情報）												
	③ 付随情報機能													
		担保銘柄指定機能												
		コスト入力機能（CVA、ファンディング等）												
	④ ポジション・取引管理													
		取引抽出・照会機能（単体・ブック・商品別等）												
		オプション権利行使日リスト通知機能												
		評価レート入力機能・照会機能												
		外部データ（格付情報等）取得機能												
		評価カーブ選択機能（リニア・スプライン等）												
		プライシング												
		プライシングモデル選択機能												
		Fixingレート入力機能・取得機能												
		ポジション残高算出機能												
		ポジション損益照会機能												
		ポートフォリオ指定・設定機能（ブック別損益・ポジション等）												
		各リスク指標算出機能（マチュリティー管理、デュレーション、Greeks等）												
		ファンディング関連マチュリティー管理機能												
		担保管理機能												
		オプション権利行使日期日管理												
		取引満期日期日管理												
		マチュリティーラダー作成機能												
		取引利払日（中間利払いを含む）・元本一部償還等期日管理												
		手数料授受期日管理												
		担保授受期日管理												
		社債（CP、中長期債等）発行枠管理・残高管理機能（他社発行分）												
		社債（CP、中長期債等）発行枠管理・残高管理機能（自社発行分）												
		取引先別ポジション管理（照会）												
		取引先別クレジットライン管理（照会）												
	⑤ シミュレーション機能（フロント環境）													
		ダミー取引入力機能												
		各種アラーム管理												
		各種パフォーマンス管理												

外国為替関連				債券関連								株式関連					デリバティブ取引 (金利系・クレジット系)			
スポット	フォワード	通貨オプション	通貨スワップ	現物売買	債券引受	債券現先	現物オプション	債券発行(自社分)	国債先物	国債先物限月間	国債先物オプション	現物売買	株式引受	信用取引	現物オプション	株式先物	株式先物オプション	スワップ	キャップ・フロア	スワップション	CDS

項目		短期金融市場関連											
		大口定期	オープン外貨預金	スワップ付外貨預金	CD新発	CD売買	CD現先	CP新発	CP売買	CP現先	金利先物	金利先物オプション	金利先物限月間
2．バック部門		■	■	■	■	■	■	■	■	■	■	■	■
①	取引前作業	■	■	■	■	■	■	■	■	■	■	■	■
	銘柄登録	○	○	○		○			○	○	○	○	○
	顧客登録	○	○	○	○	○	○	○	○	○	○	○	○
	口座管理	○	○	○	○	○	○	○	○	○	○	○	○
	カレンダー情報	○	○	○	○	○	○	○	○	○	○	○	○
	契約管理（CSAを含む）			○								○	
②	約定管理	■	■	■	■	■	■	■	■	■	■	■	■
	約定承認	○	○	○	○	○	○	○	○	○	○	○	○
	約定修正承認	○	○	○	○	○	○	○	○	○	○	○	○
	約定コンファメーション・サイニング、契約書調印、約定照合	○	○	○	○	○	○	○	○	○	○	○	○
	オプション権利行使バックコンファーム											○	
	決済指図・決済照合（新規分、担保授受を含む）	○	○	○	○	○	○	○	○	○	○	○	○
	残高照合	○	○	○	○	○	○	○	○	○	○	○	○
③	取引管理	■	■	■	■	■	■	■	■	■	■	■	■
	Fixing対象取引抽出機能			○									
	Fixing入力機能			○									
	Fixing入力コンファーム機能			○									
	オプション権利行使日期日管理											○	
	取引満期日期日管理	○	○	○	○		○	○		○	○	○	○
	取引利払日（中間利払いを含む）・元本一部償還等期日管理	○	○	○	○		○	○		○			
	手数料授受期日管理					○			○		○	○	○
	担保授受期日管理	○	○	○	○	○	○	○	○	○	○	○	○
	有価証券保有区分識別機能												
	決済指図・決済照合（新規分、担保授受を含む）	○	○	○	○	○	○	○	○	○	○	○	○
	残高照合	○	○	○	○	○	○	○	○	○	○	○	○
④	その他管理	■	■	■	■	■	■	■	■	■	■	■	■
	会計・ポジションに関するリコンサイル	○	○	○	○	○	○	○	○	○	○	○	○
⑤	報告関連	■	■	■	■	■	■	■	■	■	■	■	■
	社内報告書作成機能	○	○	○	○	○	○	○	○	○	○	○	○
	顧客（取引相手）向け報告書作成機能	○	○	○	○	○	○	○	○	○	○	○	○
	対外報告書作成機能	○	○	○	○	○	○	○	○	○	○	○	○

外国為替関連				債券関連								株式関連					デリバティブ取引 (金利系・クレジット系)			
スポット	フォワード	通貨オプション	通貨スワップ	現物売買	債券引受	債券現先	現物オプション	債券発行（自社分）	国債先物	国債先物限月間	国債先物オプション	現物売買	株式引受	信用取引	現物オプション	株式先物	株式先物オプション	スワップ	キャップ・フロア	スワップション	CDS

項目	短期金融市場関連											
	大口定期	オープン外貨預金	スワップ付外貨預金	CD新発	CD売買	CD現先	CP新発	CP売買	CP現先	金利先物	金利先物オプション	金利先物限月間
3. ミドル部門	■	■	■	■	■	■	■	■	■	■	■	■
① 取引管理	■	■	■	■	■	■	■	■	■	■	■	■
アラーム・リミット通知機能（ポジション）												
アラーム通知機能（クレジットラインオーバー・凍結等）												
有価証券保有区分識別機能												
オプション権利行使日通知機能												
オプション取引権利行使選択機能												
Fixing抽出機能・自動Fixing機能												
評価レート入力機能・取得機能（いずれも本番環境）												
外部データ（格付情報等）取得機能												
評価カーブ選択機能（リニア・スプライン等）												
プライシングモデル選択機能												
ポジション残高算出機能												
ポジション損益照会機能												
ポートフォリオ指定・設定機能（ブック別損益・ポジション等）												
各リスク指標算出機能（マチュリティー管理、デュレーション、Greeks等）												
ファンディング関連マチュリティー管理機能												
担保管理機能												
ヘッジ取引マッチング指定機能												
合成ポートフォリオ管理機能												
各種取引照会・抽出機能（単体・ブック・商品別等）												
オプション権利行使日期日管理												
取引満期日期日管理												
マチュリティーラダー作成機能												
取引利払日（中間利払いを含む）・元本一部償還等期日管理												
手数料授受期日管理												
担保授受期日管理												
社債（CP、中長期債等）発行枠管理・残高管理機能（他社発行分）												
社債（CP、中長期債等）発行枠管理・残高管理機能（自社発行分）												
取引先別ポジション管理（損益算出）												
取引先別クレジットライン管理（設定、凍結、残高管理等）												
② シミュレーション機能	■	■	■	■	■	■	■	■	■	■	■	■
シナリオ入力機能（内生・外生）												
シナリオに基づく損益分析・リスク分析（クレジットラインを含む）												
評価レート入力機能												
評価カーブ選択機能												
プライシングモデル選択機能												
所要コスト変化（CVA、ファンディング等）												
ブック指定・商品指定機能												
③ 報告関連	■	■	■	■	■	■	■	■	■	■	■	■
社内報告書作成機能												
対外報告書作成機能												

外国為替関連				債券関連								株式関連						デリバティブ取引(金利系・クレジット系)			
スポット	フォワード	通貨オプション	通貨スワップ	現物売買	債券引受	債券現先	現物オプション	債券発行(自社分)	国債先物	国債先物限月間	国債先物オプション	現物売買	株式引受	信用取引	現物オプション	株式先物	株式先物オプション	スワップ	キャップ・フロア	スワップション	CDS

項目	短期金融市場関連										
	大口定期	オープン外貨預金	スワップ付外貨預金	CD新発	CD売買	CD現先	CP新発	CP売買	CP現先	金利先物	金利先物オプション	金利先物限月間
4．その他システム面での各種機能												
各種データのInport機能												
各種データのExport機能												
会計仕訳データの生成・送信（会計データへの流れ込みの場合）												
経過利息・キャッシュフローデータの生成・送信（会計データへの流れ込みの場合）												
会計システムへの再送信機能（会計データへの流れ込みの場合）												

外国為替関連				債券関連								株式関連						デリバティブ取引 (金利系・クレジット系)			
スポット	フォワード	通貨オプション	通貨スワップ	現物売買	債券引受	債券現先	現物オプション	債券発行（自社分）	国債先物	国債先物限月間	国債先物オプション	現物売買	株式引受	信用取引	現物オプション	株式先物	株式先物オプション	スワップ	キャップ・フロア	スワップション	CDS

市場系パッケージ選定のための知識と実務

平成28年9月28日　第1刷発行

　　　　　　　著　者　島　　　友　美
　　　　　　　発行者　小　田　　　徹
　　　　　　　印刷所　株式会社日本制作センター

〒160-8520　東京都新宿区南元町19
発　行　所　一般社団法人 金融財政事情研究会
　　　編 集 部　TEL 03(3355)2251　FAX 03(3357)7416
販　　　売　株式会社きんざい
　　　販売受付　TEL 03(3358)2891　FAX 03(3358)0037
　　　　　　　URL http://www.kinzai.jp/

・本書の内容の一部あるいは全部を無断で複写・複製・転訳載すること、および磁気または光記録媒体、コンピュータネットワーク上等へ入力することは、法律で認められた場合を除き、著作者および出版社の権利の侵害となります。
・落丁・乱丁本はお取替えいたします。定価はカバーに表示してあります。

ISBN978-4-322-13005-8